KB204197

이 책은 요한계시록을 바르게 이해할 수 있도록 돕는 몇 안 되는 저서 중 하나다. 숲과 나무의 관점으로 요한계시록을 낱낱이 분석하는 저자의 안내를 따라가다 보면 한국교회 안에 만연한 요한계시록에 대한 잘못된 이해를 바로잡을 수 있는 실마리를 발견하게 된다. 요한계시록을 기초로 예언을 하거나 설교하는 사람들은 이 책을 먼저 읽어야 한다고 생각한다. 목회자뿐만 아니라 많은 성도들이 이 책을 읽음으로써 요한계시록의 참된 메시지를 발견하는 기쁨을 누리기를 바란다.

김명용 장로회신학대학교 전총장, 현 온신학아카데미 원장

안용성 목사의 글과 책은 아주 명료하다. 그리고 읽기에 즐겁다. 하늘의 계시를 우리가 사용하는 지상의 언어로 전환한다는 것은 얼마나 어려운 일인가? 신학자이면서 목회자인 저자는 이런 독자의 고충을 누구보다도 잘 이해하기에, 섬세하고 따뜻한 눈으로 요한계시록을 쉽게 풀이해서 전달한다. 이 책은 다양한 볼거리(도표)와 읽을거리를 제공하고 있어 아주 흥미롭다. 요한계시록이 서사의 틀, 즉 이야기체로 구성되어 있기에 더욱 그러하다. 또한 저자는 과거의 해석학적인 관점을 놓치지 않으면서도 자기만의 독특한 종말론적인 안목으로 요한계시록에 접근한다. 독자들은 총론을 통해 높은 산에 올라가 요한계시록이라는 전체 숲을 조망하는 즐거움을 맛보며, 본문 해설을 통해 그 나무와 꽃의 아름다움을 자세히 들여다 볼 멋진 기회를 얻는다. 오늘의 시대에 요한계시록이 어떤 의미가 있는지 궁금한가? 당대와 이 시대를 향한 하늘과 땅의 숨겨진 이야기의 비밀을 엿보고 싶은가? 그렇다면 단연코 이 책을 추천한다.

김지철 미래목회와말씀연구원 이사장

이 책은 한국의 신약학자가 교양을 갖춘 신앙인들을 위해 무엇을 해야 하는지를 잘 보여준다. 저자는 많은 정보와 깊은 생각을 선명한 문장을 통해 명쾌하게 설명함으로써 독자가 요한계시록을 이해하고 오늘날의 상황에 적절히 적용하도록 안내한다. 또한 신앙인들이 궁금해하는 부분을 에두르지 않고 성실히 답하는 것은 물론이고, 계시록을 크게 조망하면서도 세밀하게 관찰하는 데 성공한다. 특히 깔끔하게 정리된 도표들은 다소 복잡한 요한계시록의 구조를 손쉽게 알아보도록 돕는다. 우리말로 나온 요한계시록 관련 책 가운데 성경공부와 설교를 위해 이만큼 좋은 책이 없다고 생각한다. 이 책은 요한계시록에 담긴 신앙의 진리가 우리에게 오도록 그 길을 준비하였다.

김학철 연세대학교 학부대학 신약학 교수

그리스도인들은 "한 책의 사람들"이다. 중간중간 빛나는 통찰과 미려한 문장을 만나는 책 읽기도 좋지만, 성경의 한 책을 보는 틀을 제공해주는 도움은 더욱 절실하다. 우리는 제대로 해석된 성경을 통해서 세상을 보고 나를 알 수 있기 때문이다.

안용성 교수가 쓴 "두 이야기의 만남"은 견실한 기초 위에 세워진 단아한 집과 같다. 독자들은 이 책의 1부에서 제시한 구조와 해석학적 원리가 2부의 본문 해설에 충실히 반영되고 있는 것을 놓칠 수 없을 것이다. 다양한 2차 자료를 소화하고 적절히 소개하면서도 그 번쇄한 논의의 숲에서 길을 잃지 않는 것 또한 이 책의 장점이다. 최근 서구의 주석서가 점점 방대해지고 남의 이론들을 자세하게 소개하고 반박하는 데 지나치게 많은 지면을 할애하고 있기 때문이다. 요한계시록의 경우 특히 그렇다. 학자로서는 재미있는 게임에 참여하는 것일 수도 있지만 독자들에게 주는 유익은 적다. 그러니 "무려 1,000페이지나 되는 주석" 등에 너무 감동하지 말 일이다!

이 책은 성경 본문을 제대로 다루는 일, 현대 학자들의 해석과 대화를 나누며 그것을 적절하게 소개하는 일, 목회와 삶의 현장에 말을 건네는 일, 이 세 가지

작업을 균형 있게 소화하고 있다. 침대에 누워서 읽을 수 있는 책은 아니다. 한쪽에 성경을 펼쳐 놓고 꼼꼼히 읽어 낸다면, 당신의 요한계시록 이해는 결코 전과 같지 않을 것이다. 마음이 맞는 몇이 모여서 이 책의 도움을 받으며 함께 요한계시록을 읽는다면 더욱 알찬 소득이 있을 것이다. 벌떡 일어나서 요한계시록의 진리를 외치고 싶어질 것이다. 말씀의 능력이다. 이 능력을 오늘에 되살리는 일에 중요한 공헌을 한 저자에게 감사의 마음을 전한다.

박영호 포항제일교회 담임목사

요한계시록을 읽는 독자들은 자칫하면 그 책이 갖는 "이야기로서의 특성"을 망각하거나 암호를 해독하는 "게마트리아(gematria) 식 해석"에만 몰두하는 함정에 빠지기 쉽다. 저자는 이에 대한 대안으로 요한계시록의 서사 구조를 탐색함으로써 해석의 견고한 토대를 제시한다. 다양하고 풍부한 메시지의 원천임에도 불구하고 오해와 혼동의 대명사로 간주되는 요한계시록의 본문을 낱낱이 해부하는 세심한 분석과 탁월한 설명은 이 성경이 지닌 심오한 차원을 유감없이 보여준다. 오늘날에도 여전히 빛을 발산하는 서사 문학인 요한계시록의 특성을 일목요연하게 정리한 이 책의 신학적 중량감은 독자의 경탄을 자아냄과 동시에 독서의 즐거움을 선사할 것이다.

윤철원 서울신학대학교 신학대학원 신약학 교수

이 책은 서사 이론에 기초하여 요한계시록의 이야기 흐름과 구조를 자세히 분석하고, 그것을 바탕으로 요한계시록의 메시지와 신학을 새롭고 깊이 있게 해설한 탁월한 연구서다. 서사 이론을 바탕으로 성경을 해석하는 노력이 그동안 없었던 것은 아니지만 그것을 요한계시록에 적용하여 제대로 본문을 분석하고 해석한 책은 거의 없다시피 한 상황에서, 이 책은 요한계시록 연구에서 새로운 길을 열어주었다고 평가할 만하다. 뿐만 아니라 그동안 어렵게만 느껴지던 요한계시록을 이해할 만한 책으로 만들어준다는 점에서 이 책은 신학자와 목회자 및 모든 평신도들에게 큰 선물이 아닐 수 없다. 요한계시록에 나오는 많은 상징 언어들이 만들어놓은 불필요한 신비감과 이단들의 그릇된 해석이 낳은 오해들로 인해 한국교회가 겪은 손실이 이만저만이 아니지만, 이제는 이 책을 통해 요한계시록에서 하나님께서 말씀하시는 위로와 희망의 메시지를 한국의 모든 성도들이 또렷이 들을 수 있게 되기를 기대한다.

이두희 대한성서공회 번역담당 부총무

저자는 이 책을 통해 요한계시록의 역사적 수신자인 일곱 교회가 겪었던 소아시아의 갈등과 소망의 현실 가운데로 현대의 독자들을 초대한다. 그리고 그들의 눈으로 요한계시록을 읽을 수 있도록 안내해주면서, 그 내용이 현대 사회의 문제와 세상을 해석하는 데 얼마나 큰 도움을 주는지를 친절하게 알려준다. 이런 차원에서 저자에게 요한계시록은 당시뿐만 아니라 오늘 그리고 미래에도 영원토록 살아 있는 불변하는 하나님의 계시다. 저자는 탁월한 신학자일 뿐만 아니라 목회자다. 이런 저자의 장점과 상황을 잘 살린 이 책은 현대인들도 난해한 내용을 재미있게 읽을 수 있도록 도와주는 보기 드문 안내서임이 틀림없다.

이민규 한국성서대학교 신약학 교수

"예수 그리스도의 계시"라는 말로 시작되는 신약성경의 마지막 책 요한계시록은 "읽는 자"와 "듣는 자"와 "지키는 자"가 복을 받을 것이라고 약속한다. 저자는 독자들이 이런 복된 약속의 책을 재미있게 읽을 수 있도록, 자기 마음의 인을 떼어 "착한 해설서"를 친절하게 펼쳐주었다. 이 많은 도표와 그림을 보라! 저자는 여러 관점에 따른 학자들의 주요 입장을 고려하면서도, 시종일관 서사적 관점을 따라 종말 환상 이야기의 본류(중심 줄거리)와 지류(삽입부) 그 각각의 물길이 요한계시록 안에서 어떻게 하나의 큰 이야기 강물로 모여드는지를 설득력 있게 보여준다. 두 물줄기가 하나로 만나는 서사는 그때와 지금의 독자들이 종말의 삶을 기꺼이 잘 살아낼 수 있도록 격려하고 위로해주는 이야기다. 우리는 그 이야기를 읽으면서 여기 우리네 이 땅의 고달픈 인생 이야기도 어린양과 함께 하늘 노래를 부르게 하시는 하나님의 이야기 바다에서 풀어지고 모아질 물길이었음을 배우게 된다. 요한계시록의 텍스트와 나의 텍스트 안에서도 "두 이야기"가 만나야 할 이유다. 만나야만 이야기가 헷갈리지 않는다. 요한계시록의 숲과 나무를 동시에 보여주는 이 책은 설교자와 신학생과 성도에게 많은 유익과 통찰을 주는 작품이 아닐 수 없다.

허주 아세아연합신학대학교 신약학 교수, 한국복음주의신약학회 회장

두 이야기가 만나다

요한계시록 서사로 읽기

두

이야기

만나다

안용성 지음

새물결플러스

희상과 지상에게,

어려운 시기를 정말 잘 헤쳐나가고 있다.

누구에게든 인생의 무게는 가볍지 않지만,

그 무게가 무의미하지도 않다.

열심히 일하고 놀 때는 즐겁게 놀아라.

이 시절이 너희 인생에 긍정적 의미로 기억될 수 있길!

서문

내가 요한계시록에 관련된 책들을 처음 탐독하기 시작한 것은 고등학교 1학년이던 1979년 즈음이다. 어린 시절에 겪은 두 사건이 중요한 계기가 되어 요한계시록에 관심을 갖게 되었다. 하나는 초등학교 4학년 때 일어난 시한부 종말론 파동이고, 다른 하나는 중학생 시절에 본영화 "오멘"이다. 그 경험들로 인해 요한계시록에 대한 궁금증을 마음한구석에 품게 되었고, 고등학생 시절 한 기독교 서점에서 우연히 요한계시록 해설서 몇 권을 발견하면서 나름대로 진지한 연구를 시작한 것이다.

1973년의 시한부 종말론 파동은 "천국복음전도회"(교주 김인회)라는 이단 종파가 주축이 되어 일으킨 사건이었다. 당시 시내버스 출입문마다 그해 11월 10일에 종말이 온다고 주장하는 광고지가 붙어 있었고, 기억은 희미하지만 "우주인은 왜 하나님의 형상인가?" 또는 "태극기는 왜 하나님의 형상인가?" 등의 제목이 쓰여 있었던 것 같다. 또

두 이야기가 만나다: 요한계시록 서사로 읽기

그 광고지에는 매우 신기한 장면이 그려져 있었는데, 나중에 알게 된 바로는 그것이 에스겔 1장에 나오는 하나님의 보좌를 잘못 이해하여 그린 그림이었다. 에스겔 1장은 요한계시록 4장에 묘사된 하나님의 보좌와 관계가 있다.

두 번째 기억은 중학교 3학년 때쯤 작은 영화관에서 보았던 영화 "오멘"이다. 이 영화는 최근까지도 시리즈로 계속 제작되었는데, 아마 그 첫 작품이었던 것 같다. 이 영화는 한 아기가 몸에 "666"이라는 표시를 갖고 태어나면서 불행한 일들이 시작된다는 내용의 공포물이었다. 사실 "666"이라는 상징을 제외하고 이 영화의 스토리는 요한계시록과 거의 관계가 없다. 그러나 그런 내막을 잘 알지 못했던 나는 그 무서운 숫자가 성경에 나온다는 사실이 충격적이었고, 그것이 정말 나오는지, 나온다면 어떻게 나오는지 궁금했다.

그때 내가 읽었던 책들 중에는 당시 기독교 베스트셀러였던 소설 『휴거』(Ernest Angley, 이장림 역)[1], 핼 린지(Hal Lindsey)가 쓴 『대유성 지구의 종말』, 조용기 목사의 『요한계시록 강해』 등이 있었다. 한국교회에서 한동안 세대주의 요한계시록 해석을 대표했던 그 책들이 주장하는 바에 따르면, 당시 이미 종말이 가까웠고 그것을 보여주는 증거가 많았다.

그리고 유럽 공동체는 수많은 증거 중 하나였다. 유럽 공동체

---

[1]   이 책의 번역자인 이장림은 그 후 1992년 다미선교회 파동의 주역이 되었다.

13
서문

는 ECSC(유럽 석탄 철강 공동체)로 시작된 후 EEC(유럽 경제 공동체), Euratom(유럽 원자력 공동체)와 통합하여 EC(유럽 공동체)가 되었고, 지금의 EU(유럽 연합)로 발전해왔다. 1979년에는 유럽 공동체였고 9개의 회원국이 가입되어 있었다. 당시 읽었던 어느 요한계시록 해설서에는 유럽 공동체가 요한계시록 13장의 열 뿔 가진 짐승이기 때문에 10개의 국가가 회원국이 되어 열 뿔을 완성하는 날 "7년 대환란"과 함께 종말이 시작된다고 적혀 있었다. 나는 그 책을 읽고 얼마 지나지 않아 1981년 1월 1일 그리스가 열 번째로 유럽 공동체에 가입한다는 뉴스를 듣게 되었다. 나는 정말로 그때 종말이 오는 줄 알았다. 그런데 시간이 지나면서 유럽 공동체의 회원국은 계속 늘어났고, 현재 유럽 연합에는 얼마 전 탈퇴한 영국을 제외하고 27개 국가가 회원으로 가입되어 있다.

요한계시록과 종말론에 대한 다른 개인적 경험은 1992년의 "다미선교회" 파동이다. 당시 나는 군종목사로 해안 지역에서 활동하고 있었는데, 군종감실로부터 전군의 장병들에게 시한부 종말론 예방 교육을 실시하라는 지시를 받았다. 종말론이 무엇인지 요한계시록이 무엇인지 잘 모르는 비기독교인 장병들에게 시한부 종말론에 관해 강의하는 것은 쉬운 일이 아니었기 때문에, 강의를 준비하기 위해 다시 한동안 종말론 공부에 시간을 들여야 했다.

그 이후 종말론과 관련하여 나에게 가장 큰 영향을 주신 분은 미국에서 박사학위 과정을 밟고 있을 때 출석하던 교회의 담임목사님이다. 지금은 고인이 되신 그분은 고매한 인품으로 교회뿐 아니라 지역 사회의 존경을 받고 계셨고, 내게도 여러모로 큰 힘이 되어 주셨다. 그러나 그분은 신학적으로 세대주의 종말론의 영향을 강하게 받으셨던 결과로 요한계시록과 종말에 관한 설교를 자주 하셨고, 해마다 미국 전역의 한인 목회자들을 초청하여 세대주의 종말론 집회를 열기도 하셨다. 그분을 인간적으로 존경했지만 그분이 주장하는 종말론에는 동의하기 어려웠다. 그런 고민은 자연스럽게 요한계시록을 포함한 묵시 문학에 대한 연구로 이어졌고, 고민의 결과로 (누가복음의) 종말론에 관해 학위논문을 쓰게 되었다.

이 책의 기초가 된 것은 장로회신학대학교 신학대학원에서 했던 세 번의 강의(2007-2학기, 2010-2학기, 2012-1학기)와 그즈음에 발표한 몇 편의 글들이다.[2] 그 내용은 그루터기교회의 주일 설교(2019년 1-9월, 28회)와 새물결아카데미 강의(2019년 10-11월, 14시간)를 통해 발전되었다. 그 외에도 그루터기교회 전교인 수양회(2013년)와 과천교회 바이블아카데미(2019년, 8회)를 비롯하여 장신대 신대원 신약세미나(김지철 목사), 온신학회 전남동부지부(김명용 총장), 헤브론 목회후원회(이기엽 목사, 안재평 목사), 포이메네스 영성아카데미(김운성 목사), 정릉교회(박은호 목사), 영주교회(이상협 목사), 소망교회(김경진 목사), 별내동안

---

2   "요한계시록은 로마의 멸망을 예고하는가?"(『목회와 신학』 2007.11.); "오늘의 바빌론과 요한계시록"(『목회와 신학』 2007.12.); "요한계시록의 서사수사학적 구조"(『신약논단』 15.2, 2008); "요한계시록의 이야기 속 이야기 구조"(『신약논단』 17.4, 2010).

교회(나광현 목사), 부천 참된교회(장창진 목사) 등 여러 곳에서 연속강의나 특강의 형식으로 다양한 청중과 만나면서 발전, 보완되었다. 강의의 자리를 마련해주신 분들과 교회와 기관들께 감사드린다.

처음 강의를 하고 글을 집필할 때는 요한계시록 본문의 일차적 의미를 찾아내는 데 집중했기 때문에 나무보다는 숲을 보는 데 주력했다. 그러나 강의와 연구가 계속되면서 관찰이 더 세밀해졌고, 요한계시록의 내용을 오늘 우리의 삶에 어떻게 적용할 수 있는가라는 질문에 더 관심을 갖게 되었다.

이 책이 나오기까지 함께 해산의 수고를 해주신 분들이 있다. 나의 은사이신 김지철 목사님과 김명용 총장님은 위에 소개한 강의들을 진지하게 경청하시고 해석학적으로 짚어봐야 할 중요한 질문들을 제기해주셨다. 그 고민의 결과가 이 책의 제3장에 반영되었다. 서강대학교 경제학과에서 은퇴하신 이효구 교수님은 저술가로서의 평생 경험을 토대로 저자와 같은 애정을 가지고 초고부터 조판본까지 여러 차례에 걸쳐 이 책의 교정을 도와주셨다. 이 교수님은 나의 설교와 강의를 많이 들으셨던 경험을 바탕으로 평신도 독자들이 내용을 쉽게 이해할 수 있도록, 크게는 목차 구성에서부터 작게는 성경 인용문 확인까지 매우 유용한 조언을 주셨다. 이두희 박사(대한성서공회 번역실장)는 성서학계에 일반적으로 받아들여져 있는 요점 반복 이론의 관점에서 비판적으로 초고를 읽어주었고, 그리스어 용례 연구를 점검해주었다. 김태섭 교수(장로회신학대학교)는 그 반대의 관점에서 초고를 읽고 세밀한 논지 전개를 도와주었으며, 라틴어의 오타도 바로잡아주었다.

이외에도 김아리나는 과천교회 바이블아카데미 강의안을 녹취하여 순조로이 저술을 시작할 수 있도록 도와주었다. 서울대학교 경영학과 박사과정의 차도형은 초고를 꼼꼼히 읽으며 세밀하게 교정 작업을 해주었고, 로마 제국의 해상 무역에 관한 자료를 제공해주었다. 연세대학교 법학과 박사과정의 장효준은 로마의 형법 제도에 관한 자료를 찾아주었다. 윤소연 전도사와 강윤주 목사도 좀 더 읽기 쉬운 책이 될 수 있도록 여러 가지 좋은 아이디어를 제시해주었다. 자료 수집 과정에서 친절한 도움을 준 대한성서공회 성서학 자료실의 조가히 선생과 연세대학교 신학과 박사과정의 이창민 목사, 장신대 신학대학원의 금명진, 이태현, 임대봉, 조영근 전도사에게도 감사의 마음을 전한다.

졸고를 세 번째로 출간해주시는 새물결플러스 김요한 대표, 왕희광 편집장, 나유영 편집자, 그리고 세밀하고 복잡한 도표를 세심하게 그려주고 아름다운 표지를 만들어 준 황진주 디자이너에게 깊은 경의를 표한다. 이 책을 마무리하던 무더운 여름 오후에는 국립국악중고등학교 앞에 있는 카페 블랑(BLANC)에서 맛있는 커피와 함께 더위를 식히며 저술에 전념하곤 했다. 오랜 시간 좋은 자리를 허락해주신 심명보 사장께 감사를 드린다. 연구하고 책을 쓰는 동안 사랑하는 아내 경희와 두 아들 희상과 지상은 나의 가장 든든한 후원자가 되어 주었다. 코로나19 확산으로 취업난이 가중되고 있는 상황에서 졸업 후 자신의

길을 찾기 위해 분투하고 있는 이 시대의 청년들을 생각하며 사랑하는
두 아들에게 이 책을 선물한다.

2020년 11월
달터공원을 마주한 예쁜집 3층 서재에서
안용성

차례

제1부. 구조와 해석

표 차례

그림 차례

요한계시록의 서사 구조 그림 모음

1. 두 이야기가 만나다(1): 중심 줄거리와 삽입부

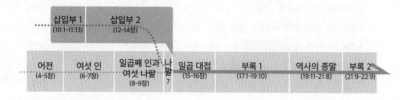

2. 두 이야기가 만나다(1): 요한계시록 12장

3. 부록 1(바벨론의 멸망)과 부록 2(새 예루살렘)

4. 요한계시록 이야기의 층위 구조

위 층위	소명 (1:9-3:22)		소명 (삽1)	
아래 층위		종말 환상 (4-9장)	종말 환상 (삽입부 2)	종말 환상 (15:1-22:9)

5. 두 이야기가 만나다(2): 하늘과 땅 + 작은 스토리라인들

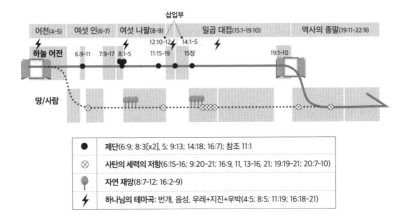

삽입부

어전(4-5)	여섯 인(6-7)	여섯 나팔(8-9)		일곱 대접(15:1-19:10)	역사의 종말(19:11-22:9)

12:10-12   14:1-5

하늘 어전

6:9-11   7:9-17 8:1-5   11:15-19   15장   19:1-10

땅/사람

●	제단(6:9; 8:3[x2], 5; 9:13; 14:18; 16:7); 참조 11:1
⊗	**사탄의 세력의 저항**(6:15-16; 9:20-21; 16:9, 11, 13-16, 21; 19:19-21; 20:7-10)
🔘	**자연 재앙**(8:7-12; 16:2-9)
⚡	**하나님의 테마곡**: 번개, 음성, 우레+지진+우박(4:5; 8:5; 11:19; 16:18-21)

요한계시록의 서사 구조 그림 모음

6. 두 단계로 이루어진 종말 환상 이야기

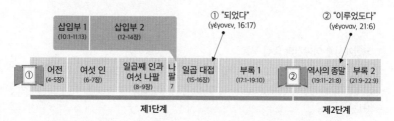

하늘에 열린 문: ① 요한이 하늘로 올라감(4:1) ② 예수 그리스도의 재림(19:11)

7. 중심 줄거리와 큰 두루마리

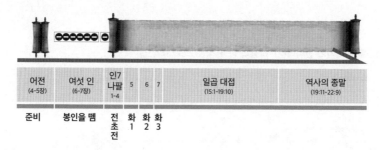

8. 중심 줄거리와 삽입부의 심판 예고들

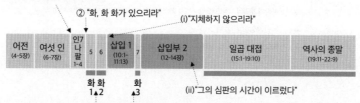

두 이야기가 만나다: 요한계시록 서사로 읽기

요한계시록의 서사 구조 용어 해설

요점 반복 이론(recapitulation theory)

요한계시록의 이야기가 같은 사건들을 반복하여 서술한다고 보는 이론이다. 이 이론에 따르면 일곱 나팔과 일곱 대접은 같은 사건을 다른 방식으로 서술하는 것이다. 그러나 이 관점을 지지하는 해석자들도 요한계시록의 사건들이 구체적으로 어떻게 반복되는지에 대해서는 다양한 의견을 제시한다. 더 자세한 논의는 이 책의 제2장 7절을 참조하라.

순차적 해석

요한계시록의 이야기가 종말을 향하여 한 방향으로 진행된다고 보는 방식이다. 세대주의는 이에 속하는 대표적인 입장으로서 요한계시록 1장에서부터 22장까지 등장하는 모든 사건이 시간 순서로 배열되어 있다는 소박하고 단선적인 이해를 대변한다. 하지만 이 책은 세대주의의 주장과는 달리 요한계시록이 크게 두 개의 이야기(중심 줄거리와 삽입부)로 구성되어 있으며, 본류와 지류에 해당하는 두 흐름이 각자 다른 곳에서 시작되어 진행되다가 합류하는 구조로 되어 있다고 본다.

요한계시록의 이야기

요한계시록은 머리말(1:1-8)과 꼬리말(22:6-21)을 제외한 내용의 대부분이 이야기로 구성되어 있으며, 이 이야기는 1-3장(요한의 소명과 일곱 교회에 보내는 메시지)과 4-22장(종말 환상 이야기)으로 나눠진다.

종말 환상 이야기

요한계시록 4-22장의 이야기를 가리킨다. 이 이야기는 종말 곧 역사의 최종 국면에 일어날 일들 및 종말에 이르는 과정에서 일어나는 일들을 보여주는 환상들을 담고 있다.

중심 줄거리

종말 환상 이야기(4-22장)를 구성하는 두 흐름 중 본류에 해당한다. 요한계시록 4-22장에서 삽입부(10:1-11:13; 12-14장)를 제외한 모든 본문이 중심 줄거리에 속한다(4-9장; 11:14-19; 15:1-22:9). 중심 줄거리는 독자들의 현실에서 출발하여 종말로 나아가는 과정을 보여주고 있으며 미래의 사건들에 초점을 맞춘다. 15:1에서 삽입부와 합류한다 (제2장 3절 참조).

삽입부 1, 2

종말 환상 이야기(4-22장)의 본류에 해당하는 중심 줄거리와 별도로 하나의 지류를 구성하는 본문들로서 제1삽입부(10:1-11:13)와 제2삽입부(12-14장)로 나뉜다. 예수 그리스도의 구속 사건에서 시작해 종말로 나아가는 구조로 되어 있으며 독자들의 현실에 초점을 맞춘다.

15:1에서 중심 줄거리와 합류한다(제2장 3절 참조).

막간극 1, 2, 3

요한계시록 이야기의 시간적 흐름에서 벗어난 짧은 본문 세 곳을 가리킨다(7:9-17; 14:1-5; 15:2-4). 종말의 모든 심판이 끝나고 최종적으로 구원받아 하나님 앞에 서 있는 성도들의 모습을 예상(prolepsis)의 형식으로 미리 보여주는 부분이다(111-13, 287쪽 참조).

부록 1, 2

부록 1(17:1-19:10)과 부록 2(21:9-22:9)는 심판과 구원의 절정을 나타내는 두 사건인 바벨론의 멸망(16:17-21)과 새 예루살렘의 강림(21:2-4) 뒤에 배치되어 이를 부가적으로 서술하는 긴 본문이다. 두 부록은 여러 측면에서 서로 병행하며 구체적으로 심판받을 사람들과 구원받을 사람들을 각각 두 도시(바벨론/새 예루살렘)와 두 여성(음녀/그리스도의 신부)으로 비유함으로써 유사한 서술 구조를 이룬다(제12장과 14장 참조).

두 이야기의 만남(1)

종말 환상 이야기의 본류에 해당하는 중심 줄거리(4-9장; 11:14-19; 15-22장)와 지류에 해당하는 삽입부(10:1-11:13; 12-14장)는 각자 다른 곳에서 발원하여 따로 흐르다가 15:1에서 합류하여 더 큰 이야기가 된다(제2장 3절 참조).

두 이야기의 만남(2)

종말 환상 이야기는 초월 공간인 하늘 어전(4-5장)에서 시작되어 하늘과 땅의 두 공간으로 나뉘었다가(6:1-19:10) 다시 땅에서 만나(19:11) 초월과 내재가 하나 된 새 예루살렘으로 나아간다(19:11-22:9, 제2장 5절 참조).

이야기의 층위 구조

이야기의 등장인물이 다른 등장인물에게 이야기를 들려주거나 보여줄 때, 등장인물이 속한 이야기와 그가 들려주는 이야기는 서로 다른 층위에 놓인다. 등장인물이 속한 이야기는 그가 들려주거나 보여주는 이야기보다 높은 층위에 있다. 위 층위에 속한 이야기의 등장인물은 그보다 낮은 아래 층위에서 벌어지는 사건들을 볼 수 있지만, 아래 층위에 속한 이야기의 등장인물은 위 층위에서 벌어지는 일들을 볼 수 없다. 요한계시록 이야기의 위 층위에는 요한의 자전적 이야기가 있고(1:9-3:22; 10:1-11:13), 아래 층위에는 요한이 본(대부분 천사가 요한에게 보여준) 환상 속 이야기가 있다(4-9장; 11:14-22:9). 두 층위의 경계가 무너지는 일(metalepses)이 발생하기도 하는데 이때는 이야기가 어느 층위에 속하는지 모호하게 보인다(예. 4-5장, 제2장 6절 참조).

요한의 자전적 이야기

요한계시록 이야기의 위 층위에 해당하며 등장인물인 요한이 "인자 같은 이"로부터 소명을 받은 후 주로 천사를 통해 종말 환상을 보는 이야기다. 두 번에 걸친 소명/권면 이야기(1:9-3:22; 10:1-11:13)가 여기에 속한다(제2장 6절 참조).

요한이 본 환상 속 이야기

요한계시록 이야기의 아래 층위에 해당하며 요한이 본 환상 속에서 전개되는 이야기다. 종말 환상 이야기 중 제1삽입부(10:1-11:13)를 제외한 모든 내용이 여기에 속한다(4-9장; 11:14-19; 12:1-22:9, 제2장 6절 참조).

들어가는 말

요한계시록은 읽기 어려운 성경에 속하지만 보통 사람이 이해할 수 없을 정도로 난해한 책은 아니다. 요한계시록을 처음 읽는 독자들은 그책에 등장하는 많은 상징과 비유 때문에 당혹스러워하지만, 이는 성경의 다른 책들과 당시 역사의 배경 및 이야기의 흐름 등을 참고하면 쉽게 이해할 수 있다. 따라서 요한계시록이 어렵다는 생각은 사람들이 그 책에 덧씌워온 그릇된 관념이 크게 작용한 결과에 가깝다.

무엇보다도 오랜 시간에 걸쳐 요한계시록에 부여된 지나친 신비감으로 인해 이 책을 어렵게 느끼는 사람들이 많아졌다. 하지만 이는 성경에 대한 올바른 태도가 아니다. 성경은 하나님의 계시다. "계시"란 초월적인 하나님의 뜻을 사람이 이해할 수 있도록 "열어 보여주는 것"이다. 요한"계시"록 역시 소수의 사람을 위해 숨겨둔 책이 아니라 많은 사람을 위해 "열어 보여준" 책이다. 따라서 특별한 사람들이나 방법을 통해야만 요한계시록을 이해할 수 있는 것이 아니다. 성경의 다른 책을 이해할 만큼의 신앙과 지성을 갖춘 사람이라면 요한계시록도 큰 무리 없이 이해할 수 있다.

지나친 신비감과 더불어 요한계시록에 대한 그릇된 해석들이 독자들로 하여금 요한계시록을 어렵게 느껴지도록 만들었다. 요한계시록은 서사 곧 이야기체의 글이다. 따라서 요한계시록을 바로 이해하기 위해서는 먼저 이 책에 어떤 이야기가 담겨 있는지 알아낸 후 그 이야기가 무엇을 의미하는지 물어야 한다. 이야기를 파악하는 것이 그다지 어렵지 않은 성경의 다른 책들을 읽을 때는 대개 이 두 과정이 함께 이루어지지만 요한계시록은 그렇지 않다. 요한계시록이 어려운 이유는 그 책에 무슨 이야기가 담겨 있는지 알기 힘들기 때문이다. 그래서 요한계시록을 제대로 읽기 위해서는 우선적으로 책에 담긴 이야기를 잘 파악해야 한다.

이 책의 제1부 제1장에서는 이 지나친 신비감을 걷어내는 작업을 한다. 제2장에서는 요한계시록에 무슨 이야기가 담겨 있는지를 파악하고 제3장에서는 그 이야기의 의미가 무엇인지를 묻는다. 제2부에서는 두 질문을 함께 다룬다.

이 책은 성경에 관심 있는 평신도 및 목회자와 신학자 모두를 염두에 두고 쓰였다. 무엇보다도 평신도들이 요한계시록을 이해하는 데 꼭 필요한 내용을 선별하여 가능한 한 평이하게 서술하도록 노력할 것이다. 그러나 그냥 가볍게 읽을 수 있는 책은 아니다. 이 책은 성경 본문의 의미를 말하기 전에 본문에서 어떻게 그런 의미가 나올 수 있는

지를 철저히 묻는다. 동시에 이 책에 등장하는 논의에는 기존 성서학계의 관점과 다른 부분들이 포함되어 있으므로, 필요한 부분에서는 기존의 해석들을 소개하고 평가하는 학문적인 접근도 실행할 것이다.

이 책이 기존 성서학계의 연구[1]와 분명히 구별되는 점이 있다면 그것은 요한계시록의 서사 구조에 대한 이해다. 특히 요한계시록에 도대체 무슨 이야기가 담겨 있는지, 그 이야기가 어떻게 흘러가는지, 거기에 담겨 있는 사건들이 요한계시록 전체 이야기 속에서 어떤 역할을 하는지에 대해 다른 해설서들과는 사뭇 다른 설명을 제시할 것이다.

요한계시록의 서사 구조(narrative structure)를 이해하는 관점은 크게 둘로 나눌 수 있다. 하나는 요한계시록에 서술된 사건들이 이야기 끝에 나오는 종말을 향하여 한 방향으로 진행된다고 보는 것이다. 이 관점을 대표하는 세대주의 해석은 요한계시록의 사건들이 1장부터 22장까지 기록된 순서대로 역사 속에서 일어난다고 주장한다. 반면 오늘날 대부분의 성서학자들은 반대 견해를 내세우면서 요한계시록이 종말에 이르는 과정을 담고 있는 같은 사건들을 여러 차례 반복하여 서술한다고 본다. 이를 가리켜 요점 반복 이론(recapitulation theory)이라 부른다.

이 책은 앞의 두 해석과는 다른 제3의 대안을 제시한다. 이 책은

---

[1]   우리말로 번역되거나 저술된 요한계시록 연구서와 해설서 중 성서학적 전문성을 갖춘 것을 선별하여 "들어가는 말" 뒤쪽에 간략히 소개하였다.

요한계시록의 종말 환상 이야기가 같은 사건들의 반복 구조가 아닌 최종적인 구원을 향해 한 방향으로 나아가는 순차적 진행 구조를 따르고 있음을 보일 것이다. 그러나 이것은 세대주의의 소박하고 단선적인 이해와는 전혀 다르다. 요한계시록 4-22장의 종말 환상 이야기는 크게 보면 중심 줄거리(4-9장; 11:14-19; 15:1-22:9)와 삽입부(10:1-11:13; 12-14장)의 두 흐름으로 구성되어 있다. 두 흐름은 서로 다른 지점에서 시작되어 제각기 진행되다가 한 곳(15:1)에서 만난다. 이야기의 공간적 배경으로 보면 종말 환상 이야기는 하늘 어전에서 시작되어 하늘과 땅으로 나뉘었다가 다시 만나서 초월적인 새 예루살렘 공간으로 합류한다. "두 이야기가 만나다"라는 이 책의 제목은 이 두 가지 함의를 나타낸다.

이 책은 이런 서사 구조의 이해를 기반으로 요한계시록 본문을 해설할 것이다. 현대 성서학은 요한계시록의 구조에 대해서는 만족할 만한 답을 제시하지 못했지만, 본문에 대해서는 역사적·문헌적 배경에 관한 상세한 연구를 바탕으로 큰 진전을 이루어왔다. 그 가운데 본문의 이해에 도움이 될 만한 연구 성과들을 선별하여 이 책에 사용할 것이다.

나아가 이 책은 요한계시록의 해석 문제에도 관심을 둘 것이다. 우리는 요한계시록이 당시 사람들에게 어떤 의미였는지 그리고 그 성경을 통해 하나님께서 오늘 우리에게 주시는 말씀이 무엇인지를 파악하기 위해 요한계시록을 읽는다. 이 책은 요한계시록 본문을 오늘 우리의 삶에 적용하고 그것이 주는 의미를 찾아봄으로써, 주류 성서학이 가진 역사적 연구의 한계를 극복하고 세대주의의 강한 영향을 받아 왜곡된 한국교회의 요한계시록 이해를 바로잡고자 한다.

이 책의 제1부는 요한계시록에 대한 개괄적 논의를 다루며, 제2부는 본문을 상세히 해설한다. 제1부 제1장은 "우리가 어떤 기대를 갖고 요한계시록을 읽는 것이 적절한가?"라는 질문을 다룬다. 이를 위해 그동안 요한계시록 연구에 사용된 네 가지 해석 관점의 적합성을 검증하고, 요한계시록에 관한 기본적인 사실─요한계시록이 로마의 멸망을 예고하는 책이며 "예언의 말씀"이라는 것─을 점검한다.

제2장은 이 책의 특징인 요한계시록의 서사 구조를 분석한다. 여기서는 요한계시록의 중심 줄거리와 삽입부라는 두 흐름이 한 방향으로 진행되는 모습을 살펴본다. 또한 이야기의 시간적·공간적인 구조를 함께 분석함으로써 이야기의 층위에 대한 이해가 어떻게 온전한 서사 구조의 파악을 도울 수 있는지도 확인한다. 다수의 성서학자가 주장하는 요점 반복 이론에 대해서는 뒤쪽에 한 절을 따로 떼어 논의할 것이다.

제3장은 요한계시록의 신학과 해석의 문제를 다룬다. 이와 관련된 주제는 매우 많지만, 여기서는 주로 그동안 요한계시록의 이미지를 왜곡하는 데 일조해온 잘못된 이해 몇 가지를 선별하여 다루려 한다. 묵시종말론에 대한 기초적 이해에서 출발하여 환경 파괴 및 폭력의 사용 등과 같이 요한계시록을 오늘의 맥락에서 해석할 때 따르는 문제를

다룰 것이다. 이와 더불어 사람들이 요한계시록과 자주 연관 짓는 "아마겟돈 전쟁" 시나리오의 허구성도 밝힐 것이다.

제2부는 본문 해설이다. 여기서는 앞에 제시한 서사 구조에 따라 요한계시록의 본문을 순서대로 해설하며, 이야기의 흐름에 따라 각 본문을 좀 더 세부적으로 살펴보면서 중요한 신학적 주제들이 어떻게 나타나고 발전되는지도 함께 살펴본다. 제1부가 숲을 보는 것이라면 제2부는 나무를 보는 것이라 할 수 있다. 독자들은 제1부에 개략적으로 제시된 내용과 주제들이 요한계시록의 각 본문에서 구체적으로 어떻게 전개되고 있는지 확인할 수 있다.

제1부의 총론은 제2부의 각론을 토대로 형성된 것이다. 특히 제3장 "요한계시록의 신학과 해석"은 제2부의 본문 해설을 종합한 부분이다. 이 장은 총정리의 성격을 띠고 있지만 묵시종말론 등 요한계시록 본문 이해의 기초가 되는 내용과 그간 많은 오해를 받아온 주제들을 다루고 있다. 따라서 제2부에 앞서 먼저 읽는 것이 더 좋겠다는 판단하에 제1부의 마지막에 배치하였다. 본문에 대한 자세한 해설이 궁금한 독자들은 제1부 1-2장을 읽은 후 제2부를 읽고 나서 마지막으로 제3장을 읽어도 좋다. 어떤 순서로 읽든지 간에 독자들은 제2부에 제시된 구체적인 본문 해설을 순차적으로 읽으면서 제1부에 제시된 주장들이 과연 받아들일 만한 것인지를 확인하고 검증해볼 수 있을 것이다.

이 책에는 도표(그림)가 많이 사용되었다. 특히 여러 가지 시각 자료를 통해 요한계시록의 서사 구조를 명확히 보여줌으로써 독자들의 이해를 돕고자 했다. 큰 그림을 보여주기 위해 도표를 사용했지만 세부적인 내용도 놓치지 않고 정확히 전달하고자 애썼다. 이 책의 도표(그림)에 표시된 각 장면과 사건의 길이 비율은 그리스어 성경(Nestle-Aland 28) 본문의 분량을 반영한 결과다.[2]

마지막으로 독자들께 당부드리고 싶은 점이 하나 있다. 나는 독자들이 반드시 성경을 옆에 펼쳐놓고 이 책을 읽으시기를 권한다. 모든 성경 해설서들이 그렇듯이 이 책 역시 독자들이 성경과 함께 읽을 것이라는 가정하에 쓰였다. 우리가 궁극적으로 이해해야 할 텍스트는 요한계시록이며, 이 책은 요한계시록 본문을 이해하도록 도와주는 안내서일 뿐이다. 하나님의 말씀이 주는 통찰과 감동을 기대하면서 요한계시록의 이야기 세계를 여행하는 독자들에게 이 책이 적절하고 유용한 가이드가 되기를 바란다.

---

2 유일한 예외는 "두 이야기가 만나다(1): 요한계시록 12장" 그림이다. 이 그림의 목적은 중심 줄거리와 삽입부가 합류하는 종말 환상 이야기 전체의 구조가 12장에 예시되어 있음을 보이는 데 있다. 단락의 분량 비율은 그리 중요하지 않으므로 고려하지 않았다. 고대 그리스어 사본들은 구두점을 사용하지 않았고 띄어쓰기도 하지 않았다. 처음에는 장과 절의 구분도 없었다. 그러므로 책의 분량을 가늠하기 위해서는 (절이나 단어 수가 아닌) 글자 수를 세어보는 것이 가장 좋은 방법이다. 나는 요한계시록 본문의 글자 수를 확인하기 위해 워드 프로세서의 통계 기능을 활용했다. 그러나 요한이 이 글을 기록할 때는 타자기나 컴퓨터를 사용하지 않고 손으로 썼기 때문에 같은 글자 수로 다른 분량이 나왔을 가능성이 있다. 그러므로 글자 수만으로 완벽한 분량을 재현했다고 말하기는 어렵다. 또 대부분의 워드 프로세서는 구두점도 글자 수에 포함하기 때문에 정확한 글자 수 통계는 아니다. 이런 한계들로 인한 오차를 참작하여 도표(그림)들을 이해해주기 바란다.

두 이야기가 만나다: 요한계시록 서사로 읽기

우리말로 발간된 요한계시록 참고자료

요한계시록을 더 깊이 있게 공부하고자 하는 독자들을 위해 우리말로 발간된 책들을 소개한다. 한동안 국내 요한계시록 서적 대부분은 세대주의 관점으로 쓰였다. 그러나 금세기 들어 성서학적 전문성을 갖춘 요한계시록 연구서들과 해설서들이 잇달아 우리말로 번역되거나 저술되었다.

우선 비일(Gregory K. Beale)[3]과 오니(David E. Aune)[4]의 주석이 잘 알려져 있다. 비일은 요한계시록의 구약 본문 사용을 세밀하게 검토하고 분석하면서도 신학에 강조점을 두고 있어 설교와 묵상에 유용하다. 오니의 주석은 구약과 유대교뿐 아니라 그리스-로마 문화의 배경을 추적하여 서구 성서학자들이 축적해온 연구 결과를 충실하게 집약해놓았다. 비일과 오니의 주석은 우리말로 각 2천 페이지가 넘는 대작들이다. 두 책은 출간된 지 20년이 넘었지만 여전히 요한계시록 연구의 표준으로 사용된다.

그 외에도 좋은 주석서들이 많이 나와 있다. 쾨스터(Craig Koester)[5]와 마운스(Robert Mounce)[6]의 주석은 뛰어난 학문적인 연구 결과를 담

---

3   Gregory K. Beale, 오광만 역, 『NIGTC 요한계시록(상), (하)』(서울: 새물결플러스, 2016). 이 책의 수정 축약본도 번역되어 있다. Beale and Campbell, 김귀탁 역, 『그레고리 빌 요한계시록 주석』(서울: 복있는 사람, 2015).

4   David E. Aune, 김철 역, 『요한계시록(상), (중), (하)』(서울: 솔로몬, 2003).

5   Craig Koester, 최흥진 역, 『앵커바이블 요한계시록 I, II』(서울: 기독교문서선교회, 2019).

6   Robert Mounce, 장규성 역, 『NICNT 요한계시록』(서울: 부흥과개혁사, 2019).

고 있으면서도 앞의 두 책보다 분량이 적어 사용하기에 간편하다. 오스본(Grant Osborne),[7] 보링(Eugene Boring),[8] 키너(Craig Keener),[9] 엘륄(Jacques Ellul),[10] 포드(J. Massyngberde Ford),[11]의 책은 학문성과 목회적 유용성을 함께 추구한다. 박수암,[12] 이필찬,[13] 김추성[14] 등 국내 성서학자들도 좋은 주석서들을 저술했다.

요한계시록의 신학 및 이와 관련된 주제를 다룬 책들도 있다. 이 책들의 장점과 특성을 잘 활용하여 요한계시록 연구에 참고할 수 있다. 요한계시록의 신학에 관한 연구에서는 보컴(Richard Bauckham)의 두 책이 학자들 사이에 널리 인용되고 있어 독자들에게도 추천할 만하다.[15] 고먼(Michael J. Gorman)의 책은 교회와 사회를 함께 아우르는 넓은 지평을 보여준다.[16] 로싱(Barbara Rossing)은 세대주의 정치 시나리오

7   Grant Osborne, 김귀탁 역, 『BECNT 요한계시록』(서울: 부흥과개혁사, 2012).
8   Eugene Boring, 소기천 역, 『현대성서주석 요한계시록』(서울: 한국장로교출판사, 2011).
9   Craig Keener, 배용덕 역, 『NIV 적용주석 요한계시록』(서울: 솔로몬, 2015).
10   Jacques Ellul, 유상현 역, 『요한계시록 주석: 움직이는 건축물』(서울: 한들출판사, 2000).
11   J. Massyngberde Ford, 최흥진 역, 『앵커바이블 요한계시록 A』(서울: 기독교문서선교회, 2019).
12   박수암, 『신약주석 요한계시록』(서울: 대한기독교서회, 1989).
13   이필찬, 『요한계시록: 내가 속히 오리라』(서울: 이레서원, 2006).
14   김추성, 『요한계시록 새롭게 읽기: 하나님과 어린양의 보좌』(고양: 이레서원, 2015).
15   Richard Bauckham, 이필찬 역, 『요한계시록 신학』(서울: 한들출판사, 2000); 『예언의 절정』(서울: 한들출판사, 2002).
16   Michael J. Gorman, 박규태 역, 『요한계시록 바르게 읽기: 시민 종교를 거부하는 참된 예배와 증언』(서울: 새물결플러스, 2014).

의 허점을 잘 보여준다.[17] 피터슨(Eugene H. Peterson)은 요한계시록을
시적 상상력으로 풀어낸다.[18] 스캇 듀발(J. Scott Duvall)은 열 개의 주제
를 중심으로 요한계시록을 해설한다.[19] 제임스 칼라스(James Kallas)의
요한계시록 해설서는 비교적 일찍 번역되어 세대주의가 지배하던 한
국교회 환경에서 한동안 외로이 성서학의 목소리를 대변해왔다.[20]

17 Barbara Rossing, 김명수, 김진양 역, 『미국의 중동정책과 묵시 종말론: 요한묵시록의
    희망 이야기』(경성대학교 출판부, 2009).
18 Eugene H. Peterson, 홍병룡 역, 『묵시: 현실을 새롭게 하는 영성』(서울: 한국기독학생
    회출판부, 2002).
19 J. Scott Duvall, 홍수연 역, 『요한계시록의 심장』(서울: 새물결플러스, 2020).
20 James Kallas, 박창환 역, 『요한계시록: 요한계시록에 나타난 하나님과 사탄』(서울: 컨
    콜디아사, 1977).

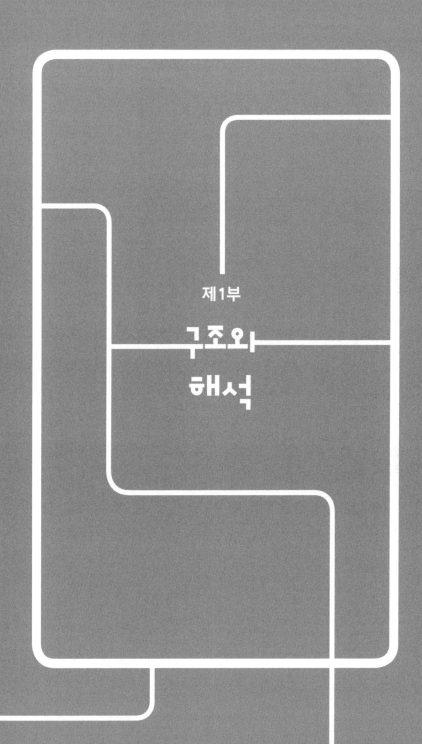

제1부

구조와

해석

제1장

요한계시록에 대한 기대

어떤 책을 올바로 이해하기 위해서는 책의 종류와 내용에 적합한 기대를 가져야 한다. 예를 들어 요리책에서 오늘의 뉴스를 찾거나 고대 역사책에서 스마트폰 사용법을 찾는 사람은 없을 것이다. 성경도 마찬가지다. 복음서를 읽을 때는 예수의 말씀과 행적을 알려고 해야 하며 고린도전서를 읽을 때는 바울이 고린도 교회를 향해 어떤 권면을 했는지 궁금해하는 것이 맞다. 그렇다면 요한계시록을 읽는 사람은 어떤 기대를 가져야 할까? 요한계시록의 구조와 본문을 살펴보기에 앞서 일반적으로 사람들이 요한계시록을 통해 무엇을 얻고자 하는지 생각해보자.

1. 요한계시록 해석의 네 가지 관점

요한계시록을 해석하는 관점들은 대개 "요한계시록에서 무엇을 기대할 것인가?"에 초점을 맞추고 있다. 이를 더 구체화하면 "요한계시록은 주로 어느 시대에 일어날 일들을 말하고 있는가?"라는 질문이 된다. 이에 대한 답으로 제시된 요한계시록의 대표적인 해석 관점은 다음 네 가지로 나뉜다.

1. 미래주의(futurist) 관점
2. 전역사적(world-historical or church-historical) 관점
3. 그 시대적(preterist or contemporary historical) 관점
4. 초역사적(idealist) 관점

〈표 1〉 요한계시록 해석의 네 가지 관점

가. 네 관점의 구별

네 관점을 하나씩 살펴보자. (1) 미래주의 관점은 요한계시록 내용의 대부분이 미래 곧 역사의 종말에 일어날 일들을 예고한다고 여기며 요한계시록에서 그 내용을 찾아내기를 기대한다. (2) 전역사적 관점(전교회사적 관점)은 요한계시록이 저술 당시(기원후 1세기)부터 종말에 이르는 역사 전체에 걸쳐 일어날 일들을 시대순으로 보여준다고 주장한다. 미래주의자들과 전역사주의자들은 요한계시록 본문에 나오는 사건들과 장면들을 실제 역사의 특정 시기나 사건에 일대일로 대입하여 해석

하는 경향이 있다. (3) 그 시대적 관점은 요한계시록이 그 시대 곧 저술 당시와 직후의 상황을 서술하는 책이라고 말한다. 그 시대적 관점에 따르면 요한계시록에 서술된 내용의 상당 부분은 이미 이루어진 일이다. (4) 초역사적 관점(이상주의 관점)은 요한계시록이 과거, 미래, 혹은 전역사와 같은 역사의 특정 시점에 일어날 일들을 가리키는 것이 아니라 인류 역사에 반복되는 선과 악의 투쟁을 원형적으로 보여주는 책이라고 말한다. 네 관점을 도표로 표현하면 다음과 같다.

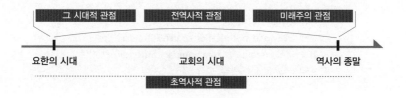

〈그림 1〉 요한계시록 해석의 네 가지 관점

위 도표를 통해 알 수 있듯이 네 관점은 요한계시록을 어느 시대에 관한 기록으로 보는지에 따라 구별된다. 하지만 이것만으로는 네 관점을 완전히 구별하기 어렵다. 왜냐하면 "그 시대적 관점"을 취하는 해석자들도 요한계시록이 미래 곧 종말에 일어날 일들을 예고한다는 사실을 부정하지는 않으며, 심지어 "미래주의자들"도 요한계시록의 일부(예를 들어 1장)가 과거 요한의 시대를 보여준다고 해석하기 때문이다. 따라서 네 관점을 정확히 구별하기 위해서는 요한계시록 본문과 관련된 시대의 역사적 사건들이 어떤 방식으로 연결되는지를 함께 고려해야 한다.

위의 네 가지 관점 중 전역사적 관점과 미래주의 관점을 대표하는 것이 바로 세대주의(Dispensationalism)다. 이 책에 등장하는 "세대주의"는 "세대주의 전천년설"(Dispensational premillennialism)을 줄여서 말하는 것이다. 이는 19세기 초중반 영국에서 다비(John Nelson Darby, 1800-1882)의 주도로 시작된 후 미국으로 넘어가 개신교 근본주의의 한 뿌리가 된 사상을 일컫는다. 당시 미국은 남북전쟁(1861-1865) 직후 사회적 갈등이 심화되고 위기감이 고조된 가운데 세대주의 종말론이 많은 지지를 얻을 수 있는 상황이었다. 특히 무디(D. L. Moody)의 부흥 운동이 세대주의가 확산되는 데 큰 기여를 했다. 언더우드, 아펜젤러 등 한국에 들어온 초기 선교사들도 해외 선교를 위한 학생자원운동(The Student Volunteer Movement for Foreign Missions)을 통해 무디의 영향을 받은 사람들이다. 이처럼 세대주의의 영향을 강하게 받은 그들의 활약에 힘입어 한국교회에도 세대주의가 널리 확산되었다. 그들 밑에서 교육을 받고 장로교신학교 1회 졸업생이 된 길선주 목사도 세대주의자였다.[1] 세대주의는 역사 전체를 몇 개의 세대(dispensation)로 나누어 각 세대마다 하나님의 통치 원리와 구원의 방법이 다르다고

---

[1]   미국의 세대주의 형성과 한국으로의 전파 과정에 대한 더 자세한 설명은 다음 책을 참조하라. 배덕만, 『한국개신교근본주의』(충남: 대장간, 2016), 15-40; 옥성득, 『한국기독교형성사: 한국 종교와 개신교의 만남 1876-1910』(서울: 새물결플러스, 2020), 194-99.

주장한다.[2]

세대주의자들은 요한계시록의 각 본문이 특정 시대와 일대일로 대응한다고 여긴다. 예를 들어 그들은 요한계시록 2-3장을 전역사적 관점으로 해석해서 소아시아의 일곱 교회가 순서대로 초기교회(에베소 교회)부터 오늘날의 교회(라오디게아 교회)까지 역사상의 일곱 시대를 대표한다고 보며, 4장 이하의 내용에는 미래주의적 관점을 적용한다. 즉 4장에서 휴거가 일어난 후 7년 대환난이 시작되는데 6-10장은 앞의 3년 반 그리고 11:1-19:10은 뒤의 3년 반 동안 실제로 일어날 일들을 예고한다는 것이다. 마찬가지로 19:11-22장의 내용이 기록된 순서대로 종말에 발생할 아마겟돈 전쟁, 천년왕국, 새 하늘과 새 땅, 새 예루살렘 등의 사건에 일대일로 대응한다는 것이 세대주의의 해석이다. 반면 그 시대적 관점은 요한계시록 본문의 많은 부분을 저술 당시의 역사와 관련짓지만, 본문에 상징적인 언어로 서술된 모든 사건이 실제 역사 속에서 일어난 사건들을 직접 지시하고 있다고 보지는 않는다. 한편 초역사적 관점은 요한계시록 본문을 어느 특정 시대와 연결하지 않는다.

그렇다면 네 관점 중 어느 것이 요한계시록에 대해 가장 적절한 기대를 반영하고 있을까? 이번에는 초역사적 관점을 먼저 검토해보자. 이 관점은 요한계시록 본문이 오늘날 우리에게 주는 메시지를 찾아

---

2 전천년설에 대해서는 계 20:4-6에 대한 이 책의 해설을 보라.

낼 때 유용하다. 구약성경의 역사서를 생각해보자. 이 책들은 2천 년도 더 지난 다른 나라의 과거 역사를 서술하고 있지만, 오늘 우리에게도 하나님의 말씀으로 받아들여진다. 성경을 해석하는 사람들은 대개 과거 사건과 현재 사건 간의 비슷한 점을 찾아내고 그 유사성에 근거하여 성경의 사건들을 오늘 우리의 삶을 해석하는 원형으로 사용한다. 초역사적 관점은 요한계시록의 사건들을 역사에서 반복되는 사건들의 원형으로 이해한다. 초역사적 관점이 지닌 이런 해석학적 유용성은 요한계시록 본문을 이용한 묵상이나 설교에 적절히 활용될 수 있다.

그러나 우리는 본문을 우리의 상황에 적용하기 전에, 요한계시록 본문 그 자체가 무엇을 말하는지에 주목할 필요가 있다. 그런 관심으로 읽어보면 초역사적 관점이 말하는 것보다 구체적인 현실에 더 가까이 닿아 있는 요한계시록의 모습을 발견하게 된다. 요한계시록에 담겨 있는 모든 장면과 사건이 다 그런 것은 아니지만, 어떤 사건이나 장면은 역사속의 구체적인 사건, 인물, 대상을 상징적으로 지시하기 때문이다. 따라서 우리는 요한계시록이 가리키는 그 사건이나 장면이 아직 일어나지 않은 미래의 일인지 아니면 이미 지나간 과거의 일인지 묻지 않을 수 없다.

나. 미래주의 관점을 재고함

이 네 관점 가운데 독자들에게 가장 익숙한 것은 아마 미래주의와 전역사주의일 것이다. 한국교회의 요한계시록 해석을 지배해온 세대주의가 바로 두 관점의 조합이기 때문이다. 세대주의자들은 요한계시록 2-3장을 전역사적 관점으로 해석하고 4장 이후를 미래주의 관점으로 해석한다. 이처럼 전역사주의자들은 대개 미래주의를 바탕에 깐 채로 역사의 종말에 이르기까지의 과정을 요한계시록에서 읽어내려고 한다. 따라서 전역사적 관점은 미래주의 관점의 아류라고 볼 수 있다.

　　그런데 전역사주의자들을 포함한 미래주의자들에게 한 가지 공통점이 있다. 바로 대부분의 미래주의자가 자신들의 시대를 종말 직전의 시대로 간주한다는 것이다. 예를 들어 중세에 천년왕국 신앙을 확산시킨 피오레의 요아킴(Joachim of Fiore, 1132-1202)은 자신이 살던 12세기가 종말 직전의 시대라 믿었고, 세대주의 창시자인 다비(John Nelson Darby, 1800-1882) 역시 자신이 살던 19세기가 역사의 마지막 국면이라 믿었다. 또한 오늘날의 미래주의자들은 21세기가 예수 재림 직전의 시대라 생각한다. 시한부 종말론은 미래주의의 극단적인 사례다. 기성 교회의 미래주의자들은 시한부 종말론자들처럼 그날이 언제인지 특정하지는 않는다. 하지만 정확히 언제인지는 알 수 없더라도 분명히 종말이 가까이 왔다고 믿으며 요한계시록이 바로 우리 시대에 일어나고 있는 일들을 지시하고 있다고 생각한다. 따라서 오늘날 전 세계에서 벌어지고 있는 사건들 곧 전쟁, 기근, 재난 및 바코드나 베리칩(VeriChip)[3] 같은 것에 상응하는 서술을 요한계시록에서

---

[3]　사람 몸에 이식하는 작은 크기의 마이크로 칩으로서 교통카드와 비슷한 RFID 원리

찾아내려 한다.

우리는 성경이 단지 과거에 기록된 하나의 고전 문헌에 그치지 않는다고 여기며 하나님께서 오늘도 여전히 성경을 통해 우리에게 말씀하신다고 믿는다. 그런 점에서 얼핏 보면 미래주의적 관점은 상당히 경건한 신앙적 태도인 것처럼 느껴진다. 무엇보다도 미래주의는 오늘이 바로 종말의 시작일 수도 있다는 경각심을 일깨워준다. 또한 오늘날 우리가 목도하고 있는 세계 정치의 사건들과 기술 문명의 발전이 2천 년 전 기록된 성경에 이미 예고되어 있다고 믿게 만든다. 이것은 정말 놀라운 일이 아닌가? 미래주의 관점이 지닌 이런 강한 호소력은 성경을 읽는 사람들에게 큰 영향을 미칠 수 있다.

다. 반드시 "속히" 일어날 일들

과연 미래주의는 요한계시록을 해석하는 적절한 관점일까? 성경 본문을 읽으면서 그 질문에 대한 답을 찾아보자. 요한계시록 1:1은 다음과 같이 말한다.

> 예수 그리스도의 계시라. 이는 하나님이 그에게 주사 반드시 속히 일어날 일들을 그 종들에게 보이시려고 그의 천사를 그 종 요한에게 보내어 알게

로 작동한다. "VeriChip"은 이 칩을 만든 회사의 이름인데, 영어 단어 "Verification"과 "Chip"의 합성어로서 신원을 확인하는 칩이라는 뜻이다.

하신 것이라(계 1:1).

요한계시록은 "반드시 속히 일어날 일들"을 보여주기 위해 저술된 책
이다. 여기서 "속히" 일어난다는 말은 누구의 시점에서 "속히" 일어난
다는 뜻일까? 우리는 이 말을 21세기를 사는 사람의 시점과 상황을 바
탕으로 받아들이기 쉽다. 그렇게 읽는다면 속히 일어난다는 말은 종
말이 21세기에 온다는 뜻이 된다. 하지만 그에 앞서 요한계시록의 저
자와 당시 독자의 상황을 떠올려보자. 저자 요한이 요한계시록을 쓰
면서 말하고자 했던 바는 무엇일까?

요한계시록은 소아시아의 일곱 교회에 보낸 편지다(1:4, 11). 요
한계시록을 포함한 신약성경은 이 지역을 "아시아"라고 부른다. 그곳
은 당시에는 로마 제국의 속주 가운데 하나였고, 오늘날에는 아시아
서쪽 끝이자 터키 서부에 해당하는 지역으로서 "소아시아"(Asia Minor)
라고 불린다. 요한계시록은 이곳 소아시아를 대표하는 일곱 개의 도
시, 즉 에베소, 서머나, 버가모, 두아디라, 사데, 빌라델비아, 라오디게
아에 있는 교회들을 위해 저술되었다. 이 지역의 첫머리 글자만 따서
읽으면 "에/서/버/두/사/빌/라"가 된다. 지도를 보면 이 일곱 도시는
요한계시록의 발신지인 밧모섬에서 가장 가까운 에베소에서 시작하
여 시계 방향을 따라 둥글게 위치하고 있다.

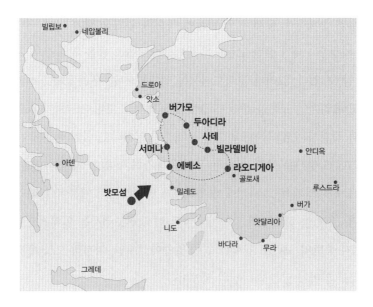

〈그림 2〉 소아시아 일곱 교회의 위치

요한계시록의 저술 연대는 로마 황제 도미티아누스의 통치가 끝날 무렵인 기원후 95년경으로 보는 것이 일반적이다. 기원후 1세기 말 요한이 소아시아 일곱 교회를 위해 요한계시록을 저술하면서 자신이 기록한 일들이 "속히" 일어날 것이라고 말했다면, 그 "속히"란 언제를 가리키는 말이었을까? 기원후 1세기 독자들의 시점에서 볼 때 속히 일어난다는 뜻이었을 것이다.

여기서 우리는 성경을 읽는 자세에 관해 더 생각해볼 필요가 있다. 고린도전서를 예로 들어보자. 고린도전서는 기원후 50년대 초중반에 그리스의 한 도시였던 고린도의 교회들이 겪었던 윤리적이고 신앙적인 문제들에 대해 사도 바울이 목회적 권면을 담아 보낸 편지로서, 기원후 1세기 중반 고린도에 살던 그리스도인들을 위해 쓰인 책이라 할 수 있다. 그러나 고린도전서는 현대를 사는 우리에게도 신앙적이고 윤리적인 교훈을 준다. 오늘날 교회에서도 고린도 교회가 겪었던 것과 똑같지는 않더라도 비슷한 문제들이 일어나고 있기 때문에 우리는 고린도전서를 통해 현재의 문제를 해결하기 위한 지침을 얻을 수 있다. 하나님께서 그 과정에서 우리에게 말씀하시기 때문이다. 따라서 고린도전서는 하나님의 말씀이다. 이처럼 고린도전서는 일차적으로는 1세기 중반의 고린도 교회를 위한 말씀이었지만, 여전히 오늘 우리에게"도" 의미가 있는 하나님의 말씀이다.

요한계시록도 마찬가지다. 요한계시록은 일차적으로는 기원후 1세기의 소아시아 일곱 교회를 위한 말씀이지만, 오늘 우리에게"도" 동일한 하나님의 말씀이다. 그런데 만일 요한계시록이 21세기에 일어날 일들을 기록한 책이라면 요한계시록의 본래 독자들인 소아시아 일곱 교회의 성도들에게는 무슨 의미가 있을까? 처지를 바꾸어 요한이 오늘날의 한국교회에 편지를 보냈다고 생각해보자. 그런데 그 편지의 내용이 지금으로부터 2천 년 뒤인 기원후 4천 년경에 일어날 일들에 관한 것이라면 오늘을 사는 우리에게 그 편지는 무슨 의미가 있을까? 아마도 단순한 흥밋거리 이상이 되기 힘들 것이다.

바로 이것이 미래주의 관점의 한계다. 요한계시록을 미래주의적으로 이해하게 되면 정작 그 책의 독자인 소아시아 일곱 교회의 성도들에게는 별 의미가 없고 오늘 우리에게 "만" 의미 있는 책이 되어버리고 만다. 그렇다면 요한계시록은 본래의 독자에게는 아무 의미가 없고 2천 년 후의 사람들에게만 의미 있는 책으로 의도된 것일까? 이런 생각은 성경에 대한 상식에 부합하지 않을뿐더러 요한의 저술 목적과도 어울리지 않는다.

라. 읽고 듣고 지키라

요한은 요한계시록의 머리말에서 이 책을 저술한 목적을 다음과 같이 밝히고 있다.

> 이 예언의 말씀을 읽는 자와 듣는 자와 그 가운데에 기록한 것을 지키는 자는 복이 있나니 때가 가까움이라(계 1:3).

이에 따르면 요한계시록을 기록한 이유는 이 책에 기록된 말씀을 읽고 듣고 지키게 하기 위함이다.

이 구절에 나오는 "읽는 자와 듣는 자와 지키는 자"라는 어구에 관해 설명이 필요하다. 여기서 "읽는 자"는 단수로 되어 있고 "듣는 자"와 "지키는 자"는 복수로 되어 있다. 또 그리스어 관사의 사용을 살펴보면 "읽는 자" 앞에 정관사가 붙어 있고(ὁ ἀναγινώσκων, 호 아나기노스콘), "듣는 자들과 지키는 자들"이 하나의 정관사로 연결되어 있다(οἱ ἀκούοντες…καὶ τηροῦντες, 호이 아쿠온테스…카이 테룬테스). 이를 참고하여 정확히 번역하면 "읽는 자와 듣고 지키는 자들"이 된다.

이 표현은 고대 세계에서 성경이 어떤 방식으로 읽혔는지를 보여주는 매우 중요한 단서다. 당시에는 책이 귀했기 때문에 개인이 책을 소유하는 일이 드물었다. 성경책도 한 교회에 한 권만 있거나 몇 교회가 돌려서 봐야 했다. 그런 상황에서 책을 읽는 방식이란 한 사람이 큰 소리로 내용을 읽고 다른 사람들이 그것을 듣는 것이다. 요한계시록 1:3이 보여주는 대로 예배의 자리에서 한 사람이 큰 소리로 성경을 읽으면 모든 성도가 그 말씀을 듣고 지키는 모습을 생각하면 된다.

요한계시록의 원래 독자인 소아시아 일곱 교회의 성도들은 이 듣는 사람들 곧 청중이었다. 따라서 이 책에서 소아시아 일곱 교회를 가리킬 때는 "청중"을 사용하고 이 책(『두 이야기가 만나다: 요한계시록 서사로 읽기』)을 읽는 사람들을 가리킬 때는 "독자"라는 말을 사용할 것이다. 그러나 이 책의 많은 문맥에서 두 그룹이 명확히 구분되지는 않는다. 요한계시록이 1세기 청중에게 들려주는 말의 대부분은 오늘날의 독자를 향한 하나님의 말씀이기 때문이다. 그래서 때로는 "독자"라는 말을 두 그룹의 사람들을 함께 가리키는 뜻으로 사용할 것이다.

요한계시록 1:3에서 성도들이 말씀을 듣고 나서 "지킨다"는 말은 그 말씀대로 준행한다는 뜻이다. 이것은 요한계시록에 그리스도인들이 지켜야 할 중요한 삶의 내용이 담겨 있음을 암시한다. 즉 요한계시록에는 1세기 소아시아 일곱 교회의 성도들이 듣고 지켜야 할 내용이 기록되어 있다는 뜻이다. 그런데 만일 요한계시록이 21세기에 일어날 일들을 기록한 책이라면 1세기 말 소아시아 일곱 교회의 성도들이 이를 읽고 들은 후에 무엇을 지킬 수 있었을까? 미래주의 관점으로는 요한계시록의 저술 목적과 관련된 이 중요한 질문에 대답하기 어렵다. 요한계시록은 오늘 우리에게 "도" 의미 있는 말씀이지만 우리에게 "만" 의미 있는 말씀은 아니다. 요한계시록은 오늘 우리에게 오기 전에 일차적으로 소아시아 일곱 교회에 주어진 하나님의 말씀이었다.

2. 요한계시록은 로마의 멸망을 예고한다

지금까지 우리는 요한계시록을 오늘날 우리의 상황에 적용하기에 앞서 1세기 소아시아 일곱 교회에 주신 말씀으로 생각하고 읽어야 함을 확인했다. 당시 시점으로 돌아가 요한계시록 1:1을 다시 읽어보자. 본문은 이 책이 "반드시 속히 일어날 일들"을 보여주기 위해 기록되었다고 말한다. 1세기 말 시점에서 "속히 일어날" 그 일들은 무엇이었을까?

요한계시록의 종말 환상 이야기(4-22장)는 크게 두 단계로 진행된다. 첫째 단계는 바벨론의 멸망에 이르기까지의 과정이고(4:1-19:10), 둘째 단계는 이후 역사의 종말에 이르는 과정이다(19:11-22:9). 두 단계는 하늘이 열리는 장면(4:1; 19:11)으로 시작하여 "되었다!"와 "이루었도다!"라는 종료 선언(16:17; 21:6)으로 끝난다. "되었다"와 "이루었도다"는 같은 그리스어 동사 "기노마이"(γίνομαι)의 완료형인데, 전자는 3인칭 단수로, 후자는 3인칭 복수로 사용되었다.

범위	하늘이 열림	종료 선언
1단계(4:1-19:10) 바벨론의 멸망	4:1	16:17[4]
2단계(19:11-22:9) 역사의 종말	19:11	21:6

〈표 2〉 종말 환상 이야기(1, 2단계)의 시작과 끝

이 구조를 보면 바벨론의 멸망에 이르는 과정을 서술하는 1단계가 종말 환상 이야기의 많은 분량을 차지하고 있다. 요한계시록이 이토록 많은 지면을 할애하여 멸망 과정을 서술하고 있는 바벨론이란 과연 무엇일까?

가. 짐승을 타고 앉은 큰 음녀

요한계시록은 바벨론이 곧 로마 제국임을 여러 상징을 통해 보여준다. 요한계시록이 로마 제국의 멸망을 예고한다는 점을 의아하게 여길 독자들이 많을 것이다. 왜냐하면 많은 한국교회들이 세대주의의 영향을

---

4   1단계가 19:10에서 끝나는 점을 고려하면 종료 선언(16:17)이 너무 일찍 나오는 것처럼 보인다. 그러나 이것은 요한계시록의 구조를 알고 나면 자연스럽게 이해될 수 있다. 1단계의 모든 사건은 16장에서 종결된다. 이어지는 17:1-19:10은 그 사건에 대한 부가적 서술이다. 그러므로 16장 끝에 종료 선언이 나오는 것이다. 이 구조에 대해서는 다음 장에서 자세히 살펴보도록 하자.

받아 요한계시록 내용의 대부분을 오늘날의 사건과 관련지어 해석하기 때문이다. 그런데 요한계시록이 이미 오래전에 멸망한 로마 제국에 관해 말한다고 하니 낯설게 느껴질 수밖에 없을 것이다.

요한계시록의 주요 본문들이 로마 제국을 가리킨다는 것은 이미 성서학계에서 널리 받아들여지고 있는 상식이다. 그렇다면 성서학자들은 어떤 근거를 가지고 그렇게 생각하는 것일까? 바벨론이 곧 로마임을 가장 잘 드러내는 본문은 요한계시록 17장으로서 이 부분은 종말 환상 이야기의 1단계 마지막 부분에 위치하여 바벨론의 정체를 폭로하는 내용을 다룬다. 이 17장의 퍼즐을 함께 풀어봄으로써 바벨론의 정체를 확인해보자.

1) 많은 물 위에서 땅의 왕들을 다스리는 제국

또 일곱 대접을 가진 일곱 천사 중 하나가 와서 내게 말하여 이르되 "이리로 오라. 많은 물 위에 앉은 큰 음녀가 받을 심판을 네게 보이리라"(계 17:1).

요한계시록 17:1에는 "큰 음녀"가 등장하는데, 이 여자가 바로 바벨론이다(17:5). 그런데 큰 음녀는 "많은 물 위에" 앉아 있다. 많은 물은 무엇을 상징할까? 천사의 설명에 따르면 큰 음녀가 앉아 있는 물은 "백성과 무리와 열국과 방언들"이다(17:15). 그리고 17:8의 해설에 의

하면 그 여자는 "땅의 왕들을 다스리는 큰 성"이다. 여기서 "성"으로 번역된 그리스어 "폴리스"(πόλις)는 "도시" 또는 "국가"를 뜻한다. 두 절의 설명을 종합해보면 큰 음녀 바벨론은 백성과 무리와 열국과 방언들 위에 앉아 땅의 왕들을 다스리는 큰 나라 곧 제국이다. 요한계시록이 저술되던 당시 소아시아를 포함한 지중해 연안 세계를 다스리던 제국은 바로 로마였다.

2) 일곱 산 위에 세워진 나라

> 내가 보니 여자가 붉은빛 짐승을 탔는데 그 짐승의 몸에 하나님을 모독하는 이름들이 가득하고 일곱 머리와 열 뿔이 있으며(계 17:3).

이 음녀가 타고 앉은 붉은빛 짐승에는 일곱 머리와 열 뿔이 달려 있다. 그런데 9절에서 천사는 짐승의 일곱 머리가 "여자가 앉은 일곱 산"이라고 설명한다. 이것은 음녀 바벨론이 로마임을 알려주는 분명한 암시다. 왜냐하면 당시 사람들은 로마를 가리켜 "일곱 산"(séptimontium) 위에 세워진 나라라고 불렀기 때문이다. 이런 묘사는 당시 로마의 여러 저술에서도 발견된다.[5] 여기서 일곱 산이란 로마의 중심을 흐르는 테

---

[5]   기원전 1세기 중엽 이후 로마의 많은 저술에서 "일곱 산"은 로마의 상징으로 사용되었다. 관련된 문헌의 목록은 다음 글들을 참조하라. Aune, 『요한계시록(하)』, 130-31; Koester, 『요한계시록 II』, 1283; Osborne, 『요한계시록(하)』, 778 등.

베레강 주위에 있는 일곱 개의 언덕인 퀴리날리스, 비미날리스, 에스퀼리누스, 카피톨리누스, 팔라티누스, 카일리우스, 아벤티누스를 가리킨다.

3) 영적 음행: 우상숭배

> 여자가 붉은 빛 짐승을 탔는데 그 짐승의 몸에 하나님을 모독하는 이름들이 가득하고 일곱 머리와 열 뿔이 있으며 그 여자는 자주 빛과 붉은 빛 옷을 입고 금과 보석과 진주로 꾸미고 손에 금잔을 가졌는데 가증한 물건과 그의 음행의 더러운 것들이 가득하더라. 그의 이마에 이름이 기록되었으니, 비밀이라, "큰 바벨론이라, 땅의 음녀들과 가증한 것들의 어미라" 하였더라(계 17:3b-5).

이 음녀는 그 명칭이 드러내는 대로 음행으로 특징지어진다. 그녀는 음녀들의 우두머리로서 "땅의 음녀들과 가증한 것들의 어미"라 불린다(17:5). 그녀의 손에 들린 화려한 금잔 안에는 가증한 물건과 음행의 더러운 것이 가득하다(17:4). 그녀뿐 아니라 그녀가 탄 짐승의 몸에도 하나님을 모독하는 이름이 가득하다(17:3).

성경에서 음행은 문자 그대로 성적인 일탈을 가리키기도 하지만, 많은 경우 우상숭배를 비유할 때 사용된다. 호세아서가 대표적인 예다. 이 예언서에서 하나님을 떠나 다른 신을 따르는 행위를 반복하는 이스라엘은 호세아의 음란한 아내인 고멜로 상징된다. 요한계시록에서도 음행은 우상숭배를 상징한다. 뒤에서 자세히 설명하겠지만 요한계시록이 말하는 영적 음행의 중심에는 당시 로마가 자행하고 있던 황제 숭배가 있었다.

4) 박해자

> 또 내가 보매 이 여자가 성도들의 피와 예수의 증인들의 피에 취한지라
> (계 17:6).

게다가 이 음녀는 성도들 및 예수의 증인들의 피에 취해 있다. 이는 그리스도인들을 박해하는 로마 제국의 모습을 나타낸 것이다. 아마도 그 박해는 앞서 언급한 영적 음행 곧 황제 숭배와 관련되었을 것이다. 그리스도인들은 신앙 양심상 황제 숭배 요구에 응할 수가 없었다. 이런 황제 숭배의 거부는 그리스도인들에 대한 박해로 이어졌을 가능성이 크다. 다만 요한계시록 저술 당시 그리스도인들이 로마 제국으로부터 얼마나 심한 박해를 받았는지에 대해서는 학자들 간에 논란이 있다. 이에 대해서는 제2부에서 요한계시록 2-3장을 분석하면서 자세히 살펴보기로 하자.

5) 이름은 바벨론

> 그의 이마에 이름이 기록되었으니, 비밀이라, "큰 바벨론이라, 땅의 음녀
> 들과 가증한 것들의 어미라" 하였더라(계 17:5).

요한계시록 17:5은 그 음녀의 이마에 이름이 기록되어 있다고 한 후 그것이 비밀이라고 말한다. 이것은 일종의 방백으로서 그녀의 이름이 "비밀"이라는 뜻이 아니라, 다음에 나오는 그녀의 이름을 비밀로 하라는 뜻이다. 이는 앞으로 말할 내용이 매우 중요한 정보임을 암시한다. 그렇게 주의를 준 후 저자가 독자들에게 가르쳐주는 음녀의 이름은 "큰 바벨론"이다.

기원후 70년 이후 "바벨론"은 유대인들과 그리스도인들 사이에서 로마를 가리키는 암호로 사용되었다. 베드로전서에도 그런 사례가 나온다. 베드로는 편지 끝에서 자신이 지금 바벨론에 있다고 말한다(벧전 5:13). 하지만 바벨론은 이미 오래전에 역사에서 사라지고 없는 나라인데 그가 바벨론에 있다는 말은 무슨 뜻일까? 그것은 베드로가 지금 로마에서 베드로전서를 쓰고 있다는 뜻이다.

그렇다면 로마를 왜 바벨론이라 불렀을까? 이는 두 나라가 예루살렘 성전을 파괴했다는 공통점에 기인한다. 성경에서 바벨론은 신바빌로니아 제국을 가리킨다. 신바빌로니아 제국은 기원전 587년에 남유다를 멸망시키면서 예루살렘 성전을 파괴했다. 유대인들은 바빌로

니아에 포로로 잡혀갔다가 돌아온 후 스룹바벨의 주도로 기원전 516년경 다시 성전을 세웠다. 그것을 "제2성전"이라 부른다. 그런데 그 제2성전은 기원후 70년에 예루살렘을 공격한 로마 군대에 의해 다시 파괴되었다.

성전을 파괴한 나라라는 둘의 공통점은 유대인들에게 성전이 갖는 중요성으로 인해 더 강하게 각인되었다. 유대인들에게 성전이란 문자 그대로 하나님의 집으로서 그들의 성전과 그리스도인들의 교회는 전혀 다른 개념이다. 교회란 성도들의 모임이며 특히 개신교에서 교회당 건물은 별다른 신학적 의미를 갖지 않는다. 그러나 유대인들에게는 성전 건물이 곧 하나님의 집이다. 이를 바벨론과 로마가 파괴함으로써 유대인들의 기억 속에 결코 지울 수 없는 깊은 상처를 남겼다. 따라서 요한계시록 17:5에서 음녀의 이름을 바벨론이라고 일컫는 것은 그 음녀가 바로 로마 제국이라고 말하는 것과 같다.

나. 베스파시아누스 황제의 동전

요한계시록 17장에 나타나는 이 다섯 가지 요소들은 음녀 바벨론이 로마 제국임을 분명히 드러내준다. 이런 추론을 더 확실히 뒷받침해주는 재미있는 자료가 하나 있다. 그것은 바로 로마 황제 베스파시아누스(Vespasianus, 69-79)의 치세 기간에 속하는 기원후 71년에 아시아 지방에서 주조된 주화다. 요한계시록이 저술된 것은 95년경이므로 당시 이 동전은 이미 25년 가까이 아시아 지방에서 통용되고 있었을 것으로 추측되며, 따라서 아시아 일곱 교회의 성도들 대부분은 이 동전의 존재를 알고 있었을 가능성이 높다.

〈그림 3〉 베스파시아누스 황제의 세스테르티우스 *"Dea Roma"*[6]

로마 동전의 일종인 세스테르티우스(*Sestertius*)에 속하는 이 주화의 앞면에는 베스파시아누스 황제의 초상과 그를 가리키는 글자들이 새겨져 있다. 우리의 관심을 끄는 것은 뒷면이다. 한가운데 주조된 여신 로마(*Dea Roma*)는 오른손에 머리를 기대고 왼손에는 "파라조니움"(parazonium)이라 불리는 작은 칼을 든 채 로마의 일곱 산 위에 앉아 강의 신 티베르를 밟고 있다. 동전의 왼쪽 아래에는 로마 건국 신화의 주인공인 로물루스와 레무스가 암늑대의 젖을 빨고 있는 모습이 부조되어 있다. 동전 왼쪽과 오른쪽 위에 기록된 두 글자("S"와 "C")는 "세

6　http://www.coinarchives.com/a/lotviewer.php?LotID=55584&AucID=58&Lot=737

나투스 콘술툼"(*senatus consultum*)의 약어로서 상원의 결의라는 뜻이다.[7]

이 동전의 뒷면(그림 3의 오른쪽)을 자세히 관찰하면 요한계시록 17장에 서술된 내용과 놀라울 정도로 일치하는 점들을 발견할 수 있다. 아래 다섯 항목은 데이비드 오니(David Aune)가 관찰한 내용을 요약한 것이다.[8] 앞서 언급한 17장의 다섯 요소와 비교해보기 바란다.

1) 군사적 이미지의 여신 로마

먼저 동전 뒷면의 중앙에 있는 여신 로마의 모습을 자세히 관찰해보자. 여신 로마는 군복을 입고 군모를 쓰고 있으며 왼손에 든 "파라조니움"(parazonium) 곧 로마의 무력을 상징하는 작은 칼을 왼쪽 무릎 위에 올려놓은 채 앉아 있다. 이런 군사적 이미지는 음녀 바벨론이 성도의 피와 예수의 증인들의 피에 취해 있다는 천사의 설명을 떠오르게 한다 (17:6).

2) 일곱 산 위에 앉은 로마

앞서 말한 것처럼 1세기 중엽 이후 로마인들에 의해 저술된 문서들을

---

7   로마의 동전에 관해서는 폭넓은 연구가 이뤄졌고 그 결과 제국 역사 전체에 걸쳐 발행된 수많은 동전을 망라한 방대한 카탈로그가 만들어져 있다. Harold Mattingly와 Edward A. Sydenham이 함께 70여 년(1923-1994)의 작업을 거쳐 13권으로 출간한 *Roman Imperial Coinage*가 그에 속한다. 우리의 관심사인 *Dea Roma* 동전에 대한 정보는 해당 저술의 제2권 69쪽 442번 항목에서 찾아볼 수 있다.

8   Aune, 『요한계시록(하)』, 91-104, 특히 100-104.

살펴보면 로마는 일곱 산 위에 앉은 나라로 인식되고 있었다. 여신 로마가 일곱 산 위에 앉아 있는 모습은 로마인들 사이에 그런 인식이 널리 퍼져 있었음을 보여주는 또 하나의 분명한 증거다. 요한계시록은 청중의 이런 인식을 토대로 바벨론의 정체를 드러낸다. 여자가 일곱 산 위에 앉아 있다는 천사의 해설을 떠올려보라(계 17:9).

3) 강의 신 티베르를 밟고 있음

동전에서 여신 로마는 테베레강에 오른발을 대고 앉아 있는데, 이 강은 수염을 기른 채 한 편으로 기대어 있는 남자의 모습으로 의인화되었다. 로마 건국 신화에서 로물루스와 레무스 형제는 출생 직후 테베레강에 버려졌고 성장한 후 그 강 하류에 도시 로마를 건설했다. 이에 따라 테베레강은 로마의 이미지를 구성하는 중요한 요소가 되었다. 이 것은 음녀가 많은 물 위에 앉아 있다는 요한계시록의 묘사(17:1, 15)를 연상시킨다. 여신 로마는 테베레강 주변의 일곱 산 외에 테베레강 위에 앉아 있기도 한다.

4) 큰 음녀

동전의 중심인물이 여신이라는 것은 음녀가 여성이라는 점과 연결된다. 또한 동전에 묘사된 로물루스와 레무스는 암늑대의 젖을 먹고 있다. 여기서 주목할 것은 암늑대를 뜻하는 "루파"(*lupa*)라는 라틴어가 음녀를 가리키는 은어로 사용되었다는 점이다. 음녀와 음행은 요한계시록 17장에서 바벨론의 특징을 보여주는 지배적인 이미지다(3-5절).

5) 로마라는 이름

동전 아래에는 여신 "로마"(ROMA)의 이름이 기록되어 있다. 이것은 음녀의 이마에 비밀스러운 이름 "큰 바벨론"이 기록되어 있다는 서술을 떠오르게 한다(17:5). 흥미롭게도 로마라는 여신은 세심하게 은폐된 비밀스러운 이름을 가진 신으로 여겨졌다고 한다. 또한 6세기의 요하네스 리두스(Johannes Lydus)는 로마가 세 개의 이름, 즉 모든 사람이 알고 있던 정치적인 이름("로마"), 비교적 잘 알려져 있던 제의상의 이름("플로라"), 오직 로마의 사제들만 사용했던 제의상의 이름을 가지고 있다고 주장했다. 사람들은 그 제의상의 비밀스러운 이름이 "아모르"라고 생각했다. 아모르(AMOR)는 로마(ROMA)의 철자를 거꾸로 쓴 것이다. 또한 아모르는 로마 신화에 나오는 사랑의 신으로서 그리스 신화의 에로스에 해당한다. 오니는 요한계시록의 저자 요한이 여신 로마의 이름에 관한 이런 통속적인 견해를 끌어와서 음녀의 이미지를 뒷받침하고 있다고 분석한다.

6) 요한계시록 17장과 세스테르티우스

우리는 오니의 관찰을 통해 요한계시록 17장의 묘사가 어떤 방식으로든 이 동전과 관련되어 있음을 짐작할 수 있다. 우선 요한이 이 동전을 알고 있는 상태에서 동전 뒷면에 새겨진 형상을 염두에 두고 요한계시록 17장을 기록했을 경우를 생각할 수 있다. 그렇다면 요한은 동전에 담겨 있는 여신 로마의 이미지를 패러디했다고 볼 수 있다. 로마는 이 동전에 제국의 영광을 담으려 했으나 요한은 그 이미지를 비틀어 사탄적인 이미지로 패러디한 것이다.

이와는 반대로 요한이 이 동전과 상관 없이 요한계시록 17장을 기록했을 가능성도 있다. 만일 그랬다면 양자의 일치는 더욱 놀랍다. 아마도 그 일치는 이 동전에 담긴 여러 요소가 당시 사람들 사이에서 로마의 일반적인 이미지로 널리 알려져 있었기에 가능했을 것이다. 어느 경우든 위의 비교를 통해 분명해지는 것은 요한계시록 17장에 나타나는 음녀 바벨론의 묘사가 당시 사람들 사이에 형성되어 있었던 로마 제국의 이미지를 활용하고 있다는 사실이다. 이를 통해 우리는 요한계시록의 바벨론이 로마 제국이라는 점을 분명히 확인하게 된다.

이는 우리에게 놀라운 발견이지만 1세기 요한계시록의 청중들에게는 자연스럽게 받아들일 수 있는 내용이었다. 우리는 본문에 담긴 암시들을 종합하고 추론한 끝에 바벨론이 로마라는 결론에 이르렀지만, 1세기의 청중은 요한계시록에 담긴 현실을 이미 경험하는 가운데 하나님께서 로마 제국을 멸망시켜 주시기만을 기다리고 있었기 때문이다.

사실 요한계시록 17장의 본 목적은 바벨론이 로마임을 보여주는 데 있지 않다. 요한계시록은 그런 기본적인 사실로부터 출발하지만, 한 걸음 더 나아가 큰 음녀와 짐승의 관계 곧 로마 제국과 짐승의 관계를 밝힌다(17:7). 이 점에 대해서는 관련 본문을 해설할 때 더 상세히 살펴보기로 하자.

다. 황제 숭배

요한계시록은 왜 로마 제국을 멸망해야만 하는 나라로 그리고 있을 까? 지금까지의 논의를 통해 알 수 있는 로마 제국의 문제는 두 가지 다. 하나는 영적 음행 곧 하나님의 이름을 모독하며 우상숭배를 강요한 것이고, 다른 하나는 그리스도인들을 박해한 것이다. 아마도 두 가지는 서로 연결되어 있었을 것이다. 그리스도인들은 우상숭배를 거절했다는 이유로 박해를 당했을 가능성이 크기 때문이다. 그러나 로마 역사의 기록과 요한계시록의 서술을 함께 참조해보면 로마가 강요한 우상숭배의 핵심에는 황제 숭배가 있었던 것으로 보인다.

1) 용과 짐승에 대한 경배

먼저 요한계시록 본문에 등장하는 황제 숭배의 흔적을 찾아보기로 하자. 여기서는 요한계시록 12-13장의 이야기 흐름을 따라가면서 황제 숭배가 어떻게 비유적으로 서술되는지 살펴보기로 한다.

요한계시록 12장에는 붉은 용이 등장한다. 이 용은 머리가 일곱이고 뿔이 열이며 일곱 머리에 일곱 왕관을 쓰고 있다(12:3). 이 용은 다름 아닌 사탄이다(12:9). 요한계시록 12장은 그 용이 바닷모래 위에서 있는 모습을 보여주면서 마무리되고(12:18[17]),⁹ 그 배경을 바탕으로 13장의 이야기가 이어진다.

요한계시록 13:1을 보면 뿔이 열이고 머리가 일곱인 한 짐승이 바다에서부터 올라온다(13:1). 이 짐승은 앞에 나온 붉은 용의 모습과 유사해 보이지만 머리와 왕관의 수가 다르다. 용은 일곱 머리에 일곱 왕관을 쓰고 있는데 짐승은 열 뿔에 열 왕관을 쓰고 있다. 이는 용과 짐승이 본질적으로 같으나 구별되는 존재임을 알려준다. 특히 그 짐승의 "신성모독 하는 이름"들은 짐승이 자신을 신의 이름으로 부르며 또 사람들에게 그렇게 강요하고 있었음을 암시함으로써 그가 사탄의 부류임을 잘 보여준다(13:1).¹⁰

황제 숭배를 암시하는 서술은 13:4에서 시작된다. 용이 짐승에게 권세를 주자 사람들이 용과 짐승에게 경배를 올리며 찬양한다. "누가 이 짐승과 같으냐? 누가 능히 이와 더불어 싸우리오?" 얼핏 보면 우리가 하나님을 찬양하며 외치는 문구와 비슷하지 않은가? 이는 짐승이 하나님의 자리를 차지하고 있음을 보여준다. 짐승에 대한 경배는 이어지는 구절에서 반복하여 언급된다(13:8, 12, 15; 14:9, 11; 16:2). 짐승에

---

9 개역개정 성경의 12:17 마지막 문장이 새번역 성경에는 18절로 분류되어 있다. 더 자세한 설명은 해당 본문을 해설하는 이 책의 334쪽 각주 2를 참조하라.

10 로마 황제들은 "하나님"(god), "하나님의 아들"(son of god), "주와 하나님"(lord and god), "대주재"(master), "구원자"(savior) 등으로 불렸다. 이는 요한계시록에서 하나님과 그리스도를 일컫는 칭호이기도 하다(계 2:18; 4:11; 6:10; 7:10). 황제들의 칭호가 언급된 로마 역사 자료에 대해서는 Koester, 『요한계시록 II』, 1256을 참조하라.

75

제1장 요한계시록에 대한 기대

대한 경배를 거부하는 사람들에게는 죽음과 고난이 뒤따른다(13:15, 17). 그럼에도 불구하고 그리스도인들은 고난과 순교를 무릅쓰고 짐 승에 대한 경배를 거부한다(15:2; 20:4).

요한계시록 13장은 사탄의 세력을 묘사하면서 하나님을 어설프 게 모방한 유사 삼위일체에 빗댄다. 그 셋은 앞에 언급한 용(12장), 바 다에서 올라온 짐승(13:1-10), 땅에서 올라온 짐승(13:11-18)이다. 땅 에서 올라온 짐승은 바다에서 올라온 짐승의 추종자로서 바다짐승 에 대한 경배를 조장한다. 그는 이적을 행하면서 사람들을 미혹하고 (13:13-14) 바다짐승의 우상을 만들어 경배를 강요하며, 경배하지 않 는 자들을 죽이거나(13:15) 그들의 경제 활동을 제한한다(13:16-18). 유사 삼위일체를 이루는 이 셋은 뒤에서 "용"과 "짐승" 및 "거짓 선지 자"로 불리기도 한다(16:13; 19:19-20:3). 여기서 "짐승"은 바다에서 올 라온 짐승이며 "거짓 선지자"는 땅에서 올라온 짐승을 가리킨다.

2) 황제 숭배

짐승에 대한 경배는 황제 숭배를 비유적으로 서술한 것으로 생각된다. 로마의 황제 숭배는 초대 황제인 아우구스투스 때부터 시작되었으며 콘스탄티누스가 기독교를 공인하면서 황제 숭배가 중단될 때까지 총 60명의 황제 중 36명이 숭배의 대상이 되었다. 이전의 제국이나 다른 주변 국가들에 비교하면 로마의 황제 숭배는 그리 노골적인 모습을 띠지 않았다고 한다. 로마 황제는 귀족사회와 좋은 관계를 유지하기 위해 통치자 숭배 승인을 거부하거나 제한했기 때문이다. 그로 인해 로마보다 아시아와 같은 속주에서 황제 숭배가 더 적극적으로 이루어졌다.

아시아는 요한계시록의 무대이기도 하다. 요한계시록의 수신자들이 살고 있던 도시들에서 이루어진 황제 숭배의 모습은 다음과 같다. 버가모에서는 기원전 30/29년에 이미 아우구스투스[11]에 대한 숭배가 제정되었으며, 기원후 26년에는 아시아의 11개 도시들이 황제 숭배를 유치하기 위해 경쟁을 펼쳤고, 그 결과 서머나에 티베리우스[12]를 숭배하는 신전이 세워졌다.[13] 또한 요한계시록이 기록되기 전인 89/90년에는 에베소에서 도미티아누스 황제에 대한 숭배가 제정되었다. 사데에도 황제 숭배 신전이 세워졌다. 아시아에서의 황제 숭배는 한편으로는 "코이논"(koinon)이라 불리는 지방 동맹 또는 지방 의회에 의해 공식적으로 주도되었고, 다른 한편으로는 각 지역에서 다른 신들에게 드리는 제사와 함께 소규모로 같이 이루어지기도 했다.[14] 요한계시록

---

[11] 눅 2:1에 언급된 예수 탄생 당시의 황제가 바로 카이사르 아우구스투스(Caesar Augustus)다. 개역개정 성경에는 "가이사 아구스도"로 음역 표기되어 있다.

[12] 티베리우스는 예수 공생애 당시의 로마 황제로서 눅 3:1에 언급되어 있다.

[13] 로마의 원로원이 11개 도시 중 서머나를 선택하여 티베리우스 신전을 건설한 과정은 타키투스의 『연대기』(Annales) 제4권 15절과 55-56절에 상세히 기록되어 있다. Tacitus, 박광순 역, 『타키투스의 연대기』(파주: 범우, 2019), 281-82, 318-21; Aune, 『요한계시록(중)』 702; Koester, 『요한계시록 II』, 1097. 그 일이 일어난 연대는 기원후 26년이다. Koester는 그 연대를 『요한계시록 I』, 160에서는 23년으로, 『요한계시록 II』, 1097에서는 26년으로 서로 다르게 표기하고 있다.

[14] 황제 숭배의 역사에 관해서는 다음 글들을 참조하라. Aune, 『요한계시록(중)』, 700-

13:16-18에서 황제 숭배와 함께 등장하는 숫자 "666"에 관해서는 제10장 4절에서 해당 본문을 다룰 때 함께 설명하기로 한다.

이상의 서술을 통해 독자들은 요한계시록이 로마 제국의 멸망을 예고하는 책이라는 사실을 충분히 이해했을 것이다. 동시에 여러 의문을 갖게 되었을 것이다. 그렇다면 요한계시록 내용의 대부분은 현재 기준에서 이미 지나간 일을 기록한 것에 불과한가? 바벨론은 로마 제국이라는 과거의 역사적 실체만을 가리키는 것일까? "그렇다"고 답한다면 앞서 소개한 "그 시대적 관점"을 따른 것이다. 그러나 요한계시록의 바벨론은 로마 제국만을 가리키지 않는다. 바벨론은 짐승이 사람을 지배하기 위해 갈아입고 나타난 여러 가지 옷들 중 하나일 뿐이다. 바벨론은 오늘날에도 존재한다. 이에 관해서는 제3장("요한계시록의 해석과 신학")에서 하나의 주제로 다룰 것이다.[15] 아울러 요한계시록 17장 본문 해설에서도 이에 관해 자세히 설명하려고 한다.[16]

709; Koester 『요한계시록 I』, 160-61; Mounce, 38-39 등.

15　155-204쪽을 참조하라.

16　377-390쪽을 참조하라.

3. 예언의 말씀

요한계시록의 종말 환상은 반드시 속히 일어날 일 곧 로마 제국의 멸망을 미리 보여준다. 요한계시록에는 이 외에도 역사의 종말을 향해 가는 과정에서 일어날 여러 가지 일에 대한 환상이 담겨 있다. 그러나 종말 환상을 보여주는 것이 요한계시록의 주목적은 아니다. 미래 일들에 대한 예고는 그보다 더 큰 목표를 이루려는 방편에 불과한데, 그것은 바로 청중으로 하여금 요한계시록의 말씀을 읽고 들은 후에 "지키게" 하는 것이다.

가. 예언의 정의

요한은 이 책을 가리켜 "예언의 말씀"이라 부른다(1:3; 22:7, 10, 18). 그리스도인들 사이에서 가장 많이 오해되고 있는 어휘 중 하나가 이 "예언"인데, 그 오해는 종종 요한계시록에 대한 그릇된 이해로 이어지곤 한다. 성경이 말하는 예언이란 흔히 생각하는 것처럼 미래의 일을 예고한다는 뜻이 아니다. 여기서 다음 문제에 관해 한번 생각해보자. 유대인들의 구약성경은 율법서, 예언서, 성문서의 세 부분으로 나뉘고, 예언서는 다시 전기예언서와 후기예언서로 나뉜다. 여기서 "전기예언서"란 여호수아, 사사기, 사무엘상하, 열왕기상하로 이어지는 역사 기록을 가리키는데, 역사 기록이 어떻게 예언서가 될 수 있을까?

성경이 말하는 "예언"이란 하나님의 말씀을 대신 전달하는 것, 곧

"대언"하는 것이다. 구약의 예언자들은 여러 가지 방식으로 하나님의 말씀을 대언하는데, 시간상으로는 과거와 현재와 미래가 다 포함된다. 예를 들어 하나님을 거역하다가 징벌을 받은 과거 역사를 회고하기도 하고, 현재 일어나고 있는 일들에 대한 하나님의 뜻을 보여주기도 하며, 심판 또는 구원이 다가올 미래 일을 예고하기도 한다. 이처럼 예언에는 과거와 현재와 미래가 다 포함될 수 있지만, 예언의 초점은 현재의 삶을 변화시키는 것이다. "그러므로 이제 회개하고 하나님께 돌아오라!" 이것이 예언자들이 전달하려는 중심 메시지다.

우리는 요나를 통해 이를 잘 이해할 수 있다. 니느웨에 가서 말씀을 전하라는 하나님의 명령을 거역하고 다시스로 가는 배에 올랐던 예언자 요나는 사흘간 물고기 뱃속에 들어 있다가 회개하고 나온 후에야 니느웨로 발걸음을 돌린다. 그는 그 성에 들어가서 "사십 일이 지나면 니느웨가 무너지리라"는 경고를 전한다(욘 3:4). 그 말을 들은 니느웨 사람들이 왕부터 짐승에 이르기까지 금식하며 회개하자, 그것을 보신 하나님은 뜻을 돌이키셔서 니느웨에 내리려던 재앙을 거두신다.

여기서 요나의 예언에 대해 다시 생각해보자. 요나가 말한 내용은 사십 일이 지나면 니느웨가 무너진다는 것이었다. 그러나 그 성은 무너지지 않았다. 그럼 요나의 예언은 거짓말이었는가? 그렇지 않다. 요나는 니느웨가 멸망할 것이라는 미래의 일을 경고했지만 그의 예언의 진정한 목적은 니느웨를 멸망시키는 것이 아니었다. 하나님께서 요나를 통해 니느웨 사람들에게 말씀하신 예언의 핵심은 그들의 죄악으로 인해 그 성이 멸망할 것이니 멸망하기 전에 "회개하라"는 것이다. 다시 말해 요나가 전한 예언의 핵심은 니느웨가 멸망하는 미래 사건에 있는 것이 아니라 오늘 회개하는 삶의 변화에 있다. 예언에는 과거, 현재, 미래의 일이 다 포함될 수 있지만 그 일이 실현되는 것이 예언의 목적은 아니다. 예언의 목적은 오늘의 삶을 변화시키는 데 있다.

나. 예언: 요한계시록의 저술 목적

요한계시록도 마찬가지다. 요한계시록은 종말의 환상을 담고 있지만, 그 책이 기록된 목적은 종말 환상을 보여주는 그 자체에 있는 것이 아니라 그것을 통해 성도들의 오늘의 삶을 변화시키는 것이다. "종말의 심판이 멀지 않았다. 그러므로 회개하고 믿음을 지키라!" 이 예언적 권면이 요한계시록을 기록한 목적이다. 그래서 요한계시록은 "예언의 말씀"이다.

예언의 말씀으로서의 요한계시록의 저술 목적을 가장 잘 보여주는 본문이 바로 일곱 교회에 보내는 메시지(2-3장)다. 이 메시지는 종말이 가깝다는 사실을 근본으로 삼고 각 교회가 회개해야 할 점들을 드러내면서 고난 가운데서도 믿음을 지킬 것을 권면한다. 일곱 메시지(2-3장)는 종말 환상 이야기(4-22장)보다 앞에 놓여 있다. 이런 배치는 요한계시록의 독자들이 어떻게 잘못된 믿음을 바로잡고 올바로 살 수 있는지를 먼저 제시한 후 그렇게 살아야 하는 이유가 종말이 가깝기 때문임을 알려주는 것이다.

예언적 권면이 요한계시록 앞부분에만 위치한 것은 아니다. 요한계시록 이야기의 중간에는 긴 삽입부(10:1-11:13; 12-14장)가 배치되어 있으며, 여기에는 독자들이 처해 있는 현실을 해석해주면서 믿음을 격려하는 내용이 포함되어 있다.[17] 요한에게 이 말씀을 전달해준 천사는 그 내용을 "예언"으로 규정한다(10:11). 그런 이유로 삽입부를 "예언의 책"이라고 일컬을 수 있다. 삽입부의 모든 내용이 권면인 것은 아니고 환상들도 포함되어 있다. 그러나 환상의 대부분은 교회의 현실을 해석하고 증인으로서의 교회의 사명을 환기하며 성도들의 믿음과 사명을 격려하는 기능을 한다. 삽입부 말미에서는 세 천사와 하늘의 음성을 통한 권면이 비교적 길게 제시된다(14:6-13). 예언적 권면은 이야기의 뒷부분에도 이어진다. 종말 환상 이야기의 1단계가 마무리되는 18장은 세 등장인물의 대사를 통해 바벨론이 멸망하는 모습을 서술하면서 독자들에게 그곳에서 나올 것을 권면한다.

---

17 삽입부의 위치와 역할에 대해서는 다음 장에서 요한계시록의 서사 구조와 함께 논의할 예정이다. 제2부의 본문 해설에는 더 자세한 내용이 담겨 있다.

제2장
요한계시록의 서사 구조

이 책의 제1장에서 우리는 요한계시록이 로마 제국의 멸망과 역사의 종말을 예고함으로써 독자들에게 회개와 믿음을 권면하는 예언의 말씀이라는 것을 확인했다. 요한계시록은 그 권면과 예고를 어떤 방식으로 담아냈을까? 이번에는 요한계시록의 서사 구조를 살펴보기로 하자.

　이 책의 제2장에서 말하고자 하는 기본적인 논지는 제1절("기초적인 관찰과 질문")과 제2절("요한계시록의 줄거리")에 모두 포함되어 있다. 이어지는 내용은 더 관심이 있는 독자들을 위해 쓴 것이다. 제3-5절에서는 요한계시록 4-22장의 서사 구조를 분석적으로 다루고, 제6절("이야기의 층위")은 요한계시록 1-3장까지 포함한 전체 구조의 논의를 완결한다. 제7절은 성서학자들의 요점 반복 이론을 비판적으로 정리한다. 제1-2절을 읽은 후 요한계시록의 줄거리를 대략적으로 이해했다면 그리고 이후의 논의가 자신의 관심사를 벗어난다고 느껴지면 어느 지점에서든 바로 다음 장이나 제2부로 넘어가도 괜찮다. 제1-2절을 통해 전체의 줄거리를 파악했으므로 이후의 내용을 이해하는 데 큰 어려움이 없을 것이다.

1. 기초적인 관찰과 질문

가. 요한계시록의 큰 구조와 개요

요한계시록은 요한이 소아시아 일곱 교회에 보내는 편지의 형식으로 저술되었다. 1:4-8은 편지의 서두, 22:6-21은 편지의 마무리에 해당한다. 그리고 편지의 서두 앞에는 요한계시록의 저술 과정과 목적을 알려주는 서문 형식의 본문이 나온다(1:1-3). 서문과 편지 서두는 요한계시록 전체의 머리말(프롤로그) 역할을 하며 꼬리말(에필로그)에 해당하는 편지 마무리 부분(22:6-21)과 함께 요한계시록을 여닫는다. 그리고 머리말과 꼬리말 사이에 요한의 환상 이야기가 위치한다(1:9-22:9). 이를 정리하면 다음 도표와 같다.

〈표 3〉 요한계시록의 큰 구조

1) 요한계시록의 이야기 개요

요한의 환상 이야기는 요한계시록 내용의 대부분을 차지한다. 이야기의 구조에 대한 상세한 논의를 시작하기에 앞서 그 내용을 간략하게 개관해보자. 독자들도 성경을 펴고 요한계시록 본문을 함께 훑어보기 바란다. 머리말과 꼬리말을 제외하고 다음과 같은 이야기가 전개되는 것을 확인할 수 있을 것이다.

1:9-20	요한의 소명
2-3장	일곱 교회에 보내는 메시지
4장	하나님의 어전
5장	큰 두루마리와 어린양
6장	어린양이 처음 여섯 개의 인을 떼심
7:1-8	구원받은 십사만 사천

---

[1]   22:6-9은 꼬리말을 시작하며 환상 이야기를 마무리하는 역할을 한다. 자세한 설명은 해당 본문의 해설을 참조하라.

2) 다른 구조, 다른 해석

위에 요약한 요한계시록의 환상 이야기는 크게 1-3장과 4-22장으로 나눌 수 있다. 두 부분은 모두 이야기이지만 내용과 형식 측면에서 분명히 구별된다. 먼저 1-3장(1:9-3:22)에는 요한의 소명 장면과 함께 소아시아 일곱 교회에 보내는 예언적 권면의 메시지가 나온다. 1-3장의 대부분은 "인자 같은 이"라 불리는 등장인물의 긴 대사로 이루어져 있는데, 이는 예수 그리스도의 말씀을 요한이 듣고 그대로 받아적은 내용이다.

반면 4-22장은 요한이 본 종말 환상을 자신의 언어로 서술한 이야기다. 이 부분은 "종말 환상"이라고 불리지만 종말을 포함하여 종말로 나아가는 과정에서 일어날 일들을 이야기하고 있으므로, 정확히 표현하면 "종말에 이르는 과정에서 일어날 일들에 대한 환상"이라 할 수 있겠다.

	내용	기록 방식	언어	해석
1-3장	예언적 권면	인자가 불러준 것을 받아씀	사실적	문자적
4-22장	종말 환상	초월적 환상을 언어로 서술함	묵시적	상징적

〈표 4〉 예언적 권면과 종말 환상 이야기의 형식

이처럼 두 부분은 서로 다른 형식으로 되어 있으므로 구조적으로 분리해서 다뤄야 할 뿐만 아니라 다른 방식으로 해석할 필요가 있다. 일곱 교회에 보내는 메시지를 담은 1-3장은 비교적 사실적인 언어로 서술되어 있어서 이해하는 데 큰 어려움이 없다. 이 부분은 대체적으로 다른 교회들에 보낸 신약성경의 메시지들(바울 서신과 일반 서신)을 읽는 방식을 따라 해석하면 된다.

물론 요한계시록 1-3장에도 문자적으로 해석하기 어려운 상징적인 언어들이 포함되어 있다. 예를 들어 "니골라당", "이세벨", "사탄의 보좌", "사탄의 회당"과 같은 용어들이 나오는데, 이는 소아시아 일곱 교회에 실제로 존재했던 어떤 인물이나 집단 또는 장소를 가리키는 것으로 보인다. 이를 이해하기 위해서는 요한계시록의 역사적 배경을 참고하면 되고 그것을 바탕으로 나머지 내용을 큰 무리 없이 파악할 수 있다.[2]

그러나 4장 이후의 종말 환상 이야기로 넘어가면 사정이 달라진다. 왜냐하면 이야기의 많은 부분이 현실 세계가 아닌 요한이 환상으로 본 초월적 세계를 다루고 있기 때문이다. 이 세계는 한편으로는 인간의 감각과 인식을 넘어서 있는 천상세계라는 점에서, 다른 한편으로는 아직 이루어지지 않은 미처 경험해보지 못한 미래의 일들이라는 점에서 초월적이다.

초월적이라는 말은 사람의 언어의 한계를 넘어 존재한다는 뜻이다. 이렇듯 언어의 한계 밖에 있는 초월적 세계를 인간의 언어로 서술

---

2   이 용어들에 대한 자세한 설명은 제4장 4절 "요한계시록의 역사적 배경"을 보라.

한 것이 요한계시록의 종말 환상 이야기다. 따라서 그 내용을 문자적으로 읽으면 정작 그 이야기가 전달하려는 것과는 전혀 다른 방향으로 가게 되므로, 우리는 문자적 의미를 넘어 묵시적 상징과 이야기들이 가리키고 있는 실체가 무엇인지를 찾아야 한다.

나. 순차적 진행인가, 동일 사건의 반복인가?

이제 우리의 관심을 요한계시록 4-22장의 종말 환상 이야기로 돌려 보자. 주로 사실적 언어로 기록된 1-3장과 달리 4-22장은 대부분 상징적인 언어로 서술되어 있어 이해하기가 쉽지 않다. 요한계시록의 구조에 대한 성서학자들의 논쟁도 주로 4-22장을 어떻게 이해할 것이냐에 집중되어 있다.

요한계시록 4-22장의 구조를 이해하고자 할 때 관건은 단순히 본문을 단락별로 나누고 각 단락이 어떤 주제를 다루는지 파악하는 것 이상으로 본문의 사건들이 어떤 순서로 전개되는지를 알아내는 것이다. 왜냐하면 요한계시록의 종말 환상은 서사 곧 이야기의 형식으로 서술되어 있기 때문이다.

모든 이야기에는 플롯 곧 줄거리가 있다.[3] 이야기의 주제를 파악함으로써 세부 장면을 이해한다고 하더라도 그 줄거리가 어떻게 흘

---

3 플롯(plot)이란 사건들의 인과적 배열을 가리키는 말이다. 스토리라인(story line)이라 부르기도 한다. 플롯의 정의는 다음 책을 참조하라. E. M. Poster, 이성호 역, 『소설의 이해』(서울: 문예출판사, 1975), 96.

러가는지를 알지 못하면 이야기를 바로 이해했다고 할 수 없다. 한마디로 요한계시록의 구조를 이해하는 것은 곧 요한계시록의 줄거리를 파악하는 것이다.

1) 순차적 진행인가?

요한계시록 4-22장의 종말 환상 이야기는 어떻게 흘러가는 것일까? 세대주의는 요한계시록 1-22장까지의 모든 사건이 시간 순서로 배열되어 있다고 보는 소박하고 단선적인 이해를 대변한다. 세대주의자들에 따르면 1장은 요한 당시의 현실을, 2-3장은 요한의 시대부터 종말에 이르기까지, 4-22장은 역사의 종말에 일어날 일들에 순서대로 상응한다.

그러나 세대주의 요한계시록 해석은 우리가 앞서 관찰한 기본적인 사실과 많이 어긋난다. 먼저 세대주의는 1-3장과 4-22장 사이에 존재하는 주제와 언어의 차이를 무시한 채 각 본문의 성격에 맞지 않는 해석 방법을 사용하고 있다. 세대주의는 대체로 문자적으로 읽어야 할 1-3장을 상징적으로 읽는다. 그런가 하면 거꾸로 상징적으로 해석해야 할 4장 이후의 환상 이야기를 문자적으로 읽는다. 이처럼 문자적으로 읽어야 할 내용을 상징적으로 읽고 상징적으로 읽어야 할 내용을 문자적으로 읽으니 요한계시록 이해에 큰 혼란이 일어날 수밖에 없다.

세대주의가 1장과 2-3장을 나누어 서로 다른 시대에 대한 예고로 읽는 것도 본문에 대한 심각한 왜곡을 초래한다. 요한계시록 1-3

장은 이어지는 한 장면이다. 1장의 11절에서 시작되고 17절에서 재개되는 "인자 같은 이" 곧 예수 그리스도의 말씀이 2장을 거쳐 3장 끝까지 단절 없이 계속된다. 그런데 세대주의자들은 예수께서 말씀하시는 중에 끼어들어서 그 말씀을 임의로 둘(1장과 2-3장)로 잘라 나누고는 그것이 서로 다른 두 시대에 대한 예고라고 주장한다. 이는 본문을 올바로 다루는 방법이 아니다. 요한계시록 1-3장은 하나로 연결해서 읽어야 하며, 4-22장은 1-3장과 다른 방식으로 읽어야 한다.

요한계시록에는 "휴거"나 "7년 대환난"이 나오지 않을뿐더러 4-22장의 사건들이 모두 시간 순서로 배열되지도 않았다. 요한계시록은 가까운 미래에 일어날 종말 심판을 예고하다가(예. 8-9장), 시간의 흐름을 벗어나 과거에 일어난 예수 그리스도의 구속 사건으로 돌아가기도 하고(예. 12장), 구원이 최종적으로 완성될 미래로 건너뛰어 이야기 중간에 그 장면을 미리 보여주기도 한다(예. 7:9-17; 14:1-5; 15:2-4).

2) 동일 사건의 반복인가?

세대주의의 단선적이고 순차적인 구조 이해에 반대하는 많은 해석자들은 요점 반복 이론(recapitulation theory)을 따른다. 이는 요한계시록의 환상 이야기가 같은 사건들을 반복하여 서술한다고 보는 관점이다.

이런 관점의 효시인 3세기의 빅토리누스(Victorinus of Pettau)는 요한계시록의 일곱 나팔과 일곱 대접이 차례로 일어나는 사건이 아니라 종말 심판의 과정을 반복하여 서술하는 것이라고 해석했다. 오늘날 요점 반복 이론을 따르는 학자들은 많은 경우 거기에 일곱 인까지 포함한다. 또한 일곱 대접 전후에 번호가 붙지 않은 일곱 환상 시리즈(예를 들어 12:1-15:4과 19:11-21:9)가 있다고 보는 해석자들도 있다. 요한계시록 해석자들은 일곱 환상 시리즈를 가리켜 보통 "7중주"(septet)라고 부른다. 이 책에서도 이 표현을 사용하기로 한다.

요점 반복 이론의 근거는 크게 보면 두 가지다. 하나는 앞서 말한 것처럼 종말 환상 이야기 속에는 시간 흐름에 따라 설명하기 어려운 사건들과 장면들이 담겨 있다. 요한계시록 해석자들은 이렇게 이야기의 흐름에서 벗어나 있다고 생각되는 본문들을 가리켜 다양한 이름으로 부른다. 이 책은 그 가운데 짧은 본문을 "막간극"이라 부르고 긴 본문을 "삽입부"라고 부른다. 반복설의 지지자들이 제시하는 짧은 막간극은 8:2-5; 11:15-19; 12:10-12; 14:1-5; 15:2-4; 19:1-8 등을 포함한다. 긴 삽입부로는 7장, 10:1-11:13, 12-14장 등이 제시된다.

막간극과 삽입부 외에도 여러 구조와 패턴의 반복을 관찰할 수 있다. 가장 눈에 띄는 것은 일곱 개의 연속된 환상, 즉 7중주의 반복이다. 일곱 개의 봉인을 떼고 일곱 나팔을 불고 일곱 대접을 쏟는 장면이 연이어 나온다. 이 7중주를 서로 비교해보면 유사한 구조가 있다. 일곱 인과 일곱 나팔에서 처음 나오는 넷(인 1-4와 나팔 1-4)은 하나로 묶여 비교적 짧게 서술되며, 뒤에 나오는 셋(인 5-7, 나팔 5-7)은 좀 더 길게 서술된다. 처음 네 나팔(나팔 1-4)과 처음 네 대접(대접 1-4)은 동일한 순서로 땅, 바다, 강, 천체에 타격을 가한다. 각 7중주의 여섯째 요소 곧 여섯째 인과 여섯째 나팔과 여섯째 대접이 등장한 후에는 회개하지 않고 하나님께 대항하는 사람들의 모습이 서술된다.

뒤에서 자세히 언급하겠지만 요점 반복 이론은 자신이 반복의 근거로 제시한 본문들에 대해 그리 만족스러운 설명을 제시하지 못한다. 오히려 조금 각도를 바꾸면 요한계시록의 이야기가 처음부터 끝까지 대체로 한 방향으로 진행된다는 관점으로도 해당 본문을 충분히 설명할 수 있다. 물론 요한계시록에서 일정한 패턴들이 반복되는 것은 사실이다. 그러나 패턴이 반복된다고 해서 그것이 곧 동일 사건에 대한 반복적 서술이라고 단정할 수는 없다. 예를 들어 소나타 형식으로 작곡된 클래식 음악(고전주의 교향곡들의 제1악장이 좋은 사례임)을 들어보면 같은 주제가 반복되면서도 기승전결의 흐름에 따라 그 주제가 발전된다. 오니가 적절히 지적하듯이 사사기에 민족적 배교, 노예 됨, 회개, 구원의 패턴이 반복된다고 해서 동일 사건이 반복적으로 서술되는 것은 아니다. 이는 역사 속에서 차례대로 이루어진 일련의 사건들을 같은 패턴에 따라 서술하는 것일 뿐이다.[4]

---

[4] Aune는 서사학자 Gerald Genette의 책 *Narrative Discourse*를 인용하여 요한계시록의 저자가 종말의 사건들을 하나의 연대기적 서사로 구성하려 했다고 말하면서 반복설을 반박한다. 그러나 그런 구조 이해를 본문 주석을 통해 입증하지는 않았다. 다른 성서학자들과 마찬가지로 Aune는 각 본문 단락 내에서의 상호관계에 주목할 뿐 각 단락이 사건의 흐름 속에서 어떻게 연결되는지를 설명하는 데는 큰 관심을 보이지 않는다. Aune, 『요한계시록(상)』, 127-28.

요점 반복 이론이 구체적으로 어떻게 전개되어왔으며 그 한계가 무엇인지에 대해서는 뒤에서 한 절을 할애하여 상세히 다룰 것이다. 반복설을 지지하는 성서학자들의 논의에 관한 자세한 내용을 알고 싶은 독자들은 제7절("요점 반복 이론의 한계")을 참조하기 바란다.[5]

3) 제3의 대안: 다른 유형의 순차적 진행

우리가 접하는 많은 서사 작품에서는 이야기가 인과관계에 따라 시간 순으로 진행된다. 그것이 일반적인 서사의 진행 방식이므로 독자들은 어떤 작품을 대하든 일단은 그 이야기가 시간순으로 진행되리라 기대하며 읽기 마련이다. 하지만 모든 이야기의 사건들이 단순히 시간 순서로만 나열되면 너무 단조롭고 지루해지기 때문에, 어떤 경우에는 시간순으로 사건들을 전개하다가 갑자기 옛날이야기를 끄집어내기도 하고(회상, analepsis) 미래에 일어날 일을 미리 말해주기도 하면서(예상, prolepsis) 독자의 흥미를 고조시키는 것이 일반적인 이야기 관습이다. 세대주의자들의 요한계시록 해석은 그런 이야기 관습을 무시하고 전체 사건을 너무 단순하고 소박하게 시간순으로만 읽은 것이다.

반면 요점 반복 이론을 따르는 성서학자들은 요한계시록의 이야기에서 한 방향으로 나아가는 줄거리를 찾으려는 시도를 너무 성급하

---

5   139-154쪽을 참조하라.

게 포기해버렸다.[6] 요점 반복 이론은 그 줄거리를 찾아내지 못했기 때문에 나온 이차적 대안일 뿐이다. 따라서 만일 요한계시록의 사건들을 보면서 이야기 끝의 목표를 향해 인과관계에 따라 진행되는 분명한 줄거리를 찾아낼 수 있고 시간의 흐름을 벗어난 사건들도 일관된 배열 원칙에 따라 줄거리에 통합되어 있음을 확인할 수 있다면, 더 이상 요점 반복 이론을 고려의 대상으로 삼지 않을 것이다.

2. 요한계시록의 줄거리

요한계시록의 이야기에는 어떤 줄거리가 담겨 있을까? 서사 구조를 상세히 분석하기 전에 먼저 이야기의 줄거리를 요약해보자. 이를 통해 요한계시록에 익숙하지 않은 독자들은 내용을 개략적으로 살펴볼 기회를 갖고, 요한계시록의 내용을 잘 알고 있는 독자들은 이 책에 실제로 한 방향으로 흘러가는 줄거리가 있음을 확인할 수 있을 것이다. 성경을 펼치고 요한계시록 본문을 함께 읽으며 줄거리를 살펴보기로 하자.

---

6 반복설의 지지자들은 이런 구조 이해를 단순히 세대주의나 미래주의와 동일시하는 경향이 있다. 하지만 이것은 핵심을 제대로 파악하지 못한 이해다. 세대주의의 단선적 구조 이해가 요한계시록에 대한 오해와 왜곡을 불러일으킨 것은 사실이지만, 그런 이유로 모든 순차적 해석이 잘못되었다고 단정하는 것은 논리적 비약이다.

가. 중심 줄거리의 시작

요한계시록의 이야기는 요한이 밧모섬에서 성령에 감동되어 "인자 같은 이"를 만나는 소명 장면으로 시작된다. 그분은 요한에게 요한계시록을 써서 보내라는 사명을 주면서 소아시아 일곱 교회에 보낼 예언의 말씀을 상세히 불러주신다(1:9-3:22).

요한은 그 말씀을 들은 후 다시 성령에 감동되어 하늘의 열린 문을 통해 하늘 어전으로 올라가고(4:1-2), 그로부터 종말 환상 이야기(4-22장)가 시작된다. 종말 환상 이야기는 다음 두 개의 흐름으로 구성된다. 하나는 4-22장까지 한 줄기로 이어지는 중심 줄거리이며 다른 하나는 중심 줄거리의 흐름에서 벗어나 있는 삽입부(10:1-11:13; 12-14장)다. 중심 줄거리와 삽입부는 각자 이야기의 본류와 지류로서 따로 진행되다가 15:1에서 만나 하나의 큰 이야기가 된다.

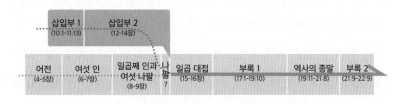

〈그림 4〉 두 이야기가 만나다(1): 중심 줄거리와 삽입부

중심 줄거리의 첫 무대는 하나님의 어전(4-5장)이다. 이 어전 장면은 로마 황제가 주님으로서 숭배되던 현실에서 우리의 진정한 주님이신 하나님이 살아계심을 보여준다. 그리고 그 하나님이 자신을 모독

하는 사탄의 세력을 심판하시고 그분의 백성을 구원하실 것임을 독자들에게 확신시켜준다.

하나님의 심판 계획은 그분의 오른편에 있는 두루마리에 기록되어 있다(5장). 그런데 그 두루마리는 일곱 인으로 봉해져 있다. 두루마리가 봉인되어 있다는 것은 특별한 자격을 부여받은 자 외에는 그것을 읽을 수 없다는 뜻이다. 두루마리의 봉인을 제거하시고 그 내용에 따라 종말 심판을 수행하실 분은 어린양이시다. 요한계시록 5장은 그 어린양의 등장을 보여준다.

두루마리의 내용은 일곱 개의 봉인으로 감추어져 있으므로, 일곱 인을 모두 해제하기 전까지는 읽을 수 없다. 그 봉인을 떼어내는 과정을 서술하는 요한계시록 6장은 종말 심판을 기다리는 시기이자 심판이 시작되기 전의 인류의 현실을 보여준다. 그것은 짐승이 메시아를 가장하여 위세를 떨치며(흰 말) 전쟁(붉은 말)과 기근(검은 말)과 사망(청황색 말)이 계속되는 부조리한 현실이다(6:1-8).

이런 절망적인 상황에서 어린양께서 다섯째 인을 뗄 때 순교자들은 하늘 제단 아래에서 탄원한다. "언제까지 더 기다려야 합니까?" 이는 요한계시록의 이야기에서 아직 종말 심판이 시작되지 않았음을 확인해준다. 이때 어디선가 들려오는 음성이 순교자들을 위로하고 격려하면서 잠시만 더 기다리면 주님의 심판이 시작될 것이라고 예고한다(6:9-11). 그리고 어린양께서 여섯째 인을 떼자 우주적 격변이 일어나며 진노의 큰 날이 시작되었다는 선언이 내려진다(6:12-17).

이제 심판이 시작되면 성도들은 어떻게 될까? 요한계시록 7:1-8은 그 질문에 대한 답이다. 이집트에 열 번째 재앙이 내릴 때 하나님께서 문설주에 양의 피를 바른 이스라엘 자손을 구원하셨던 것처럼 참이스라엘 열두 지파의 십사만 사천 명으로 상징된 성도들의 이마에 인을 쳐 보호하신다.

이어지는 7:9-17은 장차 구원받아 하나님의 보좌 앞에서 찬양하게 될 성도들의 모습을 미리 보여준다. 서사학자들은 이렇게 이야기에서 시간의 흐름을 잠시 벗어나 미래의 일을 미리 보여주는 것을 가리켜 "예상"(prolepsis)이라 부른다. 7:1-8은 예상의 형식으로 성도들의 미래를 보여주면서 희망과 격려를 전달하는 "막간극"이다.

7장에서 성도들이 인 치심을 받은 후 8:1에서는 어린양이 일곱째 인을 떼신다. 모든 봉인이 해제되었고 두루마리의 내용이 공개될 것이다. 일곱째 인을 뗀 후 30분간 태풍 전의 고요와 같은 적막이 흐른다(8:1). 드디어 일곱 천사가 나팔을 불고 준비를 한다(8:2).

일곱 인과 일곱 나팔은 원인과 결과의 관계다. 두루마리의 일곱 인이 해제되면서 비로소 두루마리가 열리고 일곱 나팔의 심판이 계시되는 것이다. 일곱 나팔로부터 시작되는 종말 심판은 어린양이 다섯째 인을 떼실 때 하늘 제단 아래에서 순교자들이 드렸던 탄원의 기도에 대한 하나님의 응답이기도 하다(8:3-5). 이처럼 일곱 인과 일곱 나팔은 인과관계에 따라 차례대로 일어나는 서로 다른 사건들이다.

처음 네 천사가 하나씩 나팔을 불자 순서대로 땅, 바다, 강, 천체에 재앙이 떨어진다(8:6-12). 그런데 이것은 조금 이상해 보인다. 정작 심판을 받아야 할 대상은 사탄을 따르는 사람들인데 그들에게 재앙이 직접 내리지 않고 변죽만 울리고 있으니 말이다. 이것은 아직 심판이 본격적으로 시작되지 않았음을 뜻한다. 즉 심판이 시작되긴 했으나 아직은 전초전인 셈이다.

다섯째 나팔부터 본격적인 심판이 시작된다. 그것을 알리는 것이 요한계시록 8:13이다. 공중을 날아가는 독수리가 다음과 같이 외친다.

> 화! 화! 화!
> 땅에 거하는 자들에게
> 나머지 세 천사가 불 나팔 소리로부터(계 8:13 사역).

이는 앞으로 세 개의 화가 있을 것이며, 나머지 세 천사의 나팔 소리를 따라 임할 것이라는 뜻이다. 즉 다섯째 나팔 뒤에 첫째 화가, 여섯째 나팔 뒤에 둘째 화가, 일곱째 나팔 뒤에 셋째 화가 내릴 것이다. 본문은 그 화가 누구에게 임할 것인지 알려준다. 그 대상은 바로 "땅에 거하는 자들"이다. "땅에 거하는 자들"이란 사탄을 따르는 자들을 가리키는 요한계시록의 특수 용어다.

요한계시록의 이야기 흐름에서 이 구절은 매우 중요한 위치에 있다. 하나님의 어전 장면(4장)부터 지금까지 모든 이야기는 시간 순서를 따라 한 줄기로 전개되어왔다. 그러나 이제부터는 달라진다. 4장에서 시작된 중심 줄거리가 9장까지 이어진 후 10장부터는 다른 이야기 곧 삽입부(10:1-11:13; 12-14장)가 시작된다.

이런 구조를 알지 못하고 이야기를 읽는 독자들은 요한계시록의 미로에 빠져 헤맬 가능성이 높다. 8:13은 그것을 방지하기 위해 저자가 미리 제시한 약도다. 이제 이 약도를 들고 곳곳에 놓인 이정표들을 참조하면서 길을 찾아 나서도록 하자.

바로 이어서 다섯째 나팔 재앙이 시작되고(9:1-11) 다음과 같은 해설이 따른다.

첫째 화는 지나갔으나, 보라! 아직도 이 후에 화 둘이 이르리로다(계 9:12).

이 말은 약도(8:13)에 그려져 있는 것처럼 다섯째 나팔 재앙이 내렸으므로 "첫째 화"가 지나갔다는 뜻이다. 이제 두 개의 화 곧 여섯째 나팔 재앙과 일곱째 나팔 재앙이 남아 있다. 9:12은 약도에 따라 길을 찾는 데 도움이 되는 첫 이정표가 된다. 이 부분을 "이정표 1"이라 부르기로 하자.

나. 두 개의 삽입부(10:1-11:13; 12-14장)

첫째 화가 지나간 후 등장한 이정표 1이 지시한 대로 여섯째 나팔 재앙이 바로 이어진다(9:13-21). 이제 둘째 화가 끝났으니 둘째 이정표가 나올 차례지만 뜻밖에도 여기서 전혀 새로운 이야기가 시작된다.

그동안 전개된 내용은 요한이 본 환상 속에 있는 이야기로서 앞으로 일어날 종말 심판에 관한 것이었다. 그런데 10장에는 요한 자신의 이야기가 담겨 있다. 우선 요한이 힘센 천사로부터 작은 두루마리를 받아서 먹는 장면 곧 요한이 다시 소명을 받는 장면이 서술되고 11:1-13에는 그 천사가 요한에게 하는 말이 길게 이어진다. 이후 11:14에 이르러서야 비로소 "이정표 2"가 나타난다.

> 둘째 화는 지나갔으나, 보라! 셋째 화가 속히 이르는도다(계 11:14).

"둘째 화"란 곧 여섯째 나팔 재앙(9:13-21)을 가리킨다. 여기서 8:13의 약도에 기초해보면 여섯째 나팔 재앙(9:13-21)과 이정표 2(11:14) 사이에 중심 줄거리의 흐름에서 벗어난 내용(10:1-11:13)이 들어 있음을 알 수 있다. 뒤에서 살펴보겠지만 이것이 "제1삽입부"다. 아래 도표에서는 지면의 제약으로 인해 제1삽입부를 "삽입 1"로 표시했다.

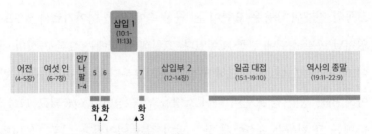

〈그림 5〉 세 개의 화, 두 개의 이정표, 제1삽입부

이정표 2가 말하는 "셋째 화"란 일곱째 나팔 재앙이다. 그 말대로 바로 이어서 일곱째 천사가 나팔을 불었고(11:15-19) 이제 셋째 화가 내릴 차례다. 그런데 독자의 기대와 달리 이 지점에서 다시 제2삽입부(12-14장)가 끼어들고, "마지막 재앙"에 해당하는 일곱 대접 재앙은 요한계시록 15:1에 이르러서야 비로소 시작된다.

중심 줄거리로 합류하기 전 두 삽입부의 내용을 잠시 살펴보자. 제1삽입부(10:1-11:13)에서 힘센 천사는 작은 두루마리를 주어 먹도록 하는 상징적 행동을 통해 요한의 사명을 확인하고(10장) 예수 그리스도의 증인으로서 요한과 성도들이 지닌 사명을 일깨운다(11:1-13).

천사는 먼저 성도의 고난과 보호가 공존하는 현실을 성전 측량 행위를 통해 상징적으로 보여준다(1-2절). 그리고 구약의 예언자들(3-6절)과 신약의 예수 그리스도(7-12절)를 고난 속에서도 능력 있게 증언하는 요한과 교회("두 증인")의 모델로 제시한다. 이는 이야기의 형식으로 주어지는 격려와 권면이다.

제2삽입부(12-14장)는 교회의 현실을 예수 그리스도의 구속 사역과 관련지어 보여준다. 12장에는 아기를 낳은 여자와 붉은 용이 등장하는데, 용은 사탄이며(9절) 아기는 예수 그리스도다. 1-6절은 예수 그리스도의 구속 사건을 하나의 비유로 압축하며, 7-12절은 그것을 하늘의 싸움으로 다시 그려낸다. 사탄은 예수 그리스도의 죽음과 부활과 승천을 통해 이미 결정적으로 패배했으므로, 지금은 하늘에서 패하여 땅으로 떨어진 사탄이 광분하는 기간에 불과하다(12절).

요한계시록은 그 기간 곧 예수 그리스도의 초림과 재림 사이의 기간을 "3년 반"이라는 상징적인 숫자로 대표한다(6, 14절). 13장에서 용은 바다로부터 올라온 짐승으로 상징되는 로마 제국에 권세를 주고 로마 황제가 하나님처럼 숭배를 받도록 한다. "땅에서 올라온 짐승"(13:11)은 황제 숭배를 조장하던 자들을 비유적으로 가리킨다. 짐승에 대한 경배를 거부하는 자들에게는 고난과 죽음이 따른다. 그러나 짐승의 표를 받지 않고 인내하며 하나님의 인을 받은 십사만 사천 곧 성도들이 결국 승리할 것이다(14:1-5).

이어지는 요한계시록 14:6-13에는 곧 시작될 마지막 화(일곱 대접 재앙)를 앞두고 사람들의 경각심을 일깨우며 성도들의 인내를 독려하는 권면이 담겨 있다. 이어지는 14:14-20은 추수 장면을 제시함으로써 앞으로 중심 줄거리에서 이어질 종말 심판을 상징적으로 요약 서술한다. 요한은 이 종말 심판 장면을 사용하여 삽입부와 중심 줄거리의 종말 심판 이야기를 자연스럽게 연결한다.

다. 두 이야기의 만남(15:1-22:9)

일곱째 나팔 소리가 울려 퍼진 후(11:15-19) 진행이 중단되었던 중심 줄거리가 15장에서 다시 이어진다. 이제 기다리던 셋째 화가 임하면서 요한계시록의 종말 환상 이야기가 절정을 맞이할 것이다. 요한은 독자들의 관심이 최고조에 이른 지점에 삽입부를 배치함으로써 그들을 권면하고 믿음을 재확인시킨다.

"마지막 재앙"을 가지고 있는 일곱 천사는 15:1에서 이야기가 다시 중심 줄거리로 돌아왔음을 알린다. 그리고 15:2-4에 묘사된 "짐승과 그의 우상과 그의 이름의 수를 이기고 벗어난 자들"은 그저 이야기가 바뀐 것이 아니라 삽입부의 지류가 본류와 만나서 이루는 더 큰 이야기가 시작됨을 알려준다.

하나님의 진노의 일곱 대접을 준비한 천사들(15:5-8)은 16장에서 그것을 쏟기 시작한다. 처음 네 대접은 처음 네 나팔처럼 땅, 바다, 강, 천체에 쏟아지며, 다섯째 대접은 짐승의 왕좌에, 여섯째 대접은 큰 강 유프라테스에 쏟아진다(16:1-16).

그런데 여섯째 대접을 쏟은 후에는 아무런 재앙도 내리지 않는다. 오히려 큰 강 유브라데(유프라테스)의 물이 마르고 동방의 왕들을 포함하는 사탄의 세력이 아마겟돈에 집결하는 길이 마련된다. 하지만 그들은 예수께서 재림하신 후 모두 소멸될 것이다(19:11-22:9). 여섯째 대접 재앙은 잠시 유보된 뒤에 결국 실현될 것이다.

일곱째 대접은 공중에 쏟아진다. 그 결과 큰 성 바벨론이 무너져 내린다(16:17-21). 그리고 그에 대한 부가적 서술이 이어진다. 17:1-19:10은 부가적 서술을 담은 "부록 1"(바벨론의 멸망)로서 짐승과 바벨론의 관계를 밝히고 바벨론이 어떻게 멸망할지를 상세히 보여준다.

이 본문은 새 예루살렘에 대한 부가적 서술인 "부록 2"(21:9-22:9)와 대칭을 이룬다. 전자가 심판받을 사람들을 대변한다면 후자는 구원받을 사람들을 대변한다. 두 그룹은 바벨론과 새 예루살렘이라는 두 도시 외에도 음녀와 그리스도의 신부라는 두 여인으로 대표된다.

〈그림 6〉 두 개의 부록

부가적 서술을 포함한 일곱 대접 재앙이 끝난 후 예수 그리스도께서 재림하신다(19:11-16). 그리고 예수의 재림 장면부터 종말 환상 이야기 제2단계가 시작된다. 제1단계가 바벨론의 멸망에 이르는 과정을 서술했다면, 제2단계는 예수의 재림으로부터 시작되는 역사의 종말을 그린다. 두 단계 모두 하늘이 열려 있는 광경을 묘사하면서 시작되고(4:1; 19:11) 종료 선언으로 마무리된다(16:17; 21:6).

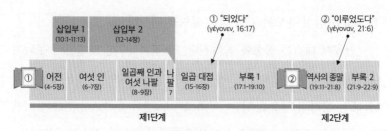

하늘에 열린 문: ① 요한이 하늘로 올라감(4:1) ② 예수 그리스도의 재림(19:11)

〈그림 7〉 두 단계로 이루어진 종말 환상 이야기

　　예수께서 재림하시자 사탄은 모든 세력을 모아 그리스도께 대
항한다. 그러나 사탄의 하수인들인 짐승과 거짓 선지자는 곧바로 불
못에 던져지고, 사탄도 사로잡혀서 천 년간 무저갱에 갇힌다(19:17-
20:3). 성도들은 그리스도와 함께 천 년 동안 왕 노릇을 한다. 천 년이
지나고 옥에서 놓인 사탄은 곧바로 자신의 잔당들인 곡과 마곡을 규합
하지만, 그것은 사탄의 잔당이 심판대 앞에 스스로 걸어 나온 꼴이다.
결국 악의 세력은 모두 소탕되고 심판에 처해진다(20:4-15).

　　이제 드디어 새 하늘과 새 땅이 창조된다(21:1). 그것은 새 예루살
렘으로 상징되기도 한다. 새 예루살렘은 하늘과 땅이 하나가 된 공간
곧 초월과 내재의 구별이 없는 공간으로서 악과 어둠이 존재하지 않고
죽음과 슬픔이 더는 우리를 괴롭히지 못한다. 또한 새 예루살렘에서는
사람들이 하나님을 대면하면서 영원히 함께 살기 때문에 성전마저도
필요치 않다(21:9-22:5). 지금까지 요약한 줄거리를 바탕으로 요한계
시록 이야기의 개요를 도표로 정리하면 다음과 같다.

중심줄거리	4장	하나님의 어전
	5장	큰 두루마리와 어린양
	6장	처음 여섯 인
	7:1-8	구원받은 십사만 사천
	7:9-17	하늘의 구원받은 셀 수 없는 무리
	8-9장	일곱째 인과 처음 여섯 나팔
삽입부 1	10장	요한의 둘째 소명과 작은 두루마리
	11:1-13	성전 측량과 두 증인
중심줄거리	11:14-19	일곱째 나팔
삽입부 2	12-13장	여자와 용과 두 짐승
	14:1-5	하늘의 십사만 사천
	14:6-13	세 천사와 하늘의 음성
	14:14-20	곡식과 포도의 추수 장면
부록 1 합류된 중심줄거리	15-16장	일곱 대접
	17장	짐승을 타고 앉은 음녀 바벨론
	18장	바벨론의 멸망
	19:1-10	하늘의 찬양
	19:11-16	백마 탄 자: 예수 그리스도의 재림
	18:17-20:3	짐승과 거짓 선지자의 최후, 사탄의 감금
	20:4-6	최후의 심판
	21:1-6	새 하늘과 새 땅, 새 예루살렘
부록 2	21:9-22:8	새 예루살렘의 상세한 묘사

제1단계 / 제2단계

〈표 5〉 서사 구조에 따라 나눈 요한계시록 본문

제2장 요한계시록의 서사 구조

3. 두 이야기가 만나다(1): 중심 줄거리와 삽입부

지금까지 두 이야기의 만남으로 이루어진 요한계시록의 줄거리를 간략하게 살펴보았다. 이제 그 줄거리를 좀 더 상세히 분석하고, 그것을 다른 해석자들의 입장과 비교하여 설명하고자 한다. 이어지는 논의는 어떤 독자들에게는 흥미를 끄는 관심사일 수 있지만 어떤 독자들에게는 그리 궁금하지 않은 내용일 수도 있다. 독자들은 앞에서 계시록의 이야기 흐름을 파악했으므로, 제2부의 상세한 본문 해설을 읽을 준비가 이미 되었다. 따라서 이어지는 내용을 읽다가 언제든 충분하다고 생각되면, 다음 장(요한계시록의 신학과 해석)이나 제2부(본문 해설)로 바로 넘어가도 좋다.

가. 중심 줄거리와 삽입부

요한계시록의 서사 구조는 크게 보면 단순하고 분명하다. 요한계시록 4장부터 시작되는 종말 환상 이야기는 하나의 중심 줄거리를 따라 22장까지 전개된다.[7] 그리고 그 중심 줄거리에서 벗어난 두 삽입부(10:1-11:13; 12-14장)가 있다.[8] 제1삽입부(10:1-11:13)에 대해서는 추가적인

---

[7] 나는 요한계시록에 삽입부를 제외한 중심 줄거리가 있다는 주장을 다음 논문에서 처음 제시했다. 이 책의 논의는 논문 발표 이후 더 발전되고 정교해진 분석을 반영한다. 안용성, "요한계시록의 서사수사학적 구조", 『신약논단』 15(2008), 431-67.

[8] 계 7장을 삽입부에 포함하는 학자들이 있다. 그러나 하나님께서 인을 쳐서 십사만 사천의 성도를 재앙으로부터 보호하시는 것(7:1-8)은 종말 심판이 시작되기 전에 반드

설명이 필요하지만,[9] 크게 보면 삽입부 내에도 진행되는 이야기가 있다. 중심 줄거리는 요한과 소아시아 일곱 교회가 처해 있던 시대 상황에서 시작하여 바벨론의 멸망과 역사의 종말로 나아간다. 삽입부는 예수 그리스도의 구속 사건으로부터 역사의 종말로 나아가는 독자적인 흐름을 가진다. 종말 환상 이야기 전체로 보면 중심 줄거리가 본류를, 삽입부가 지류를 형성하며 중심 줄거리로 합류한다. 이것이 이 책의 제목인 "두 이야기가 만나다"가 드러내는 첫 번째 함의다.

〈그림 8〉 두 이야기가 만나다(1): 중심 줄거리와 삽입부

요한계시록에서 중심 줄거리와 삽입부는 비슷한 시간 범위 내에서 이루어지는 사건들을 다루고 있지만 각기 다른 강조점과 역할을 가지고 있다. 중심 줄거리의 기능은 종말 심판의 보편적이고 거시적인

시 일어나야 하는 일이다. 이에 따라 일곱째 인을 떼고 심판이 시작되기 전에 이 장면이 들어간 것이다. 그러나 뒤에 이어지는 7:9-17은 이야기의 시간 순서에서 벗어나 있는 것으로서 "막간극"으로 분류해야 한다.

9 제1삽입부는 요한의 소명 장면으로서 1-3장과 함께 종말 환상 이야기의 위 층위에 있으므로 아래 층위에 있는 다른 사건들과 구별된다. "이야기의 층위"에 대해서는 다음 절에서 자세히 설명할 것이다.

구조를 보여주는 것으로서 시간상으로 보면 교회의 시점보다 미래에 이루어질 일들이 더 많은 비중을 차지한다. 그와 대조되는 삽입부는 소아시아 일곱 교회의 현실에 초점을 맞추면서 그것을 더 심층적으로 해석하고 청중을 권면한다. 시간상으로는 교회의 시점에서 일어나고 있는 일들을 더 많이 다룬다.

	내용	시간 범위	초점
중심 줄거리	종말 심판의 거시적 보편적 구조	독자들의 현실-종말	미래
두 삽입부	소아시아 교회의 현실 해석과 권면	예수의 구속 사건-종말	현재

〈표 6〉 중심 줄거리와 삽입부: 내용과 시간 범위

삽입부가 종말 심판 이야기의 절정 앞에 배치된 이유는 무엇일까? 삽입부는 "예언의 책"으로서 독자들을 향해 예언적 권면을 전달한다. 이 삽입부는 종말 심판 이야기가 절정에 이르는 셋째 화 장면 곧 일곱 대접 재앙 직전에 놓여 있다. 독자들은 대개 이야기의 절정 직전에 가장 큰 관심과 기대를 갖기 마련이다. 요한계시록은 이를 고려하여 독자들의 관심이 가장 고양될 이 지점에 삽입부를 배치함으로써 요한계시록의 저술 목적인 예언적 권면을 효과적으로 수행하고 있다.

두 이야기가 따로 진행되다가 합류하는 구조는 요한계시록 내에 이미 예시되어 있다. 제2삽입부를 시작하는 요한계시록 12장을 보면, 1-6절에서 예수 그리스도의 구속 사건을 비유적으로 보여준 후 이어지는 7-12절에서는 무대를 하늘로 옮겨 같은 구속 사건을 하늘에서 일어난 미가엘과 용의 싸움으로 묘사한다. 이렇게 두 갈래로 진행되던 이야기는 13절에서 만난다. 6절을 보면 여자가 광야로 도망하는데, 13절에서 용이 그 여자를 쫓아감으로써 1-6절과 7-12절의 두 이야기가 하나로 합류하는 것이다. 요한은 삽입부의 주요 지점에 이런 구조를 예시해둠으로써 독자들이 이야기 전체의 구조를 파악하고 길을 잃지 않도록 배려하고 있다. 즉 지금 읽고 있는 삽입부의 이야기는 하나의 지류이고 뒤에서 다시 본류인 중심 줄거리에 합류할 것을 예상할 수 있도록 신경을 쓴 것이다. 세심한 독자들은 중심 줄거리가 재개되는 15:1에 이르렀을 때 그곳이 12:13과 같은 두 이야기의 합류 지점임을 눈치챌 수 있을 것이다.

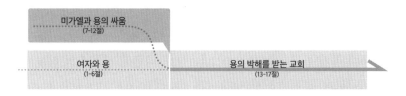

〈그림 9〉 두 이야기가 만나다(1): 요한계시록 12장

나. 막간극과 두 부록

중심 줄거리의 모든 사건이 과거에서부터 미래를 향해 쉬지 않고 움직이는 것은 아니다. 이야기의 진행을 잠시 멈추거나 아예 사건의 시간 순서를 벗어나 있는 장면들이 있다. 하늘에서 들리는 음성이나 합창

장면이 그에 해당한다(7:9-17; 8:3-5; 11:15-19; [12:10-12; 14:1-5];[10] 15:2-4; 19:1-8). 이 장면들은 한편으로 지금 일어나고 있는 사건을 해석해주고, 다른 한편으로는 최종적으로 이루어질 심판과 구원의 모습을 미리 보여줌으로써 독자들이 희망을 갖고 뒤에 이어질 이야기를 기대하게 만든다. 쉬슬러 피오렌자(Elisabeth Schüssler Fiorenza)에 의하면, 합창 장면을 사용하여 사건들을 해석하고 보완함으로써 플롯의 전개를 돕는 것은 당시 그리스 비극에서 흔히 사용되는 기법이었다.[11]

그런데 하늘 음성과 합창 장면이 모두 시간의 흐름을 벗어나지는 않는다. 요한계시록의 하늘 어전 장면, 음성, 합창 장면들은 많은 경우에 이야기의 흐름을 거스르지 않고 오히려 이야기의 인과적 발전을 돕는다. 하늘 제단의 분향 장면(8:3-5)은 다섯째 인을 뗄 때 나온 성도들의 탄원에 하나님이 응답하셨음을 보여줌으로써 이야기의 인과적 전개에서 결정적인 전환을 이룬다. 일곱째 나팔 장면(11:15-19), 하늘에서 용이 쫓겨난 후에 들린 음성(12:10-12), 바벨론 멸망 후의 하늘 음성과 합창들(19:1-8)은 그 지점에서 일어난 사건을 해설하면서 이야기의 흐름에 자연스럽게 통합된다.

중심 줄거리와 삽입부에서 시간의 흐름을 벗어난 것은 세 장면뿐이다(7:9-18; 14:1-5; 15:2-4). 이 세 장면은 "예상"(prolepsis)의 형식으

---

10   대괄호 안의 두 본문은 삽입부에 속한다.

11   Elisabeth Schussler Fiorenza, "Composition and Structure," 353-54.

로 미래에 있을 구원을 앞당겨 보여준다. 즉 모든 종말 심판이 끝나고 하나님의 어전에서 함께 찬양하는 성도들의 모습을 앞당겨 보여줌으로써 고난 중에 있는 독자들을 격려하고 소망을 북돋아 주는 것이다. 이처럼 시간 순서를 벗어난 장면들을 묶어 "막간극"으로 분류하고 세 장면의 내용을 간략히 정리해보면 다음과 같다.

미래의 구원을 앞당겨 보여주는 막간극 세 장면
(1) 하늘의 구원 받은 셀 수 없는 무리(7:9-18)
(2) 시온산의 십사만 사천(14:1-5)
(3) 유리 바다 위의, 짐승을 이긴 사람들(15:2-4)

〈표 7〉 막간극 세 장면

한편 종말 환상 이야기에는 삽입부와 막간극 외에 두 개의 긴 부가적 서술 또는 부록이 있다(17:1-19:10; 21:9-22:9). 두 부록은 각각 일곱째 대접 심판(바벨론의 멸망, 16:17-21)과 새 예루살렘의 강림(21:2-4)이라는 두 사건 뒤에 배치되어, 앞에 나오는 바벨론의 멸망과 새 예루살렘 장면을 부가적으로 서술한다. 이 부록들은 비록 길지만 기능적으로 앞에 서술된 사건들을 해설해준다는 점에서 하늘 합창 장면들과 비슷하다. 그러나 두 부록은 중심 줄거리의 시간 흐름에서 벗어나지 않는다는 점에서 막간극이나 삽입부와는 분명히 구별된다.

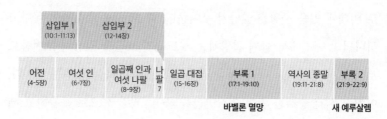

<그림 10> 두 개의 부록

두 개의 부록은 서로 병행되는 구조로 되어 있으며 심판받은 사람들과 구원받은 사람들을 대조하여 보여줌으로써 요한계시록의 주제와 관련해 중요한 역할을 한다. 기블린(Charles H. Giblin)이 처음 소개한 이 병행 구조[12]는 매우 뚜렷하게 드러나기 때문에 큰 이견 없이 많은 성서학자의 지지를 받고 있다. 두 본문에 "부록"(Appendix)이라는 이름을 붙인 사람은 야브로 콜린스(Adela Yarbro Collins)로서 뒤에서 요점 반복 이론 7중주 유형의 대표자로 소개할 학자다. 두 부록의 병행 구조를 도표로 정리하면 다음과 같다.

바벨론의 멸망(17:1-19:10)	새 예루살렘(21:9-22:9)
17:1 일곱 대접을 가진 일곱 천사 중 하나가 와서 내게 말했다. "오라, 네게 …을 보이리라."	21:9 일곱 대접을 가진 일곱 천사 중 하나가 와서 내게 말했다. "오라, 네게 …을 보이리라."

---

[12] Charles H. Giblin, "Structural and Thematic Correlations In the Theology of Revelation 16-22," *Biblica* 55.4(1974), 487-504.

17:3 성령으로 나를 데리고 광야로 갔다. 그리고 내가 보았다.	21:10 성령으로 나를 데리고 크고 높은 산으로 갔다. 그리고 내게 보여주었다.
환상: 바벨론(큰 음녀)	환상: 새 예루살렘(그리스도의 신부)
19:9b 그리고 그가 내게 말했다. "이것은 하나님의 참된 말씀이라."	22:6 그리고 그가 내게 말했다. "이 말씀은 신실하고 참되다."
19:10 그 발 앞에 엎드려 경배하려 하자 그가 말했다. "그러지 말라. 나는 너와 예수의 증언을 간직한 너의 형제들의 동료 종이라. 하나님께 경배하라"	22:8b-9 그 천사의 발 앞에 엎드려 경배하려 하자 그가 말했다. "그러지 말라. 나는 너와 네 형제 예언자들과 이 책의 말씀들을 지키는 자들의 동료 종이라. 하나님께 경배하라."

〈표 8〉 두 부록의 병행 구조: 심판받을 사람들과 구원받을 사람들

4. 세 개의 두루마리

가. 두 단계로 이루어진 종말 환상 이야기

중심 줄거리와 삽입부의 만남으로 이루어지는 종말 환상 이야기는 크게 두 단계로 진행된다. 제1단계(4:1-19:10)는 하나님의 어전 장면으로 시작해서 일곱 인, 일곱 나팔, 일곱 대접을 거쳐 바벨론의 멸망으로 끝나고, 제2단계(19:11-22:9)는 예수 그리스도의 재림으로 시작해서 새 예루살렘의 강림으로 끝난다. 앞에 언급한 두 부록은 각각 제1단계와 제2단계가 끝나는 지점에 놓여 있다.

이 두 단계는 같은 방식으로 시작하고 끝난다. 즉 동일하게 하늘이 열린 모습을 보여주면서 시작하고(4:1; 19:11) 하나님의 종료 선언(16:17; 21:6)으로 끝난다. 종료 선언 문장은 둘 다 동일한 그리스어 동사 "기노마이"(γίνομαι)의 완료형을 사용하는데 첫째 선언(γέγονεν)은 3인칭 단수형으로, 둘째 선언(γέγοναν)은 3인칭 복수형으로 기록되었다. 첫째 선언은 바벨론의 멸망이라는 하나의 목표가 이루어졌음을 알리는 것이므로 단수형으로 표현되고, 둘째 선언은 그에 이어 모든 종말론적 목표들이 성취되었음을 알리는 것이기 때문에 복수형으로 표현된다. 단수에서 복수로의 이 같은 변화는 요한계시록의 이야기가 차례대로 진행됨을 보여주는 중요한 표지가 된다. 제2단계 구조를 도표로 정리하면 다음과 같다.

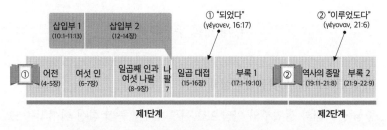

〈그림 11〉 두 단계로 이루어진 종말 환상 이야기

나. 큰 두루마리: 두 단계 이야기의 통합

두 단계의 이야기는 사실상 하나의 이야기다. 왜냐하면 두 단계가 순

제1부 구조와 해석

서대로 연결되어 있으며 저자인 요한이 의도적으로 둘을 하나의 두루마리로 통합해놓았기 때문이다. 그런 통합 구조 속에서 종말 환상 이야기의 제2단계는 제1단계에서 미결되고 유보된 심판을 완성한다.

먼저 종말 환상 이야기 제1단계를 살펴보자. 제1단계 이야기는 일곱 인, 일곱 나팔, 일곱 대접의 순서로 진행된다. 세 개의 7중주는 모두 요한계시록 5장에서 소개되는 두루마리와 관련된다. 어린양께서 두루마리의 일곱 봉인을 모두 뗀 후 두루마리의 내용 곧 일곱 나팔의 종말 심판이 계시되는데 그중 일곱째 나팔이 일곱 대접 재앙을 불러온다. 따라서 세 개의 7중주가 모두 큰 두루마리 안에 들어 있다고 말할 수 있다.

일곱째 나팔은 셋째 화를 가져온다. 그런데 요한계시록 15:1은 일곱 대접 재앙을 소개하면서 이것이 "마지막 재앙"이고 "하나님의 진노"가 이것으로 마칠 것이라고 한다. 여기서 "마지막 재앙"은 마지막 화, 곧 셋째 화를 가리킨다. 그러므로 우리는 일곱째 나팔이 일곱 대접 전체를 열어줌을 알 수 있다.[13]

또 하늘에 크고 이상한 다른 이적을 보매 일곱 천사가 일곱 재앙을 가졌으니 곧 마지막 재앙이라. 하나님의 진노가 이것으로 마치리로다(계 15:1).

---

13 "진노", "재앙", "화", "심판" 등의 용례에 관해서는 제6장 4절의 용어 해설을 참조하라.

이 말은 좀 이상하게 들린다. 일곱 대접은 제1단계 이야기의 마지막 재앙이고 그다음에는 제2단계가 기다리고 있지 않은가? 그런데 종말 심판의 제1단계(4:1-19:10)를 마친 후에도 하나님의 진노는 여전히 남아 있을 것이며 그에 따라 예수 그리스도께서 "하나님의 진노의 포도주 틀"을 밟으실 것이라고 예고된다(19:15). 그렇다면 일곱 대접이 하나님의 진로를 끝내는 마지막 재앙일 수는 없지 않은가?

이에 대한 답은 여섯째 대접에 있다. 일곱 대접은 "일곱 재앙"이다(15:1). 그러나 여섯째 대접을 쏟은 후에는 아무런 재앙도 내리지 않는다. 여섯째 천사가 대접을 쏟자 용과 짐승과 거짓 선지자가 천하의 왕들을 아마겟돈으로 소집하여 "전능하신 이의 큰 날에" 전쟁을 벌일 준비를 한다(16:13-16). 여기서 여섯째 대접은 큰 강 유브라데(유프라테스)를 마르게 하여 큰길을 내고, 동방의 왕들이 그 길을 따라 아마겟돈으로 이동하여 사탄의 세력에 가세할 수 있는 여건을 마련할 뿐이다(16:12). 여섯째 대접을 신호로 한 재앙이 누락되었으니 결과적으로 "일곱 재앙"은 아직 완료되지 않았다.

그렇다면 여섯째 대접이 불러올 재앙은 언제 이루어질까? 바로 제2단계 이야기에 언급되는 종말 심판 전체가 여섯째 대접의 재앙이다. 여섯째 대접을 쏟을 때 아마겟돈에 총집결한 사탄의 세력이 종말 환상 이야기 제2단계에서 소탕되는 것이다(19:17-20:3). 이후 비슷한 소탕 작전이 한 번 더 이어진다. 하나님은 천년왕국이 끝난 후 사탄이 도망가도록 내버려 두신다. 사탄은 땅의 사방 백성을 모아 최후 항전을 벌이려 하지만 하늘에서 불이 내려와 그들을 모두 소멸시킨다(20:7-10). 이를 통해 비로소 일곱 재앙이 완성된다. 그런 후 하나님은 새 하늘과 새 땅, 새 예루살렘을 창조하신다(21:1-22:9).

이처럼 종말 환상 이야기의 제2단계 전체는 유보된 여섯째 대접 재앙으로서 제1단계에서 남겨진 심판을 완성한다. 이렇게 일곱 대접은 제2단계까지의 모든 심판을 포함하므로 일곱 대접이 "마지막 재앙"이라 할 수 있는 것이다.

다. 세 개의 두루마리

지금껏 살펴본 내용을 정리해보자. 요한계시록 4-5장은 하나님의 어전에서 두루마리를 준비하는 이야기이고, 6-7장(정확히는 6:1-8:1)은 봉인을 떼어 두루마리를 여는 과정이며, 8-22장은 두루마리에 담겨 있는 내용이다. 이처럼 요한계시록의 중심 줄거리 전체가 요한계시록 5장의 두루마리로 대표될 수 있다.

〈그림 12〉 중심 줄거리와 큰 두루마리

그렇다면 삽입부(10:1-11:13; 12-14장)는 어떨까? 삽입부는 10장에서 요한이 힘센 천사가 주는 작은 두루마리를 받아서 먹는 장면으로 시작된다(10장). 이 장면은 요한의 소명을 상징적으로 보여준다. 힘센 천사는 요한에게 두루마리를 먹게 한 후 "많은 백성과 나라와 방언과 임금에게 다시 예언하여야"하는 그의 사명을 재확인시킨다(10:11). 그 예언이 삽입부에 담겨 있다. 소명 장면 뒤에 이어지는 천사의 권면(11:1-11:13)은 증인으로서의 요한과 교회의 사명을 보여주며, 제2삽입부(12-14장)는 교회의 현실을 그리스도의 구속 사건에 비추어 심층적으로 조명하고, 14장은 "모든 민족과 종족과 방언과 백성에게" 그리고 성도들에게 주는 예언적 권면을 전달한다. 이렇게 삽입부 전체가 작은 두루마리와 관련된다. 요한계시록 10장은 요한이 작은 두루마리를 받는 이야기이며, 삽입부에 이어지는 본문(11:1-13; 12-14장)은 그 작은 두루마리의 내용이다.

<그림 13> 두 개의 두루마리로 이루어진 종말 환상 이야기

앞으로는 여기 나오는 두 개의 두루마리를 구분하여, 5장의 두루마리를 "큰 두루마리"로, 10장의 두루마리를 "작은 두루마리"로 부르자. 앞서 살펴본 대로 요한계시록의 중심 줄거리는 큰 두루마리로, 삽

입부는 작은 두루마리로 대표된다. 그러므로 요한계시록의 종말 환상 이야기 전체가 두 개의 두루마리로 요약된다고 할 수 있다. 요한계시록에는 그 외에도 두루마리 하나가 더 있는데(1:11), 그것은 바로 요한이 본 것을 적어 일곱 교회에 보낸 두루마리(1:11, 19) 곧 요한계시록이라는 책 자체다. 이 두루마리는 요한계시록에 하나의 장면으로 등장하지는 않는다. 왜냐하면 책을 읽는 독자들은 이미 그 두루마리 속에 들어와 있어서 그것을 볼 수 없기 때문이다. 큰 두루마리와 작은 두루마리는 이 요한계시록 두루마리 속에 포함되어 있다. 이를 반영하면 요한계시록의 이야기 전체는 다음과 같은 세 개의 두루마리로 요약된다.

요한계시록 두루마리(1:11)	일곱 메시지(1:9-3:22)를 포함한 요한계시록 이야기 전체
큰 두루마리(5장)	중심 줄거리(4:1-9:21; 11:14-19; 15:1-22:9)
작은 두루마리(10장)	삽입부(10:1-11:13; 12-14장)

〈표 9〉 요한계시록을 구성하는 세 개의 두루마리

라. 세 개의 화

종말 환상 이야기 전체가 두 개의 두루마리와 관련된다면, 요한계시록의 종말 심판 전체는 "세 개의 화"로 요약된다. 다섯째 나팔 재앙이 시작되기 직전 공중을 날아가는 독수리가 세 개의 화를 다음과 같이 알린다.

화! 화! 화!

땅에 거하는 자들에게

나머지 세 천사들이 불 나팔 소리로부터(계 8:13 사역).

이에 관해서는 앞서 이미 설명했으나 중요한 내용이므로 다시 정리해
보자. 앞으로 세 개의 화가 임할 것이다. 그것은 나머지 세 천사가 불 다
섯째, 여섯째, 일곱째 나팔 소리를 따라 시작되는 것으로서 "땅에 거하
는 자들" 곧 사탄에 속한 자들에게 임할 화다.

이 구절은 요한계시록의 약도와 같은 역할을 하며 종말 심판 전체
를 요약해준다. 다섯째, 여섯째, 일곱째 나팔이 세 개의 화를 불러오는
데 일곱째 나팔은 일곱 대접과 함께 셋째 화를 구성한다. 그중 여섯째
대접은 제2단계의 이야기, 즉 예수의 재림 후 새 예루살렘의 강림에
이르기까지의 모든 종말 사건을 열어준다. 이렇게 보면 요한계시록의
종말 환상 이야기에 담겨 있는 종말 심판 전체는 다음과 같이 세 개의
화로 요약된다.

일곱 인: 심판이 시작되기 전의 현실
나팔 1-4: 전초전
나팔 5-7: 화, 화, 화: 본격적인 심판
　　화 1 = 나팔 5 재앙
　　화 2 = 나팔 6 재앙
　　화 3 = 나팔 7 + 일곱 대접 재앙
　　　　　　(대접 6 재앙 = 제2단계 심판 전체)

〈표 10〉 세 개의 화로 요약되는 요한계시록의 종말 심판

5. 두 이야기가 만나다(2): 하늘과 땅 그리고 작은 스토리라인들

가. 하늘과 땅의 이야기

종말 환상 이야기의 중심 줄거리는 앞서 설명한 것처럼 시간의 흐름에 따라 두 단계로 나눌 수 있고, 공간적 배경에 따라 두 가닥으로 나눌 수도 있다. 전체 이야기가 하늘과 땅이라는 두 공간을 배경으로 전개되기 때문이다. 물론 여기서 하늘이란 자연의 하늘(sky)이 아니라 하나님이 계신 초월의 하늘(heaven)을 가리킨다. 그리고 땅은 그와 대조되는 창조세계를 가리킨다. 요한이 본 환상 속 이야기는 하늘에 있는 하나님의 어전에서 시작되어(4-5장) 일곱 인이 떼어짐과 함께 하늘과 땅으로 나뉘었다가(6:1-19:10) 예수 그리스도의 재림(19:11-16)을 계기로 다시 땅에서 만나고 새 예루살렘으로 이어진다.

이처럼 요한계시록은 하늘의 이야기와 땅의 이야기가 나뉘어 흘러가다가 다시 만나는 구조로 되어 있다. 이것이 이 책의 제목인 "두 이야기가 만나다"가 나타내는 두 번째 함의다. 종말 환상 이야기가 시작되는 하늘 어전은 초월의 시공간이고 모든 심판이 끝난 후 최종적으로 이루어지는 새 예루살렘(21:2-22:9)은 초월과 내재가 하나를 이룬 시공간이다. 이처럼 시공간의 측면에서 볼 때 요한계시록의 종말 환상 이야기는 초월에서 시작하여 초월에서 끝나며 그 사이에서 시간순으로 사건의 진행이 이루어진다. 다음 도표를 보라.

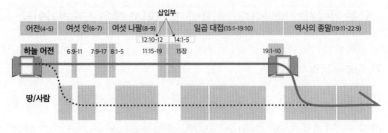

<그림 14> 두 이야기가 만나다(2): 하늘과 땅

이 도표는 대략적인 것으로서 요한계시록의 실제 공간 구조는 이보다 훨씬 복잡하다. 예를 들어 일곱 인을 뗄 때 그것을 떼는 어린양은 하늘 어전에 계시고, 그때마다 나타나는 사건들은 땅에서 벌어진다. 따라서 이야기는 하늘과 땅을 분주하게 오가며 전개된다. 일곱 나팔과 일곱 대접도 마찬가지다. 나팔을 부는 천사들과 대접을 쏟는 천사들은 모두 하늘 어전에 있으나, 그에 따른 심판은 모두 땅에서 이루어진다.

이야기가 하늘과 땅으로 나뉜 후 중심 줄거리의 인과적 흐름을 이끌어 나가는 것은 주로 땅에서 일어나는 이야기다. 그래서 땅 이야기는 시간적이다. 반면 하늘 이야기는 시간적 성격과 초시간적 성격을 함께 지닌다. 실제로 몇 개의 하늘 합창 장면들(7:9-17; 14:1-5; 15:2-4)은 시간의 진행을 뛰어넘어 심판과 구원이 최종적으로 이루어진 미래의 모습을 미리 보여준다. 하늘 장면들은 초시간적이기 때문에 삽입부에 속하는 12:10-12과 14:1-5도 이야기 순서와 관계없이 자연스럽게 하늘 장면에 포함될 수 있다.

이와 동시에 하늘 이야기는 중심 줄거리 속에서 땅 이야기와 연동되어 시간의 틀 속에서 전개되기도 한다. 앞서 언급한 것처럼 중심 줄거리의 뼈대를 이루는 사건들, 곧 일곱 인을 떼고 일곱 나팔을 불고 일곱 대접을 쏟는 일이 모두 하늘에서 벌어진다. 다섯째 인을 뗄 때 하늘 "제단"에서 들려오는 성도들의 탄원(6:9-11)은 이후 심판의 실마리를 제공하는 사건으로서 종말 환상 이야기의 인과관계에서 매우 중요한 역할을 한다. 일곱째 인을 뗀 후 하늘 "제단"에서 분향하는 장면(8:2-5)은 다섯째 인의 결과로 나타나는 것이다. 그 후에도 "제단"은 이야기에 종종 등장하면서 하나의 작은 스토리라인을 형성한다. 또한 하늘 합창 장면들은 이야기 흐름 속에 있으며 땅에서 벌어지는 사건들을 해설해준다는 점에서 시간적 성격을 갖기도 한다.

나. 작은 스토리라인들

요한계시록의 구조는 크게 보면 비교적 단순하다. 그러나 더 깊이 들어가서 보면 그 안에 몇 가지 중요한 주제들을 중심으로 형성된 세밀한 작은 스토리라인들이 있다.

그중 하나는 "제단" 장면을 중심으로 펼쳐지는 "기도와 응답"이라는 주제다. 하나님께서는 하늘 제단에서 순교자들이 드린 탄원의 기도를 받으시고 그에 따라 종말 심판을 수행하신다. 다른 하나는 "사탄의 세력의 저항과 소멸"이라는 주제다. 사탄의 세력은 하나님의 심판에도 불구하고 회개하지 않고 반항을 계속하다가 결국 완전한 소멸을 자초한다. 제단의 스토리라인은 주로 이야기의 전반부에서, 악의 저항과 소멸 스토리라인은 주로 이야기의 후반부에서 인과관계에 따라 줄거리를 이끌어나가는 중요한 역할을 한다. 거기에 더해 자연 재앙의 이야기들도 하나로 연결되어 독자적인 주제를 전달한다. 이와 함께 주요 장면마다 등장하는 하나님의 테마곡도 살펴볼 수 있다.

1) 작은 스토리라인: 기도와 응답

요한계시록에서 하나님의 어전은 하늘에 있는 성전으로 묘사된다. 하늘 성전에 있는 "제단"(θυσιαστήριον)은 종말 환상 이야기에 자주 나타난다. 예루살렘 성전에는 "제단"이라 불리는 장소가 두 곳 있는데, 하나는 성소 앞마당에서 동물을 잡아 제사를 드리는 번제단이고, 다른 하나는 성소 내 지성소 휘장 앞에 놓여 있는 분향단이다. 기도와 응답의 작은 스토리라인을 이끌어가는 "제단"은 하늘 성전의 분향단이다.

요한계시록에서 제단이 가장 먼저 등장하는 곳은 6:9-10이다. 이 장면을 보면 어린양이 다섯째 인을 떼실 때 제단 아래에서 순교자들이 탄원의 기도를 드린다.

> 다섯째 인을 떼실 때에 내가 보니 하나님의 말씀과 그들이 가진 증거로 말미암아 죽임을 당한 영혼들이 제단 아래에 있어 큰 소리로 불러 이르되 "거룩하고 참되신 대주재여, 땅에 거하는 자들을 심판하여 우리 피를 갚아 주지 아니하시기를 어느 때까지 하시려 하나이까?" 하니(계 6:9-10).

이 탄원의 기도는 요한계시록에서 하나님의 심판을 촉발하는 역할을
한다. 이어지는 일곱 나팔과 일곱 대접 심판은 바로 이 기도에 대한 응
답이다.

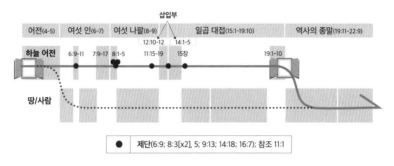

〈그림 15〉 작은 스토리라인: 제단의 기도와 응답

위 그림을 통해 확인할 수 있듯이 요한계시록에는 하늘의 제단이 일곱
번 언급되면서 하나의 작은 스토리라인을 형성하고 있다. 11:1에 언
급된 지상 성전의 제단까지 포함하면 여덟 번 언급된다.

2) 작은 스토리라인: 사탄의 세력의 저항과 소멸

사탄의 세력의 저항도 하나의 스토리라인을 구성하는 주제다. 사탄의
저항은 여섯째 인 장면에서 시작되어 여섯째 나팔로 이어지며, 다시
넷째, 다섯째, 여섯째, 일곱째 대접을 거쳐 종말 환상 이야기의 제2단
계로 이어진다.

　　이 스토리라인을 시작하는 여섯째 인 장면은 시간상 아직 종말 심
판이 시작되기 전이다. 따라서 아직 회개할 기회가 있다. 그러나 그들

은 마지막 회개의 기회를 저버리고 하나님을 피하려고 한다(6:15-16).
그들의 분명한 적의와 저항은 여섯째 나팔 장면에서 분명하게 드러나
기 시작해서(9:20-21) 넷째 대접부터 일곱째 대접에 이르기까지 가장
두드러지고(16:8-21), 제2단계 이야기에서 최후를 맞이한다(19:19-
21; 20:7-10). 더 자세한 설명은 해당 본문에 관한 해설과 제11장 4절
("여섯째 대접 재앙의 유보")을 보라. 요한계시록에서 사탄의 저항을 서술
하는 본문은 모두 여덟 구절이다.

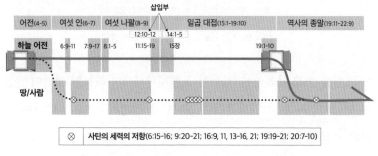

〈그림 16〉 작은 스토리라인: 사탄의 세력의 저항과 소멸

3) 작은 스토리라인: 자연 재앙

일곱 나팔 중 처음 네 나팔 재앙(8:7-12)과 일곱 대접 중 처음 네 대접
의 재앙(16:2-9)은 자연 세계를 향해 내린다. 그 여덟 개의 사건은 하
나로 연결되어 독자적인 메시지를 전달한다. 처음 네 개의 나팔 재앙
은 순서대로 땅, 바다, 강, 천체에 내리고, 처음 네 대접의 재앙 역시 순
서대로 같은 장소에 내린다.

요점 반복 이론을 따르는 해석자들은 네 재앙의 표적이 같다는 점에 주목하여 이것이 동일 사건들을 반복하여 서술한 것이라고 주장한다. 그러나 이는 단순한 반복이 아니다. 여덟 개의 재앙을 순서대로 나열한 후 살펴보면, 마지막 두 재앙인 셋째 대접과 넷째 대접 재앙이 지금까지 이어져 온 자연 재앙의 의미를 설명하고 있음을 알 수 있다.

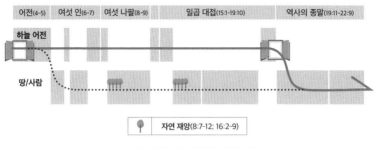

〈그림 17〉 작은 스토리라인: 자연 재앙

마지막 두 대접 재앙의 서술에 비추어 여덟 개의 자연 재앙 전체를 조망해보면, 이것은 자연에 대한 심판이 아니라 사람들을 향한 심판이며, 자연은 심판의 대상이 아니라 오히려 하나님의 심판의 도구임을 알 수 있다. 이는 요한계시록의 자연 신학을 보여주는 중요한 본문들이다. 요한계시록의 자연 재앙은 문자적으로 자연의 파괴를 의미하는 것이 아니다. 이에 대해서는 제3장 제3절에서 "종말과 창조세계"라는 주제를 다루면서 상세히 살펴보기로 하자. 〈그림 17〉에서 보는 바와 같이 요한계시록에서 자연 재앙이 묘사되는 본문은 네 나팔과 네 대접을 포함하여 총 여덟 곳이다.

4) 하나님의 테마곡

작은 스토리라인들과 함께 고려할 것은 하나님의 현존을 보여주는 효과음이 요한계시록의 이야기 속에서 반복된다는 사실이다. 요한계시록 4장은 요한이 본 하늘 어전의 모습을 묘사하는데 거기에는 시각적 요소와 함께 청각적 요소가 포함된다.

청각적 요소는 두 가지다. 하나는 네 생물과 스물네 장로가 부르는 찬양 소리이고(4:8, 11), 다른 하나는 보좌로부터 흘러나오는 "번개와 음성과 우렛소리"다(4:5). 네 생물과 스물네 장로의 찬양은 이후에도 종종 나오는 하늘 합창 장면들로 이어진다. 그리고 "번개와 음성과 우렛소리"도 주요 장면마다 반복된다.

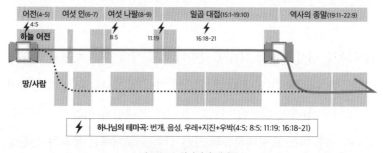

〈그림 18〉 하나님의 테마곡

그중 번개와 음성과 우렛소리는 하나님께서 살아서 일하고 계심을 상기시켜주는 일종의 테마곡이다. 드라마나 영화의 배경 음악에는 테마곡이라는 것이 있다. 예를 들어 주요 등장인물의 테마곡이나, 갈등의 테마곡, 멜로의 테마곡, 분노의 테마곡 같은 것들이 있어서 관련된 장면의 극적 효과를 높여준다. 요한계시록에서 번개, 음성, 우레와 지진 및 큰 우박이 떨어지는 소리는 하나님의 테마곡이라 할 수 있다. 시각적 장면들과 어울려 웅장하게 울려 퍼지는 이 테마곡은 하나님의 위대하고 장엄한 현존을 보여주는 효과를 낸다.

비일(G. K. Beale)은 이 소리들을 곧 임할 종말 심판을 의미하는 것이라고 해석하며 반복설의 핵심 근거로 제시한다.[14] 각 7중주가 끝날 때마다, 일곱째 인을 뗀 후(8:5), 일곱째 나팔을 분 후(11:19), 일곱째 대접을 쏟은 후(16:18-21) 이런 소리가 들린다는 것이다. 비일은 이 장면들이 "종결적인 형벌 기능을 강조한다"고 주장한다.

하나님의 테마곡이 지진과 우박처럼 심판에 준하는 사건들을 동반하는 것은 사실이다(8:5; 11:19). 그러나 하나님의 테마곡을 단지 종말 심판으로만 해석하는 것은 그 의미를 축소하는 것이다. 하나님의 테마곡은 하나님의 존재 자체를 보여준다. 심판은 하나님의 존재에 포함되는 일부일 뿐이다.

비일은 각 7중주가 이 소리로 끝난다는 점에 주목했으나, 이는 사실의 일면만을 본 것이다. 번개와 음성과 우렛소리가 처음 나오는 곳은 일곱 인을 떼기 전인 요한계시록 4:5이다. 그러므로 좀 더 정확히 말하면 세 개의 7중주 모두가 하나님의 테마곡으로 시작하고 끝나는 구조다. 이를 도표로 요약하면 다음과 같다.

---

14   Beale, 『요한계시록(상)』, 232, 261-62, 763-64, 884, 989, 1035 등.

테마곡 1 / **일곱 인** / 테마곡 2 / **일곱 나팔** / 테마곡 3 / **일곱 대접** / 테마곡 4
(4:5)　　　　　　(8:5)　　　　　　(11:9)　　　　　　(16:18-21)

<표 11> 하나님의 테마곡과 세 개의 7중주

요한계시록의 종말 환상 이야기는 하나님의 살아계심(4장)을 보여주면서 시작하고 새 예루살렘에 임하신 하나님(21:2-22:9)을 제시하면서 끝난다. 이렇게 종말 심판 이야기 전체가 하나님의 현존으로 시작하고 끝날 뿐 아니라, 그 뼈대를 이루는 세 개의 7중주마저도 모두 하나님의 현존으로 시작하고 하나님의 현존으로 끝난다. 하나님의 테마곡은 그런 구조를 청각적으로 뒷받침한다. 이처럼 요한계시록은 하나님의 종말 심판을 서술하면서 독자들의 관심을 우리의 진정한 주님이신 하나님의 존재 그 자체로 계속해서 향하게 한다.

그것이 바로 요한계시록이 증언하는 신앙의 핵심이다. "로마 황제가 아니라 하나님이 홀로 우리의 주님이시다!" 우리는 단순히 하나님의 구원과 심판 행위를 믿는 것이 아니라 그 모든 행위의 주체이신 하나님을 믿는다. 하나님의 선물을 믿는 것이 아니라 선물을 주시는 하나님을 믿는다. 그것을 보여주는 것이 하나님의 테마곡이다.

요한계시록 이야기의 주요 대목에서 하나님의 테마곡이 반복될 때마다 새로운 소리가 더해진다. 먼저 어린양이 일곱 인을 떼기 전인 4장에서 번개와 음성과 우렛소리가 들리는데, 일곱째 인을 떼고 난 후에는 지진이 더해지고(8:5), 일곱째 천사가 나팔을 불고 난 후에는 큰 우박 소리가 더해진다(11:19). 또한 일곱째 대접이 쏟아지고 보좌로부터 종료선언(6:17)이 나온 후에는 우박의 크기가 무려 한 달란트로 커진다(16:18-21). 한 달란트는 약 60킬로그램이다. 60킬로그램이 넘는 우박들이 사방에 떨어지며 내는 소리를 상상해보라. 테마곡의 악기 편성이 다채로워지고 그 볼륨이 최고조에 달하면서 요한계시록의 이야기는 절정에 이른다. 이처럼 테마곡의 악기 편성과 볼륨은 이야기의 진행과 함께 지속적으로 증가하고 발전한다.

6. 이야기의 층위

가. 1-3장과 4-22장 간의 연속성과 불연속성

지금까지 우리는 요한계시록 4-22장을 중심으로 그 서사 구조를 살펴보았다. 구조 분석의 초점을 4-22장에 맞춘 첫째 이유는 이해하기 어려운 내용이 대부분 여기에 담겨 있고 이 부분의 구조를 잘 파악하는 것이 해석의 관건이 되기 때문이다. 또한 요한계시록 4-22장의 이야기 흐름을 잘 파악하고 나면 요한계시록 전체를 큰 무리 없이 이해할 수 있으므로 여기에 많은 논의를 할애한 것이다.

요한계시록 4-22장에 초점을 맞춘 둘째 이유는 거기에 담겨 있는 종말 환상 이야기가 1-3장에 나오는 예언적 권면과 성격상으로 구별되기 때문이다. 앞서 설명한 것처럼 두 부분은 서로 다른 목표에 따라 각기 다른 성격의 언어로 기록되었기 때문에 구별하여 해석할 필요가 있다.

그러나 이제까지는 4-22장만을 다루었기 때문에 요한계시록 전체의 구조에 대한 논의가 아직 완결되지 않은 상태다. 따라서 1-3장을 포함한 전체 구조를 다룸으로써 요한계시록의 구조 이해를 완성할 필요가 있다.

일곱 메시지(1-3장)와 종말 환상 이야기(4-22장) 사이에는 불연속성과 연속성이 함께 존재한다. 앞에서는 주로 불연속성에 초점을 맞췄다. 그러나 1-3장과 4-22장은 요한이 본 환상을 순서대로 서술한 것이라는 점에서 연속성을 가진다. 4장 이하의 환상은 요한이 밧모섬에서 첫 번째 환상(1:9-3:22)을 본 다음에 본 두 번째 환상이기 때문이다.

요한계시록 4:1을 시작하는 "그 뒤에 내가 보았다"라는 말이 그 연속성을 보여준다. 이것은 요한이 1:9-3:22의 환상을 보고 난 후 또 다른 새로운 환상을 보았다는 뜻이다. 이 말을 오해하면 3장에 기록된 일들이 일어난 후에 4장의 사건들이 일어났다는 뜻으로 독해할 수 있는데, 그런 뜻은 아니다. "그 뒤에"라는 말은 환상을 본 순서지 환상 속에 담겨 있는 사건들의 순서를 말하는 것이 아니기 때문이다. 즉 요한계시록 1-3장과 4-22장은 요한이 본 환상이라는 점에서 연속성을 갖지만, 그 환상에 담긴 내용은 불연속성을 가진다. 세대주의자들은 환상에 담긴 내용을 연속적인 사건으로 해석하는데, 이는 이 연속성과 불연속성을 적절히 파악하지 못한 결과다.

나. 이야기의 층위 구조

이 문제는 이야기의 층위 구조와 관계된다. 하나의 이야기 속에는 여러 층위가 동시에 존재할 수 있다. 예를 들어 예수께서 바리새파 사람들에게 "탕자의 비유"를 말씀하시는 누가복음 15장의 장면을 생각해 보자. 예수께서 세리와 죄인들을 맞아들여 함께 음식을 드시는 것을 본 바리새인들은 문제를 제기한다(1-2절). 예수께서는 그에 대응하여 "탕자의 비유"를 말씀하신다(11-32).[15] 여기에는 두 개의 이야기 층위가 존재한다. 하나는 예수와 바리새인들과 세리와 죄인들이 등장하는 층위다. 이것을 "예수의 이야기"라 부르자. 다른 하나는 예수께서 사람들에게 해주신 비유 이야기의 층위다. 이것을 "탕자의 이야기"라 하자. 두 이야기는 서로 다른 층위에 있다. 즉 예수의 이야기는 탕자의 이야기보다 위 층위에 있다. 그래서 예수 이야기의 등장인물들은 탕자 이야기의 등장인물들을 볼 수 있지만, 탕자 이야기의 등장인물들은 예수 이야기의 등장인물들을 볼 수 없다. 마치 텔레비전 드라마 속의 등장인물들이 시청자들을 볼 수 없듯이 말이다.

요한계시록의 이야기도 이와 비슷하게 두 층위로 나눌 수 있다. 우선 위 층위에는 요한 자신이 등장인물로 나와서 인자 같은 이와 여러 천사들이 제시하는 환상을 보고 듣는 이야기가 있다. 이것을 가리

---

[15] 여기서 예수는 "잃은 양의 비유"(3-7), "잃어버린 드라크마의 비유"(8-10), "탕자의 비유"(11-32) 등 세 개의 비유를 말씀하신다. 탕자의 비유는 그 셋 중 하나다.

켜 "요한의 자전적 이야기"라 부르자. 요한은 자전적 이야기 속에서 계속하여 이어지는 환상들을 본다(1:9; 4:1; 5:1; 6:1 등). 이 과정에서 "요한이 본 환상 속 이야기들"의 층위가 만들어진다. 그 이야기들은 요한의 자전적 이야기보다 아래 층위에 있다. 그 환상 속에서는 일곱 인, 일곱 나팔과 일곱 대접, 예수의 재림과 역사의 종말 등 수많은 사건이 일어난다.[16]

요한의 자전적 이야기는 요한이 본 환상 속 이야기들보다 위 층위에 있다. 그래서 요한은 사건 속의 등장인물들을 볼 수 있지만, 요한이 본 환상 속의 등장인물들은 요한을 볼 수 없다. 예를 들어 일곱 인을 뗄 때 네 마리의 말 탄 자들이 순서대로 나오는데(6:2-8), 요한은 말 탄 자들을 볼 수 있지만 그들은 요한을 볼 수 없다. 왜냐하면 말 탄 자들이 등장하는 환상 이야기는 요한의 자전적 이야기보다 아래 층위에(텔레비전 화면 속에) 있기 때문이다. 마찬가지로 다섯째 나팔 소리 이후에 나타나는 황충(메뚜기)떼는 요한이 있는 곳으로 날아들지 않는다(9:1-11). 마치 영화 속에서 불이 났다고 해서 그 불이 화면 밖으로 옮겨붙지는 않는 것처럼 말이다.

---

16 두 층위의 이야기 모두 "환상 이야기"라 불리기 때문에 혼동을 느끼는 독자들도 있을 것이다. 1-3장은 요한이 환상을 보는 이야기이고, 4-22장은 요한이 본 환상 속에 들어 있는 이야기로 구별할 수 있겠다.

다. 환상 이야기(1-22장)의 층위 구조[17]

일곱 메시지(1-3장)와 종말 환상 이야기(4-22장) 간의 연속성과 불연속성의 문제는 이야기의 층위와 관련지어 이해할 수 있다. 두 본문은 "요한의 자전적 이야기"의 층위에서는 연속성을 보인다. 둘 다 요한이 연이어 본 환상들을 담고 있기 때문이다. 그러나 "요한이 본 환상 속 이야기"의 층위에서는 불연속성을 보인다. 1-3장과 4-22장의 환상은 전혀 성격이 다른 것으로서 서로 시간상 선후 관계가 아니기 때문이다.

연속성과 불연속성의 문제를 이야기의 층위와 관련지어 살펴보면 요한계시록의 환상 이야기 전체의 구조를 파악하는 데 도움이 된다. 요한계시록의 환상 이야기는 1:9에서 요한의 자전적 이야기로 시작된다. 자전적 이야기에는 위 층위 등장인물(인자 같은 이)의 매우 긴 대사가 포함된다(2-3장). 이후 이야기는 자연스럽게 아래 층위로 내려가고 요한이 본 종말 환상 속 이야기가 전개된다. 위 층위와 아래 층위를 연결하는 4-5장은 요한이 본 환상 속 이야기인데, 아래 층위에 있으면서도 요한과 등장인물들 간의 교류가 일어나기 때문에 위 층위의 이야기처럼 보이기도 한다.[18] 이 부분은 두 층위 이야기가 단절되지 않

---

[17] 요한계시록의 이야기 층위에 관한 더 상세한 서술은 다음 졸고를 보라. 안용성, "요한 계시록의 이야기 속 이야기 구조," 『신약논단』 17.4 (2010), 1083-1111.

[18] 서사학에서는 이렇게 서사 층위를 구분하는 원칙이 위반되는 현상을 가리켜 "경계 무너지기"(metalepses)라 부른다. 요한계시록의 두 층위는 모두 환상 장면들이기 때문에 경계가 불분명하게 보이는 장면들이 많다. 그러나 계 6장부터는 아래 층위의 요한이

도록 부드럽게 연결해내는 요한계시록 저자의 문학적 탁월성을 보여
주는 지점이다.[19]

이렇게 9장까지 아래 층위에서 전개되던 이야기는 요한계시록 10
장에서 다시 위 층위로 올라온다. 여기서는 요한이 천사로부터 소명을
받는 그의 자전적 이야기가 서술된다. 1-3장과 마찬가지로 이 장면에
서도 요한의 자전적 이야기는 위 층위 등장인물(힘센 천사)의 매우 긴
대사를 포함한다(11:1-13). 이 장면과 대사는 제1삽입부(10:1-11:13)를
구성한다. 제2삽입부에서는 이야기가 다시 아래 층위로 내려가는데,
요한은 제1삽입부와 제2삽입부 사이에 중심 줄거리(11:15-19)를 끼워
넣음으로써 위 층위로부터 아래 층위로의 전환을 부드럽게 만든다.

이렇게 보면 요한계시록의 중심 줄거리와 삽입부는 같은 방식으
로 위 층위(요한의 자전적 이야기)에서 시작하여 아래 층위(요한이 본 환상
속 이야기)로 이어지는 구조로 되어 있음을 알 수 있다. 중심 줄거리는
요한의 소명 장면과 인자의 긴 대사(1-3장)로 시작하여 종말 환상 이

본 환상 이야기가 비교적 분명하게 진행된다. "경계 무너지기"에 관해서는 다음 글을
보라. Gérard Gennette, 권택영 역, 『서사담론』(서울: 교보문고, 1992), 224-227.

19 계 4-5장에서는 경계 무너지기가 폭넓게 일어나기 때문에 이것이 위 층위 이야기인
지 아래 층위 이야기인지 혼동하기 쉽다. 요한계시록의 위 층위에는 요한의 소명 이야
기가 있고 아래 층위에는 요한이 본 환상 속 이야기가 있는데, 4-5장에 담긴 하나님의
어전 장면은 요한이 본 환상 속 이야기의 첫 장면에 해당한다. 나는 2010년에 발표한
논문에서 계 4-5장을 위 층위 이야기로 분류한 바 있는데, 그것은 하나님의 어전 장면
이 요한이 본 환상 속 이야기에 속한다는 점을 충분히 고려하지 못했기 때문이다. 그
글에 제시한 분석을 이곳에서 수정하고자 한다. 안용성, "요한계시록의 이야기 속 이
야기 구조" 『신약논단』 17.4(2010), 1098-1105.

야기로 나아가고, 삽입부는 요한의 재소명 장면과 천사의 긴 대사(10:1-11:13)로 시작하여 다시 종말 환상 이야기로 나아간다. 그리고 두 이야기는 15:1에서 만나 하나가 된다. 첫 소명 장면의 긴 대사가 일곱 교회를 향한 권면이었던 것처럼, 둘째 소명 장면의 긴 대사도 교회를 향한 권면의 성격을 가진다. 이를 도표로 그려보면 다음과 같다.

〈그림 19〉 요한계시록 이야기의 층위 구조

7. 요점 반복 이론의 한계

요한계시록이 같은 사건들을 반복하여 서술한다는 관점은 3세기 페타우의 빅토리누스(Victorinus of Pettau)로부터 시작된 것으로 알려져 있다. "요점 반복 이론"(recapitulation theory)이라는 말을 처음 사용한 사람은 19세기의 성서학자 부세(Wilhelm Bousset)다.[20] 오늘날 대다수의 성서학자는 이 요점 반복 이론을 따른다. 이 책의 서론 각주에서 소개

---

20 Adela Yarbro Collins, *The Combat Myth in the Book of Revelation* (Missoula: Scholars, 1976), 8-9.

한 책의 저자들도 마찬가지다(Bauckham; Beale; Koester; Mounce; Osborne; Boring; Keener; 이필찬, 김추성). 우리말로 번역된 연구서는 아직 없지만 요한계시록의 구조론과 관련하여 중요한 위치를 차지하고 있는 쉬슬러 피오렌자(Elisabeth Schussler Fiorenza), 야브로 콜린스(Adela Yarbro Collins), 람브레히트(Lambrecht) 등도 이를 따른다. 우리말로 번역된 주석의 저자들 중에서는 오니(Aune)와 엘륄(Ellul)만 여기서 제외된다.

가. 요점 반복 이론의 세 유형

많은 성서학자들이 요점 반복 이론을 따르고 있지만 일치된 견해를 도출해내지는 못한다. 그들은 요한계시록이 같은 내용을 반복 서술한다는 기본 관점은 공유하지만, 구체적으로 어떤 사건들이 어떻게 반복되는지에 대해서는 합의를 이루지 못했다. 타보(Felise Tavo)는 학자들의 다양한 구조 이해를 다음 세 유형으로 구별한다.[21] 그의 분류는 요점 반복 이론이 어떤 모습으로 전개되어왔는지를 잘 보여주고 있으므로, 그가 제시한 각 유형의 특징을 요약하여 소개하고자 한다.

---

[21] Felise Tavo, "The Structure of the Apocalypse: Re-examining a Perennial Problem," *Novum Testamentum* 47(2005), 49-56.

1) 7중주 유형

첫째는 야브로 콜린스(Yarbro Collins)[22]가 파러(Austin Farrer)[23]의 분석을
원용하여 발전시킨 7중주 유형(Septanary Pattern)으로서, 이는 요한계
시록의 구조를 여러 개의 7중주의 반복으로 이해하는 관점이다. 야브
로 콜린스는 요한계시록 4장 이후의 종말 환상 이야기에서 7중주가
다섯 번 반복된다고 주장한다. 이 유형에는 넷째와 다섯째 7중주 다음
에 각각 "바벨론 부록"(17:1-19:10)과 "새 예루살렘 부록"(21:9-22:5)
이 삽입되어 있으며 여기에는 바로 앞에 나오는 바벨론의 멸망(16:17-
21)과 새 예루살렘의 강림(21:2-4)에 대한 부가적 서술이 담겨 있다.[24]

1. 일곱 인	4:1-8:5
2. 일곱 나팔	8:2-11:19
3. 번호 없는 7중주	12:1-15:4
4. 일곱 대접	15:1-16:20
바벨론 부록	17:1-19:10
5. 번호 없는 7중주	19:11-21:8
새 예루살렘 부록	21:9-22:5

〈표 12〉 Yarbro Collins의 7중주 유형

---

22 나는 전에 발표한 논문에서 Yarbro Collins를 요점 반복 이론의 비판자로 잘못 소개한
    적이 있다. 이는 기초 연구가 부족해서 발생한 일이며 학자로서 매우 부끄러운 일이
    다. 그 오류를 여기서 바로잡는다. 안용성, "요한계시록의 서사수사학적 구조," 『신약
    논단』 15(2008), 442, 각주 18.

23 Austin Farrer, *A Rebirth of Images: The Making of St. John's Apocalypse* (Eugene: Wipf
    and Stock; reprint edition, 2007).

24 Adela Yarbro Collins, *The Combat Myth in the Book of Revelation*(Missoula: Scholars,
    1976), 5-55.

이 구조의 특징은 일곱 인, 일곱 나팔, 일곱 대접 외에 번호가 붙지 않은 환상들을 두 그룹으로 묶어서 7중주에 포함한 것이다(12:1-15:4; 19:11-21:8). 그러나 번호 없는 7중주가 있다는 가정은 이해하기 어렵다. 저자 요한이 어느 환상에는 번호를 붙이고 다른 환상에는 번호를 붙이지 않은 데는 다 이유가 있었을 것이다. 그에 대한 합당한 설명 없이 번호가 붙은 본문과 붙지 않은 본문을 같은 방식으로 다루는 것은 저자의 의도를 적절히 고려하지 못한 해석이다. 오히려 번호가 붙어 있는 7중주들과 그렇지 않은 본문을 저자의 의도에 따라 적절히 구별해내는 것이 요한계시록 구조 이해의 중요한 과제다.

뿐만 아니라 야브로 콜린스의 7중주 구조에는 두 개의 큰 부록(17:1-19:10; 21:9-22:5)이 반복 구조를 벗어나 어색하게 삽입되어 있다. 많은 요한계시록 해석자들은 두 부록의 존재를 인정한다. 다만 그 본문들을 반복 구조 속에 포괄하기 어렵다는 점이 문제가 된다. 바벨론 부록의 분량(총 52절)은 앞에 나오는 일곱 대접 7중주(총 29절)의 두 배에 가깝고 뒤에 나오는 번호 없는 7중주(총 34절)의 약 1.5배다. 새 예루살렘 부록의 분량(총 28절)도 일곱 대접 7중주의 분량과 비슷하다. 배보다 배꼽이 크다 할 수 있겠다. 이것은 반복되는 사이클의 움직임을 방해하는 큰 걸림돌이 될 수밖에 없다.

타보가 언급하지 않았지만 파러와 함께 야브로 콜린스에게 영향을 준 또 한 사람의 학자가 있는데 바로 보른캄(Günther Bornkamm)이다. 보른캄은 일곱 인으로 봉해진 두루마리에 담겨 있는 계시가 8:2

부터 제시되며 요한계시록 8:2-14:20과 15:1-19:21의 내용이 동일한 사건들의 반복 서술이라고 보았다.[25] 이것은 일곱 나팔(8:2-9:21; 11:15-19)과 일곱 대접(15-16장)을 중심으로 반복을 이해했다는 점에서 페타우의 빅토리누스가 제시한 기본 논지를 따르는 것이다. 야브로 콜린스는 몇 가지 점을 들어 보른캄을 비판하면서도 그의 분석을 받아들여 요한계시록 전체를 크게 두 부분으로 나누는데, 보른캄과는 달리 12:1에서 둘째 부분이 시작된다고 주장한다. 위의 도표를 기준으로 말하면, 일곱 인과 일곱 나팔(1:9-11:19)이 전반부를 이루고 번호 없는 7중주 2개와 일곱 대접 그리고 두 개의 부록이 함께 후반부를 구성한다고 보는 것이다.

2) 동심원 유형

타보가 둘째 사례로 분류하는 쉬슬러 피오렌자(Elisabeth Schüssler Fiorenza)의 "동심원 유형"(Concentric Pattern)도 요한계시록의 이야기 전체를 둘로 나누어 이해한다. 쉬슬러 피오렌자는 요한계시록의 사건들이 반복되며 발전되어 나간다는 점을 강조하면서 다음과 같은 구조 이해를 제안한다.

---

25   Günther Bornkamm, "Die Komposition der apokalyptischen Visionen in der Offenbarung Johannis," *Zeitschrift für die Neutestamentliche Wissenschaft und die Kunde der älteren Kirche* 36 (1937), 132-49.

```
        A. 1:1-8
         B. 1:9-3:22
            C. 4:1-9:21; 11:15-19
               D. 10:1-15:4
             C′ 15:1, 5-19:10
          B′ 19:11-22:9
        A′ 22:10-22:21²⁶
```

〈표 13〉 Schüssler Fiorenza의 동심원 유형

이는 얼핏 보면 우리가 일반적으로 교차 대칭 구조라 부르는 것과 유
사하다. 그러나 쉬슬러 피오렌자는 그 이상을 말한다. 그녀는 일곱 인,
일곱 나팔, 일곱 대접이 단순한 반복에서 그치지 않고 계속하여 발전
·확장되어 나간다고 이야기하며 요한계시록의 이야기는 종말의 최종
목표를 향한 원뿔 모양의 나선형(conical spiral) 구조로 이루어져 있다
고 주장한다.

　　그러나 쉬슬러 피오렌자가 제시한 위의 도표는 그녀가 주장하는
"나선형 발전 구조"를 충분히 드러내지 못한다. 예를 들어 위 도표에
서 일곱 인(6-7장)과 일곱 나팔(8-9장)은 "C. 4:1-9:21; 11:15-19"
안에 함께 포함되어 있어서, 어떻게 일곱 나팔이 일곱 인을 확장하고

26　Schüssler Fiorenza는 이런 큰 구조 속에 여러 개의 작은 삽입(intercalations) 구조들
이 포함되어 있다고 말한다. 15:1이 "D"에서 빠져 "C"에 들어 있는 것은 그런 삽입으
로 인한 것이다. Schüssler Fiorenza. "Composition and Structure," *The Catholic Biblical
Quarterly* 39.3(1977), 364.

발전시키는지를 나타내지 못한다. 그녀는 요한계시록의 구조화에 가장 결정적인 요소로 (1) 7중주들, (2) 두 개의 두루마리 환상과 그리스도의 취임 환상(1:12-20; 19:11-16), (3) 삽입과 맞물림이라는 세 가지를 꼽는다. 이 셋이 요한계시록의 구조에서 중요한 역할을 하는 것은 분명하지만, 그것만으로 요한계시록 구조의 세목을 다 설명하기는 어렵다. 쉬슬러 피오렌자의 구조 분석은 요한계시록의 문학적 배경과 구조주의 분석 관점의 소개와 함께 이루어지는데, 배경과 관점에 대한 탁월한 서술에 비해 그녀가 주장하는 "동심원 구조"에 대한 해명은 충분치 않다.

3) 내포 유형

셋째는 람브레히트(J. Lambrecht)의 내포 유형(Encompassing Pattern)이다. 람브레히트는 야브로 콜린스의 7중주 유형을 단순화하면서도 쉬슬러 피오렌자가 동심원 구조로 설명한 것과 같이 사건들이 반복되면서 발전해가는 구조를 더 세밀하게 담아냄으로써 두 유형을 종합하고 둘의 한계를 극복하고자 한다. 그는 야브로 콜린스처럼 번호 없는 7중주를 상정하지 않고 요한계시록 저자의 분류를 중시하여, 종말 환상 이야기 전체가 일곱 인, 일곱 나팔, 일곱 대접으로 세 번 반복되는 것으로 이해한다. 나아가 람브레히트는 하나의 7중주가 다음 7중주를 내포하는 방식으로 이야기가 반복되면서 발전한다고 본다. 구체적으로 말하면 각 사이클에서 ABC 패턴이 반복되는데 첫째 C(일곱째 인)가 새로운

ABC(일곱 나팔)를 내포하고 둘째 C(일곱째 나팔)가 다시 새로운 ABC(일곱 대접)를 내포한다. 다음 도표는 람브레히트의 구조도(4:1-22:5)를 단순화하여 옮긴 것이다.

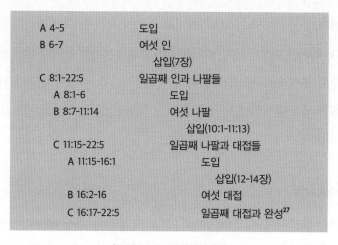

A 4-5	도입
B 6-7	여섯 인
	삽입(7장)
C 8:1-22:5	일곱째 인과 나팔들
A 8:1-6	도입
B 8:7-11:14	여섯 나팔
	삽입(10:1-11:13)
C 11:15-22:5	일곱째 나팔과 대접들
A 11:15-16:1	도입
	삽입(12-14장)
B 16:2-16	여섯 대접
C 16:17-22:5	일곱째 대접과 완성[27]

〈표 14〉 Lambrecht의 내포 유형

그러나 람브레히트의 내포 유형 역시 세 개의 삽입부(7장; 10:1-11:13; 12-14장)를 설명하지 못하고 어색하게 놓아두었다. 야브로 콜린스의 두 부록(17:1-19:10; 21:9-22:5)이 그랬던 것처럼, 상당히 큰 분량을 차지하는 이 삽입부들은 사이클의 반복을 저해하는 걸림돌이 될 수밖에

27 Jan Lambrecht, "A Structure of Revelation 4:1-22:5," 77-104 in idem., *L'Apocalypse johannique et l'Apocalyptique dans le Nouveau Testament* (Gembloux : Leuven : Éditions J. Duculot, Leuven University Press, 1980), 85-86.

없다. 요점 반복 이론이 대두된 이유는 종말 환상 이야기에 단선적 흐름으로 설명하기 어려운 본문들이 있기 때문이었다. 그러나 야브로 콜린스나 람브레히트의 분석에서 드러나듯이 요점 반복 이론 역시 이야기의 흐름을 방해하는 큰 단락들을 그냥 버려둔 것처럼 보인다. 그렇다면 애초에 요점 반복 이론이 대두된 이유 자체가 무색해지지 않겠는가?

나. 요점 반복 이론의 재검토

이 지점에서 요점 반복 이론이 근거로 제시하는 요소들을 재검토해볼 필요가 있다. 요점 반복 이론을 지지하는 학자들은 일곱 인, 일곱 나팔, 일곱 대접을 마무리할 때마다 종말에 관한 서술이 반복된다고 주장한다. 그러나 자우히아이넨(Marko Jauhiainen)이 지적한 것처럼, 여기에는 "종말"의 개념에 대한 혼선이 있다고 생각된다. 종말은 단 하루에 이루어지는 것이 아니다. 요한계시록이 말하는 종말은 "한 기간"(an era)이다. 구약의 "주님의 날", "주님의 진노의 날" 또는 "그날"이 그러하듯이 말이다. 이 종말 기간 동안에 "주님이 심판하시고 그분 자신을 위해 남은 자들을 정화하시며 그분 자신의 이름을 신원하시고 그의 백성에게 무죄를 선언하시며 그의 창조를 새롭게 하시고 온전한 구원을 일으키시며 이 땅에 그의 통치를 세우시는" 등 여러 가지 일들이 차례로 일어난다.[28] 이 책이 요한계시록 4-22장 전체를 가리켜 "종말" 환상 이야기라 부르는 것처럼 말이다. 어린양이 여섯째 인을 떼실 때 나오는 선언(6:17)은 "진노의 날"이라 불리는 그 "기간"이 이제 시작됨을 말하는 것이지 모든 것이 다 끝났음을 알리는 것이 아니다.

요점 반복 이론을 요한계시록 본문 전체에 적용하여 방대한 주석을 저술한 비일(G. K. Beale)은 심판과 구원의 절정을 연이어 보여주는 장면들이 요한계시록 전체에서 반복된다고 말한다(6:2-17과 7:9-17; 11:18a과 11:18b; 14:14-20과 15:2-4; 16:17-21/17:1-18:24과 19:1-10; 20:7-15과 21:1-8/21:9-22:5). 종말 환상 이야기의 앞부분에 있는 여섯째 인 장면(6:12-17)에서 이미 최후 심판이 서술되고, 일곱째 나팔 장면(11:14-18)에서 들려오는 음성이 심판과 구원이 완전히 이루어졌음을 선언한다는 것이다. 그리고 심판의 종료를 알리는 선언이 비슷한 형태로 두 번 반복된다(16:17; 21:6). 비일은 그 외에도 "삼년 반"과 같은 주제가 반복되는 것, 바벨론 멸망 선언이나 "전쟁을 위해 그들을 모았다"와 같은 어구들이 반복되는 것 등을 지적한다. 이런 관찰을 근거로 비일은 심판의 시작에서 완성에 이르는 사이클이 요한계시록 내에 여러 번 반복 서술된다고 주장한다.[29]

---

28 Marko Jauhiainen, "Recapitulation and Chronological Progression in John's Apocalypse: Towards a New Perspective," *New Testament Studies* 49(2003), 546-47.

29 Beale, 『요한계시록 (상)』, 228 이하. 반복설을 따르는 성서학자들 중에서도 그것을 본문 주석에 치밀하게 반영하여 요한계시록의 각 본문이 그 반복되는 흐름 속에서 어떤 위치를 차지하는지를 상세히 분석한 저서를 남긴 사람은 많지 않다. 이는 반복설을 주

그러나 비일이 제시하는 본문들은 모두 한 방향으로 나아가는 이야기의 흐름 속에서 설명이 가능하다. 자세히 살펴보면 그가 제시한 본문들은 일곱째 나팔과 일곱 대접 주위에 집중되어 있다(11:18; 14:14-20; 15:2-4; 16:17-21; 17:1-18:24; 19:1-10). 그 이유는 이야기의 흐름 속에서 일곱째 나팔(=일곱 대접)이 실제로 "마지막 재앙"이기 때문이다(15:1).[30] 막간극으로 분류될 수 있는 세 본문(7:9-17; 14:14-20; 15:2-4)은 미래에 최종적으로 이루어질 구원의 모습을 미리 보여주는 것으로서, 시간 순서에서는 벗어나 있지만 예상(prolepsis)의 형식으로 이야기 흐름 속에 무리 없이 통합된다. 비일이 제시한 나머지 본문들 중 6:2-17은 종말 시작 전의 일들을 서술한 것이며, 20:7-15, 21:1-8, 21:9-22:5은 종말 환상 이야기 끝에 나오는 사건들이므로 설명할 필요가 없을 것이다.

일곱째 대접 후에 나오는 "되었다!"는 선언은 최종 선언이 아니라 종말 환상 이야기의 제1단계 종료 선언이다(16:17). 아직 제2단계 이야기가 남아 있다. 제2단계 종료 선언은 새 예루살렘의 강림 후에 나오며(21:6. "이루었도다!"), 이것은 제1단계 선언보다 시간상으로 뒤에 이루어진다. 제1단계 종료 선언은 문법상 단수형이고 제2단계 종료

장하는 사람은 많지만 요한계시록 본문 해설을 통해 그것을 입증한 사람은 많지 않다는 뜻이다. 그 점에서 Beale의 주석이 지닌 치밀함과 철저함이 돋보인다. Beale은 자신의 주석 서론에 "요한계시록의 구조와 계획"에 관한 상세한 논의를 담아 놓았고, 그 구조 이해를 본문 해설에 세밀하게 반영했다.

30 이에 관해서는 제2장 4절("세 개의 두루마리")을 참조하라.

선언은 복수형인 것을 보면 둘 사이에 분명한 발전이 있었음을 확인할 수 있다.

다. 요점 반복 이론은 너무 복잡하다: 비일의 사례

다수의 성서학자가 요점 반복 이론을 따르고 있지만 그들이 제시하는 구조들은 매우 다양하다. 위에서 제시한 세 유형 사이에도 큰 차이가 있으며 어느 입장도 지배적인 견해가 될 수 있을 만큼의 지지를 확보하지 못하고 있다. 제1장에서 언급한 바와 같이 요한계시록은 구술 상황을 염두에 두고 저술된 책이다. 청중이 귀로 듣고 책을 이해해야 하는 상황에서 저자는 그들이 알아듣기 쉽도록 단순명료한 구조로 책을 저술했을 것이다. 그러나 요점 반복 이론이 제시하는 구조 분석은 너무 복잡하고 난해하다.

여기서는 요점 반복 이론을 따를 때 요한계시록의 구조 이해가 매우 복잡해질 수밖에 없음을 보여주는 비일(G. K. Beale)의 사례를 분석할 것이다. 요한계시록의 구조에 관한 논문을 쓴 학자들은 많지만 그중 비일을 선택한 이유는 그처럼 상세한 본문 해설을 통해 요점 반복 이론을 입증하려고 한 학자는 드물기 때문이다. 비일은 자신의 주석을 통해 본문의 의미를 설명할 뿐 아니라 각 본문이 전체 이야기의 흐름 속에서 어떤 위치를 차지하고 있는지를 상세히 해설해준다. 그러나 그렇게 제시된 요한계시록의 구조는 너무 복잡하고, 때로는 집중해서 읽어도 이해하기 어려울 만큼 난해하다. 아무래도 동일 사건의 반복이라고 말하기 어려운 본문들을 다소 무리해서 반복의 틀 안에 넣고 이해하려고 한 결과라 여겨진다. 그것을 잘 보여주는 지점 중 하나가 일곱 인 사건으로부터 일곱 나팔 사건으로의 전이를 설명하는 대목이다.

요한계시록의 일곱 인 사건들과 일곱 나팔 사건들은 인과관계에 따라 차례대로 일어난다고 보는 편이 자연스럽다. 일곱 인과 일곱 나팔의 인과관계를 잘 보여주는 요소 중 하나가 요한계시록에서 반복되는 "제단" 장면이다. 요한계시록 6:9-11에서 다섯째 인이 떼어질 때 "제단" 아래에 있는 순교자들이 탄원의 기도를 드린다. 이 "제단"은 천사가 일곱 나팔을 불기 직전에 다시 나타나서 하나님께서 성도들의 기도(분향)를 들으셨음을 보여준다(8:3-5). 곧바로 일곱 나팔 재앙이 이어진다(8:6b). 어린양이 다섯째 인을 뗄 때 성도들이 제단에서 드린 기도를 하나님께서 받으시고 그 결과로 일곱 나팔 재앙이 일어나는 것이다. 이는 일곱 인 사건과 일곱 나팔 사건이 동일 사건들의 반복이 아닌 시간순으로 진행되는 서로 다른 사건임을 보여준다.

일곱 인이 일곱 나팔을 열어주는 구조는 본문의 배치를 통해서도 확인할 수 있다. 어린양이 일곱째 인을 떼는 장면(8:1)은 앞의 여섯 인 장면(6장)과 분리되어 일곱 나팔 바로 앞에 배치되어 있다. 6장에서 여섯 인이 떼어진 후 7장에서 십사만 사천 이야기가 전개되고(7:1-8) 하늘의 구원 받은 셀 수 없는 무리를 보여주는 막간극 장면(7:9-17)이 나올 때까지도 일곱째 인은 해제되지 않는다. 8:1에 이르러서야 비로소 일곱째 인을 떼는 장면이 나온다. 그리고 바로 하늘 제단의 분향 장

면과 함께 일곱 나팔 재앙이 시작된다. 나팔 재앙도 마찬가지다. 8-9
장에서 처음 여섯 나팔이 서술되고, 일곱째 나팔은 제1삽입부를 지나
11:14에 가서야 비로소 등장한다. 이 책에 제시된 도표들을 보면 일곱
째 인과 일곱째 나팔이 처음 여섯 인과 처음 여섯 나팔로부터 분리되
어 있음을 확인할 수 있다. 이런 관찰을 통해 우리는 세 개의 7중주가
시간순으로 연속되는 사건들임을 알게 된다.

그러나 요점 반복 이론에 따르면 일곱째 인과 일곱째 나팔은 같은
사건이기 때문에, 처음 여섯 나팔이 일곱째 인보다 앞서야 한다. 비일
은 이를 입증하기 위해 따로 한 항목을 떼어 "인 재앙에서 나팔 재앙
으로의 전환"을 꽤 길게 설명한다.[31] 그는 일곱째 인이 마지막 심판이
며 일곱 인에 이어지는 분향 장면(8:3-5)이 최후 심판을 마무리한다고
말한다. 그러나 그는 분향 장면 다음에 일곱 나팔 사건이 일어나는 것
은 아니라고 주장한다. 다시 말해 일곱 나팔을 불기 전 분향 장면이 나
오므로 분향 장면이 일곱 나팔 사건들의 서론인 것은 맞지만, 시간상
으로는 일곱 나팔이 분향 장면보다 앞선다는 것이다.

> 요한계시록 본문 순서: 일곱째 인 → 분향 → 일곱 나팔
> 비일의 반복 이론: 처음 여섯 나팔 → 일곱째 인(=일곱째 나팔) → 분향

〈표 15〉 Beale의 반복 구조에서 일곱 인과 일곱 나팔의 관계

---

31 Beale, 『요한계시록(상)』, 763-69.

이 주장을 증명하기 위해서는 요한계시록 본문을 재배열해야 한다. 요한계시록 8장의 사건들을 순서대로 나열해보자. 어린양이 일곱째 인을 뗀 후(1절) 천사들에게 나팔이 주어지고(2절) 분향 장면이 이어진다(3-5절). 다시 6절에서 천사들은 나팔을 준비하고 7절부터 그것을 불기 시작한다. 이를 보면 일곱째 인, 분향, 일곱 나팔이 시간순으로 서술되어 있음이 분명하다. 하지만 비일은 그 순서를 부정하기 위해 꽤 많은 지면을 할애하여 복잡한 설명을 이어간다.

그러나 그의 설명은 받아들이기 어렵다. 또한 그것을 받아들여도 문제가 해결되지 않는다. 비일은 분향 장면이 일곱 나팔보다 시간상으로 먼저 일어나는 일이 아니라고 하면서도 그것이 일곱 나팔을 주제적으로 이끌어 들이는 서론이라고 주장하기 때문이다. 비일의 반복 구조에서 처음 여섯 나팔은 일곱째 인을 떼기 전에 그 소리가 울려야 한다. 그런데 일곱째 인에 이어 최후 심판을 마무리하는 분향 장면이 그보다 앞서 일어나는 일곱 나팔을 끌어들인다고 주장하려니 논리적으로 무리가 될 수밖에 없다. 비일 자신도 그 문제를 잘 알고 있다. 그의 푸념을 들어보자.

8:3-5이 최후의 심판을 결론짓는 동시에 최후의 심판보다 앞서 발생하는 일시적인 시련들을 소개한다고 보는 것은 분명히 비논리적이며 개연

성도 적다(아무도 이 입장을 지지하지 않는 것이 이해된다).[32]

---
32 "아무도 이 입장을 지지하지 않는 것이 이해된다"는 괄호 안의 서술은 Beale 자신의
    말이다. Beale, 『요한계시록(상)』, 764.

제3장

요한계시록의 신학과 해석

1. 묵시종말론

요한계시록은 묵시문학(apocalypse)이다. 또한 구약성경의 다니엘서
(7-12장), 요엘서, 스가랴서의 일부를 포함한 여러 본문 및 신약성경의
마가복음 13장과 그 병행 본문들(마 24장, 눅 21장)이 묵시문학으로 분
류된다. 묵시문학의 정의에 관해서는 1979년에 세계성서학회(Society
of Biblical Literature)의 콜린스(John J. Collins) 교수가 이끄는 그룹이 정
리한 내용이 현재까지도 통용되고 있다.[1]

---

[1] 이 그룹의 연구 결과는 John J. Collins, ed., *Apocalypse: The Morphology of a Genre*
(*Semeia* 14; Missoula, MT: Scholars, 1979)를 통해 발표되었다.

묵시문학이란 계시 문학의 한 장르로서 저세상적 존재가 인간 수신자에게 계시를 전달하는 서사의 형식을 취한다. 그 계시는 시간과 공간 양면에서 초월적인 실재를 드러내는데, 시간적으로는 종말의 구원을 그리며 공간적으로는 다른 초자연 세계에 관여한다.[2]

가. 두 세대

묵시문학에는 묵시종말론(apocalyptic eschatology)이 담겨 있다. 요한계시록의 신학을 다루는 이 장에서는 먼저 묵시종말론을 개괄해볼 것이다. 묵시종말론은 신약성경이 쓰일 당시 유대교 사상의 한 조류였으며 그 흐름 위에서 기독교가 태동했다. 예수와 바울은 묵시종말론의 토대 위에서 하나님 나라 복음을 선포했고, 따라서 공관복음서와 바울 서신도 묵시종말론을 담고 있다. 요한계시록은 신약성경에서 묵시문학의 형태를 완벽하게 갖추고 있는 유일한 책이며, 묵시종말론이 가장 뚜렷하게 드러나는 책이기도 하다.

유대교의 묵시종말론은 시간을 "이 세대"(this age)와 "오는 세

---

[2] John J. Collins, *The Apocalyptic Imagination: An Introduction to Jewish Apocalyptic Literature* (Grand Rapids, Mich: Wm. B Eerdmans, 1998), 5. 이 정의는 두루뭉술한 편이며 묵시문학의 범주를 상당히 넓게 잡아 놓았다. 그 이유는 묵시문학이라는 장르 자체가 다양성을 포괄하고 있어서 어느 것을 포함하거나 제외해야 하는지를 규정하기가 힘들기 때문이다. 예를 들어 에스겔서, 말라기서, 데살로니가전서 4장의 뒷부분을 묵시문학으로 간주하는 사람이 있는가 하면 그렇지 않은 사람도 있다.

대"(the coming age)의 두 기간으로 나눈다. 태초부터 시작하여 오는 세대가 시작될 때까지가 "이 세대"이며, 그 뒤로 영원히 이어지는 기간이 "오는 세대"다. "이 세대"에는 사탄의 활동이 허용되지만, 여전히 하나님께서 천지를 주재하고 계시기 때문에 사탄의 영향력은 제한적이고 그의 활동에도 시한이 있다. "오는 세대"가 시작되면 사탄의 세력은 완전히 소멸되고 하나님께서 홀로 다스리시는 하나님 나라가 온다.

여기서 "세대"란 그리스어 "아이온"(αἰών)을 우리말로 옮긴 것으로서 생물학적인 한 세대(generation)와는 전혀 다른 뜻이다. 태초부터 영원까지 아우르는 영원한 시간을 둘로 나눈 것이므로 한 세대 역시 영원한 기간이다. 그래서 "아이온"을 형용사(αἰώνιος)로 바꾸면 "영원한"이라는 뜻이 된다.

이처럼 "이 세대"란 본래 시간을 가리키는 용어다. 그런데 묵시종말론에서 이 말은 그로부터 파생된 다양한 의미를 함께 갖게 되었다. 먼저 이 세대는 사탄이 영향력을 발휘하는 기간이라는 점에서 그 사탄의 세력을 가리키는 의미로 사용되기도 한다. 그들은 "공중의 권세 잡은 자" 곧 영적인 세력이자(엡 2:2) 하나님을 대적하는 현실 통치자들이다(고전 2:6, 8). 또한 신약성경은 그들의 삶의 방식을 가리켜 "이 세대"라고 일컫는다(롬 12:2).[3]

---

3   묵시종말론과 "이 세대"에 관해서는 다음 졸저를 참조하라. 안용성, 『로마서와 하나님 나라』, 154-175.

나. 인자 같은 이

인류 역사에서 "이 세대"가 끝나고 "오는 세대" 곧 온전한 하나님 나라가 시작되는 시점은 언제일까? 그 분기점이 되는 사건은 바로 인자(사람의 아들)의 도래다. 구약성경의 묵시문학인 다니엘서는 종말에 하나님 나라가 이루어지는 광경을 다음과 같이 서술한다.

> 내가 또 밤 환상 중에 보니 인자 같은 이가 하늘 구름을 타고 와서 옛적부터 항상 계신 이에게 나아가 그 앞으로 인도되매 그에게 권세와 영광과 나라를 주고 모든 백성과 나라들과 다른 언어를 말하는 모든 자들이 그를 섬기게 하였으니, 그의 권세는 소멸되지 아니하는 영원한 권세요, 그의 나라는 멸망하지 아니할 것이니라(단 7:13-14).

여기에 "인자 같은 이"가 등장한다. 14절을 보면 그에게 하나님 나라가 주어졌는데, 여기서 "그"는 하나님 또는 인자 같은 이를 가리킨다. 이 말은 인자 같은 이가 하나님께 나라를 바쳤거나 하나님께서 인자 같은 이에게 나라를 주셨다는 뜻이다. 어느 쪽이든 인자 같은 이는 종말의 절정에 등장하는 묵시문학의 주인공이다.

본래 "인자"(사람의 아들)란 평범한 의미의 일반 명사구로서 단순히 사람을 가리키는 의미로 사용되었다. 위에 인용한 다니엘서의 구절은 다니엘이 환상 중에 어떤 존재를 보았는데 그 존재가 사람 같이 생겼더라는 단순한 서술에 해당한다. 그런데 절정의 순간에 인자가 등장하기 때문에, 이후 묵시문학에서 "인자"는 종말에 하나님 나라를 가져오는 바로 그 인물을 가리키는 고유 명사가 되었다. 그래서 구약에서 인자는 정관사 없이 사용되지만, 신약에서는 정관사와 함께 사용된다. 복음서에서 예수께서 자신을 가리키실 때는 다니엘서의 표현을 줄여 "인자"라고 칭한다. 그러나 요한계시록은 다니엘서의 표현을 따라 그를 "인자 같은 이"라고 부른다(1:10).

신약성경이 예수를 가리켜 "인자"라 지칭하는 것은 예수의 오심과 함께 하나님 나라가 시작되었다는 뜻이다. 묵시종말론에 의하면 인자의 오심과 함께 하나님 나라가 시작되기 때문이다. 그러나 신약성경의 종말론은 묵시종말론을 따르면서도 한 가지 다른 점이 있다. 즉 예수와 함께 하나님 나라가 시작되었으나 이 세대가 아직 끝나지 않았다고 보는 것이다. 이에 따르면 하나님 나라는 "이미" 시작되었으나 이 세대는 "아직" 끝나지 않았다. 이처럼 기독교의 신앙은 처음부터 "이미"와 "아직"의 긴장 관계를 유지한 종말론적 신앙으로 출발했다.

다. 3년 반의 기간

요한계시록이 말하는 "3년 반"은 이 "이미"와 "아직" 사이의 기간이다. 사탄은 십자가 상의 죽음과 부활 승천으로 이어지는 예수 그리스도의 구속 사건(12:1-6)을 통해 "이미" 패배하여 하늘에서 쫓겨났다. 그러나 "아직" 사탄의 세력이 완전히 소탕되지 않았다. 사탄은 자신의 때가 얼마 남지 않은 것을 알고 몹시 성이 난 채로 이 땅에 내려와

(12:12) 성도들을 박해하고 있다.

요한계시록은 그 기간을 "3년 반"이라는 상징적인 기간으로 묘사한다. 이는 "1260일"(11:3; 12:6), "한 때와 두 때와 반 때"(12:14),[4] "마흔두 달"(11:2; 13:5), "사흘 반"(11:9) 등으로 다양하게 표현되며, 이 기간에는 박해와 고난(11:2, 9; 13:5)과 하나님의 보호(12:6, 14)가 공존한다. 교회는 이때 고난을 무릅쓰고 예수 그리스도의 주 되심을 증언한다(11:3).

라. 무엇의 종말인가?

요한계시록은 종말을 다루는 책이다. "종말"은 "끝"이라는 뜻이지만 우리가 "종말"이라 부르는 그 사건은 단순한 끝이 아니다. 종말에는 끝나는 것이 있는가 하면 시작하는 것이 있기 때문이다. 시작되는 것은 완전한 하나님 나라다. 종말은 하나님 나라를 시작하는 데 필요한 전제 조건일 뿐 그 자체로 목적이 되지는 못한다. 시작이 진정한 목적이며 끝은 그 목적을 위한 수단일 뿐이다.

1) "세상"의 두 용법

그렇다면 종말에 끝나는 것은 무엇일까? 간단히 말하면 세상의 종말이다. 그런데 우리는 이 "세상의 종말"이라는 말을 성경이 말하는 것

---

4   "한 때"와 "두 때"와 "반 때"를 합하면 "세 때 반"이 된다.

과는 전혀 다른 의미로 이해한다.

성경은 "세상"이라는 말을 두 가지 뜻으로 사용한다. 두 뜻이 가장 극명하게 드러나는 책이 요한복음이다. 요한복음에서는 종종 "세상"이 부정적 의미로 사용된다. 예를 들어 요한복음에서 예수의 적대자들은 "세상에 속한" 자들이다(8:23 등). 반면에 예수의 제자들은 세상에 속하지 않았다(15:19; 17:16 등). 그래서 세상은 그리스도인들을 미워한다(15:18).

그러나 요한복음의 "세상"은 중립적인 의미이기도 하다. 하나님은 독생자를 주시기까지 "세상을 사랑"하신다(3:16-17; 12:47). 그리고 예수는 "세상의 구주"시고(4:42) "세상에 생명을" 주시는 분이시며(6:33, 51) "세상의 빛"이시다(8:12; 9:5).

"세상"이 중립적으로 사용될 때 그것은 하나님께서 지으신 모든 창조세계를 가리킨다. 세상은 본래 선하게 창조되었지만 아담과 하와의 타락으로 인해 두 가지 가능성 사이에 놓이게 되었다. 세상은 하나님의 주 되심 아래 놓일 수도 있고 사탄의 지배 아래 놓일 수도 있다. 그래서 중립적이라 하는 것이다. 하나님은 그 세상을 사랑하시고 구원하길 원하셔서 독생자 예수를 보내셨다. 예수께서 다시 오시는 종말은 그 세상의 완전한 구원이 될 것이다.

반면 "세상"이 부정적으로 사용될 때는 하나님을 적대하는 세력 곧 사탄의 세력을 가리킨다. 묵시종말론의 "이 세대"가 그에 해당한다. 그래서 개역개정 성경은 종종 "이 세대"를 "이 세상"으로 옮긴다.

예를 들어 고린도전서에서 바울은 그가 말하는 하나님의 지혜가 "이 세상"의 지혜 또는 "이 세상"에서 없어질 통치자들의 지혜가 아니며(고전 2:6), "이 세대"의 통치자들은 한 사람도 하나님의 지혜를 알지 못했다고 말하는데(고전 2:8), 6절의 "이 세상"과 8절의 "이 세대"는 동일한 그리스어 구문인 "호 아이온 후토스"(ὁ αἰών οὗτος)를 옮긴 것이다.

2) 교회와 세상의 이분법이 아니다

이것은 오늘날 한국교회에서 일반적으로 "세상"이라는 단어를 사용하는 방식과 매우 다르다. 그리스도인들은 종종 교회 밖의 영역을 가리켜 "세상"이라 부른다. 여기서 세상이란 믿지 않는 사람들 곧 "불신 세상"을 가리킨다. 그러나 이렇게 교회와 세상을 둘로 나누는 것은 성경에 부합하지 않는다. 성경이 말하는 중립적인 세상은 믿는 사람들과 믿지 않는 사람들을 모두 포함한다. 또한 성경이 말하는 부정적인 세상과 하나님을 적대하는 세력은 교회 밖에만 있는 것이 아니라 교회 안에도 들어와 있다. 중립적 의미든 부정적 의미든 세상은 교회의 안과 밖에 동시에 걸쳐 있다. 그러므로 교회 밖의 영역을 가리켜 "세상"이라고 부르는 것은 성경의 용법과는 전혀 다르다.

교회와 세상의 그릇된 이분법은 성경에 나오는 "세상"의 부정적 용법과 긍정적 용법을 혼동하기 때문에 나타난다. 이는 세상의 부정적 의미를 중립적인 세상에 잘못 적용한 결과다. 이런 오해는 종말 신앙에도 심각한 왜곡을 일으켰다. 많은 사람은 종말을 중립적 의미의 세상 곧 하나님의 창조세계가 끝나는 것으로 오해한다. 그러나 종말에 끝나는 것은 부정적 의미의 세상이지 중립적 의미의 세상이 아니다. 부정적 의미의 세상은 하나님의 창조세계를 교란하는 사탄의 세력이며 바로 그 악한 세력이 종말을 맞이하는 것이다. 중립적 의미의 세상에 관해 말하자면, 하나님은 종말에 세상을 파괴하시는 것이 아니라 세상을 구원하신다. 하나님은 우리를 세상"으로부터" 구원하시는 것이 아니라 세상"을" 구원하신다.

2. 로마의 멸망뿐인가?

제1장에서 우리는 요한계시록이 로마 제국의 멸망을 예고하는 책이라는 사실을 확인했다. 세 개의 7중주로 이어지는 종말 환상 이야기의 제1단계는 바벨론의 멸망으로 귀결되는데, 요한계시록 17장은 바벨론이 바로 로마 제국임을 직간접적으로 여러 차례 언급한다. 종말 환상 이야기의 제1단계가 19:10까지 이어지는 것을 볼 때 우리는 요한계시록 본문의 매우 많은 부분이 로마의 멸망을 예고하고 있음을 알수 있다.

이에 대해 독자들은 추가적인 질문을 제기할 수 있다. 그것뿐인가? 요한계시록을 저술한 주목적이 로마의 멸망을 예고하는 것이었는가? 물론 그렇지는 않다. 요한계시록의 남은 부분인 19:11-22장은 예수의 재림 후에 이루어지는 역사의 종말을 예고하고 있으며, 로마의 멸망은 결국 최종적으로 이루어질 그 사건 곧 역사의 종말을 향해 나아가는 한 과정일 뿐이다.

그러나 요한계시록의 본문 비중을 따져보면 바벨론의 멸망을 서술한 내용이 훨씬 더 많지 않은가? 여기서 바벨론은 로마 제국이라는 과거의 역사적 실체 하나만을 가리키는가? 그렇다면 요한계시록 내용의 대부분은 우리의 관점에서 이미 지나간 일을 기록한 것에 불과한가? 이 질문에 대한 답 역시 "아니오"다. 요한계시록에서 바벨론은 짐승이 사람들을 지배하기 위해 선택한 현실적 도구 중 하나일 뿐이다. 다시 말해 바벨론은 짐승이 갈아입고 나타나는 옷 중 하나다. 요한계시록은 그 반복되는 사례 가운데 하나를 보여주고 있다. 바벨론은 과거뿐만 아니라 오늘날에도 존재한다.

바벨론은 짐승의 현실 지배를 대표한다. 요한계시록이 바벨론의 멸망에 많은 비중을 할애한 이유는 종말이 현실과 무관하지 않음을 분명히 알려주기 위해서다. 사탄의 지배는 먼 우주나 현실과 분리된 신화적 세계에 있는 것이 아니라 오늘 우리가 살아가고 있는 현실의 심층에 존재한다. 요한계시록이 말하는 종말은 하나님께서 그 현실에 친히 개입하시는 사건이다.

가. 이 세대

"세상"의 부정적 용법을 대표하는 묵시종말론의 "이 세대"에서부터 다시 논의를 시작해보자. 신약성경에서 "이 세대"는 "공중의 권세 잡은 자"인 사탄과 동일시된다.

> 그때 너희는 그 가운데서 행하여 이 세상 풍조를 따르고 공중의 권세 잡은 자를 따랐으니 곧 지금 불순종의 아들들 가운데서 역사하는 영이라(엡 2:2).

사탄은 "불순종의 아들들" 가운데서 역사한다. 그런데 신약성경은 이 불순종의 아들들을 가리켜 "이 세대"라고 부른다. 고린도전서 2장에서 그 불순종의 아들들은 "영광의 주를 십자가에 못 박"은 자들로 묘사되며, 이는 곧 로마 제국과 이스라엘의 통치자들을 뜻한다.

> 그러나 우리가 온전한 자들 중에서는 지혜를 말하노니 이는 [이 세대]⁵의 지혜가 아니요 또 [이 세대]의 없어질 통치자들의 지혜도 아니요…이 지혜는 이 세대의 통치자들이 한 사람도 알지 못하였나니 만일 알았더라면 영광의 주를 십자가에 못 박지 아니하였으리라(고전 2:6, 8).

---

5   개역개정 성경의 고전 2:6에서 "이 세상"으로 번역된 어구를 직역하면 "이 세대"다. 8절에서 "이 세대"로 번역된 것과 같은 어구다.

요한계시록에서는 로마 제국이 그 "불순종의 아들들"을 대변한다. 그들은 예수 그리스도를 십자가에 못 박은 장본인으로서 요한계시록이 저술되던 당시에 스스로 하나님이라 참칭하며 성도들을 고난 속으로 몰아넣었다. 불순종의 아들들 속에는 공중의 권세 잡은 자 곧 사탄의 영이 활동하고 있다(엡 2:2). 요한계시록은 사탄이 활동하는 방식을 한층 더 세밀하게 그려내고 있는데, 그 모습을 관찰하면 사탄이 짐승을 통해 바벨론을 움직이는 것을 알 수 있다.

나. 바벨론과 짐승의 비밀

제1장에서 우리는 요한계시록 17장에 담긴 바벨론에 대한 수수께끼 같은 서술을 통해 바벨론이 곧 로마 제국임을 알 수 있었다. 그러나 요한계시록 17장의 주목적은 바벨론이 로마임을 알려주는 것이 아니다. 당시 청중들은 그 사실을 잘 알고 있었다. 요한이 여기서 보여주고자 하는 것은 그보다 더 세밀한 문제인 음녀 바벨론과 짐승의 관계다 (17:7).

요한계시록에서 짐승과 바벨론은 묘한 관계에 있다. 먼저 짐승이 중심인물로 등장하는 요한계시록 13장은 황제 숭배를 짐승에 대한 경배로 비유한다. 여기서 짐승과 로마 황제는 동일한 존재로 그려진다. 로마의 황제가 신으로 숭배받고 있던 당시 성도들의 현실에서 보면 황제가 곧 사탄으로 여겨지지 않았겠는가? 그런데 17장으로 가면 그림이 좀 더 세밀해지고, 음녀 바벨론인 로마 제국이 짐승과 별개의 존재로 그려지기 시작한다.

음녀가 짐승을 타고 나타난다(17:3). 짐승은 일곱 머리와 열 뿔을 가졌다(17:7; 참조. 13:1). 여기서 일곱 머리는 여자가 앉은 일곱 산인 로마의 일곱 언덕(17:9) 또는 로마의 일곱 왕을 가리키기도 한다(17:10).

일곱 머리와 열 뿔은 짐승의 신체 일부이므로 짐승과 이것들을 동일한 존재라고 생각하기 쉽다. 그렇게 보면 짐승과 로마 제국은 다시 동일시될 것이다. 하지만 이어지는 장면을 보면 짐승과 열 뿔은 별개의 존재로 다루어진다. 게다가 둘은 서로 작당하여 음녀 바벨론을 죽인다.

> 네가 본 바 이 열 뿔과 짐승은 음녀를 미워하여 망하게 하고 벌거벗게 하
> 고 그의 살을 먹고 불로 아주 사르리라(계 17:16).

이는 곧 짐승이 바벨론을 심판하는 것이다. 그리고 바벨론이 멸망한 후에도 짐승은 살아 있다. 바벨론이 멸망하고 예수 그리스도께서 재림하신 후에도 짐승은 땅의 임금들을 이끌고 그리스도의 군대에 대항하다가 붙잡혀 거짓 선지자와 함께 유황불 못에 던져진다(19:19-20).

이를 통해 알 수 있듯이 짐승과 바벨론은 같은 듯 다른 존재다. 실제로 황제를 숭배하고 있는 현실에서는 바벨론 곧 로마가 짐승으로 보이는 착시가 일어날 수 있지만, 짐승과 바벨론은 엄연히 다른 존재다.

정확히 표현하면 짐승은 배후에서 바벨론을 움직이고 있는 영적 존재다. 그리고 바벨론은 짐승이 사람들을 지배하기 위해 사용하는 현실적 도구다. 짐승은 사람들을 지배하기 위해 때마다 옷을 갈아입고 나타나는데, 바벨론은 짐승이 갈아입은 옷들 중 하나인 셈이다.

짐승이 옷을 갈아입고 나타나는 행태는 다음 서술에서 분명히 확인된다. 요한계시록 17장에서 일곱 대접 천사 중 하나가 요한에게 일곱 왕에 관해 설명하면서 다음과 같이 말한다.

전에 있었다가 지금 없어진 짐승은 여덟째 왕이니 일곱 중에 속한 자라. 그가 멸망으로 들어가리라(계 17:11).

짐승은 일곱 왕 중 하나인 동시에 여덟째 왕이다. 왕들은 목숨이 유한한 사람으로서 죽음과 함께 임기를 끝내기 때문에 다시는 왕이 될 수 없다. 그러나 짐승은 한 왕의 옷을 입고 지배하다가 그 왕이 죽고 나면 다시 다른 왕의 옷을 입고 나타나 통치를 이어나간다.

다. 바벨론은 반복된다

짐승은 왜 바벨론이라는 옷을 필요로 할까? 성경에 묘사된 영적 존재들이 사람들의 현실에 영향력을 행사하기 위해서는 일종의 매개체가 필요하다. 예를 들어 예수께서 거라사 지방에서 군대 귀신 들린 사람을 고치신 사건을 떠올려보자(막 5:1-20). 예수께서 군대 귀신을 쫓아내시자 귀신들은 돼지 떼 속으로 들어가게 해달라고 간청한다(막 5:12-13). 이를 보면 귀신들은 어디엔가 들어가야 활동할 수 있는 존재인 것 같다. 바이러스의 생존 방식과 비슷해 보이기도 한다. 바이러스는 생명체가 아니기 때문에 숙주가 없는 상태에서는 그 존재가 잘 드러나지 않지만 숙주에 들어가면 강력한 생명력을 발휘하기 시작한다. 이처럼 사탄에게도 숙주가 필요하며, 요한계시록의 바벨론은 짐승의 숙주와 같은 존재다.

요한계시록이 저술되던 당시 짐승은 사람들을 지배하기 위해 로마 제국을 숙주로 사용했다. 그러나 로마 제국은 짐승이 오랜 역사 속에서 갈아입어 온 수많은 옷 중 하나에 불과하다. 그때나 지금이나 여전히 짐승은 옷을 갈아입고 나타난다. 고대 사회의 국가나 제국은 막강한 권력을 가지고 있다는 점에서 짐승이 사용하기에 적절한 숙주였다. 왕정 사회의 왕은 백성의 생살여탈권을 가진 사실상 신과 같은 존재였다. 그런 체제를 잘 이용하면 짐승의 목표를 손쉽게 이룰 수 있었다. 하지만 오늘날처럼 다원화된 민주 사회에서는 국가가 그런 절대권력을 누리지 못한다. 대신 돈 또는 돈을 가진 사람이나 기관이 사탄의 숙주가 될 가능성이 높다. 이 밖에도 짐승은 사람들의 두려움과 욕망을 자극할 수 있는 존재들을 끊임없이 찾아 나설 것이며 계속해서 옷을 바꾸어 입고 나타날 것이다. 그것이 오늘의 바벨론이다. 이처럼 바벨론은 역사 내내 반복된다.

황제의 말 한마디에 생사화복이 결정되는 피지배자들의 눈에 황제는 신으로 보일 수밖에 없으나 성도들의 눈에는 사탄으로 보일 것이다. 그러나 요한계시록은 로마 제국이 곧 사탄이라고 말하지 않는다. 로마 제국은 인류 역사에 등장했던 수많은 나라와 제국 중 하나일 뿐이며 로마 황제도 사람에 불과하다. 하지만 사탄은 사람들을 지배하기 위해 로마 제국과 황제를 현실적 도구로 사용한 것이다. 요한계시록은 이를 사탄이 짐승을 부리고 짐승이 바벨론의 옷을 입고 나타나 사람들을 지배하는 세밀한 메커니즘으로 그려내고 있다.

3. 종말과 창조세계

가. 세상의 중립적 용법: 창조세계

이번에는 세상의 중립적 용법으로 관심을 돌려보자. 종말에 하나님께서 이 세상 곧 창조세계를 구원하신다는 말을 이해할 수 없는 독자들도 있을 것이다. 이는 많은 사람들이 요한계시록을 종말에 있을 창조세계의 파괴를 예고하는 책으로 알고 있기 때문이다. 이들은 예수께서 다시 오시면서 죄악이 가득한 창조세계에 불 심판을 내려 모든 것을 태워버리시고 새 하늘과 새 땅을 창조하실 모습을 떠올린다.

그러나 생각해보자. 하나님께서는 자신이 아름답게 창조하신 이 세상을 사람에게 맡겨 관리하도록 하셨다. 그러나 사람은 죄악에 빠져 자신의 탐욕을 따라 행동했고, 창조세계를 잘 관리하기는커녕 남용하고 오용함으로써 하나님의 창조세계를 심각하게 훼손했다. 이런 상황에서 종말에 하나님께서 역사에 개입하신다면 어떻게 하시겠는가? 사람이 잘못 관리하여 손상된 창조세계를 보시고는 망가진 세계를 아예 파괴해버리시겠는가? 잘못한 것은 사람인데 사람이 심판을 받아야지 왜 창조세계가 심판을 받는가? 오히려 하나님께서 죄악에 빠져 세상을 파괴한 인류를 심판하신 후 자신이 아름답게 창조하셨던 창조세계의 원래 모습을 회복시키실 것이라고 보는 편이 맞지 않을까?

많은 사람이 종말을 창조세계의 파괴로 잘못 이해하는 까닭은 요한계시록의 종말 환상 이야기를 문자적으로 해석하기 때문이다. 요한계시록에는 문자적으로 읽을 경우 하나님께서 자연 세계를 심판하시는 것처럼 보이는 장면들이 종종 나온다. 어린양이 여섯째 인을 떼시고 하나님의 진노가 시작됨을 알리는 장면에서는 큰 지진이 나고 해가 어두워지며 달이 핏빛이 되고 별들이 힘없이 땅에 떨어지고 하늘은 말려서 떠나가며 산들과 섬들도 제 자리에서 옮겨진다(6:12-14). 처음 네 나팔을 불 때는 땅, 바다, 강, 천체에 순서대로 불이 떨어진다(8:6-12). 하나님의 진노의 대접 중 처음 네 개도 같은 순서로 땅, 바다, 강, 천체에 쏟아진다(16:1-9). 이런 장면들이 주는 인상이 너무 강렬한 탓인지 어떤 사람들은 이 구절을 읽으면서 핵전쟁이나 환경 파괴를 떠올리기도 한다. 그러나 그것은 요한계시록을 잘못 읽음으로 인해 생겨난 오해다.

나. 자연: 심판의 도구이자 조력자

제2장 5절에서 요한계시록의 서사 구조에 작은 스토리라인들이 포함되어 있음을 확인했다. 그중에는 처음 네 나팔과 처음 네 대접이 연결되어 하나의 흐름을 이루는 자연 재앙의 스토리라인이 있다. 처음 네 개의 나팔 재앙과 처음 네 개의 대접 재앙은 동일한 순서로 동일한 목표(땅, 바다, 강과 샘, 천체의 자연 대상)를 향해 내린다. 이런 반복 패턴은 동일 사건을 반복 서술하는 것이 아니라 독자가 두 묶음의 사건들을 하나로 연결하여 이해하도록 돕는 하나의 가이드 역할을 한다. 요한계시록에 등장하는 하나님의 심판 중 자연을 향한 것은 처음 네 나팔과 처음 네 대접인데 그 두 재앙의 묶음이 동일한 패턴으로 서술되어 있으므로, 독자는 자연스럽게 두 묶음의 사건을 연결하게 되는 것이다.

1) 자연 재앙의 스토리라인

땅, 바다, 강, 천체를 향해 반복되는 여덟 개의 재앙들을 한 줄로 연결하면, 일곱째 재앙(셋째 대접)과 여덟째 재앙(넷째 대접)의 서술이 자연 재앙 전체의 의미를 해설해주는 것을 볼 수 있다. 먼저 일곱째에 해당하는 셋째 대접 재앙을 살펴보자.

> 셋째 천사가 그 대접을 강과 물 근원에 쏟으매 피가 되더라. 내가 들으니 물을 차지한 천사가 이르되 "전에도 계셨고 지금도 계신 거룩하신 이여 이렇게 심판하시니 의로우시도다. 그들이 성도들과 선지자들의 피를

흘렸으므로 그들에게 피를 마시게 하신 것이 합당하니이다" 하더라(계 16:4-6).

하나님의 분노의 대접이 강과 물 근원에 쏟아졌다. 얼핏 보면 이 재앙은 강과 물 근원이라는 자연적 대상에 임한 것 같다. 그러나 6절은 이 재앙이 자연이 아닌 "그들"에게 내린 것이라고 말한다. 그들 곧 사탄에 속한 자들이 "성도들과 선지자들의 피를 흘렸으므로" 하나님께서 "그들에게 피를 마시게 하신 것"이라고 말이다. 셋째 대접 심판은 자연 세계를 향한 것처럼 보이지만 사실은 사람들을 향한 것이다.

강과 물 근원에 내린 심판이 어떻게 사람들을 향한 심판이 될까? 강과 샘은 단순히 인간 세계 밖에 있는 자연 세계가 아니라 사람들의 식수와 생활용수를 공급하는 자원으로서 인간 세계의 일부다. 강물과 샘물이 피가 되었으니 사람들은 피를 마실 수밖에 없는 재앙의 상황에 직면하게 될 것이다. 여기서 강과 물 근원은 심판의 대상이 아닌 하나님의 심판의 도구로 사용되고 있다.

이와 비슷한 서술이 셋째 나팔 재앙에서도 이미 발견된다. 셋째 나팔을 불 때 횃불 같이 타는 큰 별이 강들과 물 샘에 떨어진다. 그 결과 물의 1/3이 쓴 물로 변하고 그것을 마신 많은 사람이 죽는다.

셋째 천사가 나팔을 부니 횃불 같이 타는 큰 별이 하늘에서 떨어져 강들의 삼분의 일과 여러 물샘에 떨어지니 이 별 이름은 쓴 쑥이라. 물의 삼분의 일이 쓴 쑥이 되매 그 물이 쓴 물이 되므로 많은 사람이 죽더라(계 8:10-11).

첫째 대접과 둘째 대접도 같은 방식으로 이해할 수 있다. 첫째 천사가 대접을 땅에 쏟자 짐승의 표를 받고 그 우상에 경배하는 자들에게 악하고 독한 종기가 생긴다(16:2). 여기서 재앙이 땅에 내린다는 말은 땅이라는 자연적 실체가 심판을 받는다는 것이 아니라 그 땅에 사는 사람들이 심판을 받는다는 뜻이다. 둘째 천사가 대접을 바다에 쏟을 때 바다가 죽은 자의 피같이 되고 바다의 모든 생물이 죽는다. 바다의 생물이 죽었다는 말은 자연이 재앙을 받았다는 뜻으로 이해될 수도 있다. 그러나 다른 재앙들과 같은 맥락에서 이해하면 여기서 바다는 사람들에게 해산물을 공급하고 운송의 통로가 되는 생활 환경의 일부로 다루어지고 있다. 둘째 나팔 재앙은 그런 해석을 뒷받침해준다. 둘째 천사가 나팔을 불 때 불붙은 큰 산과 같은 것이 바다에 던져지고 그 결과 바다가 피가 되어 생물이 죽을 뿐 아니라 사람이 운행하는 배들의 1/3이 깨져버린다(8:8-9). 넷째 나팔 재앙은 해와 달과 별들의 빛을 어둡게 한다. 어둠의 피해를 보는 것은 결국 사람들이다.

이처럼 자연이 하나님의 심판의 도구로 사용되는 모습은 마지막 자연 재앙에 해당하는 넷째 대접을 통해 가장 분명히 나타난다.

넷째 천사가 그 대접을 해에 쏟으매 해가 권세를 받아 불로 사람들을 태우니 사람들이 크게 태움에 태워진지라(계 16:8-9).

넷째 대접은 해에 쏟아진다. 그러자 권세를 받은 해가 사람들을 불로 태운다. 넷째 대접은 해에 재앙을 내리는 것이 아니라 오히려 권세를 주는 것이다. 여기서 해는 단순히 심판의 도구를 넘어 심판의 보조 집행자 역할을 한다. 이상에서 살펴본 바와 같이 처음 네 나팔 재앙과 처음 네 대접 재앙은 자연을 향해 내리지만, 그것은 자연에 대한 심판이 아니라 하나님이 자연을 사용하여 사람을 심판하시는 것이다. 그러므로 이것을 단순히 창조세계의 파괴로 해석하는 것은 옳지 않다.

2) 의인화된 자연, 하나님의 조력자

자연이 하나님의 조력자로 등장하는 모습은 요한계시록 12장에서도 찾아볼 수 있다. 메시아를 낳은 여자가 붉은 용을 피하여 광야로 도망할 때 용이 여자를 따라가며 입에서 물을 토해 여자를 삼키려 하지만, 땅이 입을 벌려 물을 제거함으로써 여자를 도와주는 것이다.

> 여자의 뒤에서 뱀이 그 입으로 물을 강 같이 토하여 여자를 물에 떠내려가게 하려 하되 땅이 여자를 도와 그 입을 벌려 용의 입에서 토한 강물을 삼키니(계 12:15-16).

요한계시록에는 자연이 의인화되어 하나님의 행위에 반응하는 모습도 나온다. 하나님께서 사탄의 세력에 대한 심판을 거의 마무리하시고 마지막으로 악에 속한 자들을 심판하시는 소위 "백보좌 심판" 장면에서 하늘과 땅은 너무 무서워 숨어 버린다.

> 또 내가 크고 흰 보좌와 그 위에 앉으신 이를 보니 땅과 하늘이 그 앞에서 피하여 간 데 없더라(계 20:11).

요한계시록 6장에서도 자연이 의인화되지는 않지만 자연의 사물들이 하나님의 경이로운 현현을 묘사하기 위해 등장한다. 여섯째 인이 떼어진 후 하나님의 진노가 선포된다. 종말 심판이 시작되는 이 두려운 순간에 요한계시록의 이야기 세계는 가공할 만한 우주적 격변으로 가득 채워진다. 이 장면은 자연에 대한 심판을 말하기보다 그 엄청난 순간의 긴장과 공포를 자연의 변화를 통해 표현하는 것이다.

> 내가 보니 여섯째 인을 떼실 때에 큰 지진이 나며 해가 검은 털로 짠 상복 같이 검어지고 달은 온통 피같이 되며 하늘의 별들이 무화과나무가 대풍에 흔들려 설익은 열매가 떨어지는 것 같이 땅에 떨어지며 하늘은 두루마리가 말리는 것 같이 떠나가고 각 산과 섬이 제 자리에서 옮겨지매(계 6:12-14).

우리는 지금까지 논의한 자연 세계에 대한 요한계시록의 서술을 다음과 같이 요약할 수 있다. 하나님의 종말 심판은 땅(창조세계)이 아니라 요한계시록 11:18이 말하는 "땅을 망하게 하는 자들"을 향한다.

> 이방들이 분노하매 주의 진노가 내려 죽은 자를 심판하시며 종 선지자들
> 과 성도들과 또 작은 자든지 큰 자든지 주의 이름을 경외하는 자들에게
> 상 주시며 또 땅을 망하게 하는 자들을 멸망시키실 때로소이다(계 11:18).

다. 새 하늘과 새 땅: 회복된 창조세계

요한계시록의 종말 심판이 단순히 자연의 파괴를 뜻하지 않는다면 새 하늘과 새 땅은 무엇일까? 하나님께서 지금의 창조세계를 파괴하신 후 새 하늘과 새 땅을 다시 창조하신다는 것이 아닌가?

새 하늘과 새 땅은 21:1에서 처음 언급된다. 하나님이 새 하늘과 새 땅을 창조하시는 것은 "처음 하늘과 처음 땅"이 낡아서 새것으로 바꾸는 것이 아니다. 이 "새로움"의 의미는 요한계시록의 문맥에서 이해해야 한다. 요한계시록 21:1은 "처음 하늘과 처음 땅"이 없어진 결과로 요한이 새 하늘과 새 땅을 보았다고 말한다. 처음 하늘과 처음 땅이 없어졌다는 말은 요한계시록 20장까지의 내용을 요약한다. 그것은 사탄과 짐승과 거짓 선지자 및 그들을 추종하던 모든 사탄의 세력에 대한 심판이다. 그 심판의 결과로서 새 하늘과 새 땅이 창조되는 것이다. "처음 하늘과 처음 땅"은 사탄이 영향력을 발휘하던 세상이었으나 이제 하나님께서 사탄의 세력을 심판하심으로써 하나님의 창조세

계가 사탄의 영향력으로부터 완전히 벗어났다. 그것이 바로 새 하늘과 새 땅의 핵심이다.

하나님께서 "보라! 내가 만물을 새롭게 하노라"(계 21:5)고 말씀하실 때 그 새로움의 본질은 물질적인 데 있지 않다. 그 새로움은 옛사람이 변하여 새사람이 되는 것과 같다. 새 창조란 사탄의 세력으로 인해 왜곡되었던 이 세상을 하나님께서 바로잡아 본래의 모습으로 회복시키시는 것이다. 여기서 "회복"이란 많은 경우 과거로 돌아감을 뜻하기 때문에 "새로움"이라는 말과 모순되는 것으로 느껴질 수 있다. 우리는 시간의 한계 내에서 새로움을 상상하기 때문이다. 그러나 인간의 시간 속에 진정한 새로움이란 없다. 진정한 새로움은 새로움의 근원이자 영원한 새로움이신 하나님께로 돌아갈 때 비로소 이루어진다. 회복이란 바로 그 하나님께로 "돌아감"을 가리킨다. 그런 의미에서 새 하늘과 새 땅이란 곧 회복된 창조세계다.

4. 하나님 나라와 폭력

요한계시록에 등장하는 자연 파괴의 이미지들과 더불어 많은 오해를 받아온 것이 사람들을 향한 폭력 장면들이다. 예를 들어 다섯째 나팔을 불 때 무저갱에서 올라온 황충이 전갈이 쏘는 것과 같은 고통으로 다섯 달 동안 사람들을 괴롭힌다(9:1-11). 넷째 대접을 쏟을 때 해가 불로 사람들을 태우고(16:8-9), 다섯째 대접을 쏟을 때 하늘이 어두워지며 사람들이 자기 혀를 깨문다(16:10-11). 포도주 틀을 밟는 장면 역시 심판을 상징적으로 묘사하는 것인데, 술 틀을 밟을 때 흘러나온 피가 말굴레 높이의 강을 이루어 약 3백 킬로미터(1,600스타디온)나 퍼져나간다(14:20). 요한계시록에서 예수는 입에서 칼이 나오는 전사의 모습으로 재림하신다. 이어 "왕들의 살과 장군들의 살과 장사들의 살과 말들과 그것들을 탄 자들의 살과 자유인들이나 종들이나 작은 자나 큰 자나 모든 자의 살"을 새들이 뜯어 먹는 잔인한 살육이 벌어진다(19:11-18).

이런 장면들은 죄악의 당연한 결과로 여겨지기도 한다. 그동안 사탄과 그의 추종자들이 하나님을 모독하고 성도들의 피를 흘렸던 것을 생각하면 그에 따르는 인과응보가 실현되는 것은 당연한 일이다. 그러나 동시에 의문이 든다. 폭력은 사탄의 도구가 아니었던가? 예수님도 그 사탄의 폭력에 의해 죽임당하심으로써 죽음의 세력을 무너뜨리신 것이 아닌가? 그런데 하나님마저도 종국에는 사탄의 폭력을 심판하시기 위해 폭력을 사용하실 수밖에 없는가?

가. 칼로 일어난 자는 칼로 망한다

이와 관련된 논의를 계속하기에 앞서 우리가 가진 "폭력"의 정의를 점검해볼 필요가 있다. 폭력에 대한 이해는 시대와 문화에 따라 다르다. 예를 들어 과거에는 부모의 체벌이 폭력으로 여겨지지 않았으나 최근에는 가정 폭력으로 인식된다. 또한 가정 폭력을 우리보다 심각하게 받아들이는 나라가 있는가 하면, 아직도 그런 일이 일상적으로 행해 지는 나라들도 있다. 이와 마찬가지로 고대에 기록된 성경을 현대인의 이해를 기준으로 받아들이게 되면 해석의 문제가 발생한다.

이런 문화적 차이를 염두에 두고 요한계시록 본문을 세밀하게 읽 어보면, 요한계시록이 폭력의 묘사에 매우 유보적임을 알 수 있다. 여 기서 "유보적"이란 말의 의미는 폭력이 정당화될 수 있을 것 같은 상 황에서도 요한계시록은 될 수 있는 대로 덜 폭력적이고 덜 노골적인 언어를 사용하여 종말 심판을 서술한다는 뜻이다.

많은 경우 요한계시록의 심판 장면에서 폭력을 행사하는 주체는 하나님이나 천사들이 아니라 사탄의 세력이다. 사탄의 세력을 심판하 는 장면에 다름 아닌 사탄에 속한 자들이 심판자로 등장한다. 앞서 살 펴본 바와 같이 사탄을 따르는 자들을 향한 심판은 다섯째 나팔 재앙 곧 첫째 화에서부터 시작된다. 천사가 다섯째 나팔을 불 때 무저갱으 로부터 황충이 올라와 하나님의 인 치심을 받지 않은 자들 곧 사탄에 속한 자들을 심판한다. 그런데 이 황충은 사탄적인 존재다. 황충의 출 처가 무저갱(9:2-3)이라는 점과 황충의 왕이 무저갱의 사자라는 사 실이 그것을 확증한다. 무저갱의 사자의 이름은 히브리어로는 "아바 돈"("멸망")이고 그리스어로는 "아볼루온"("파괴자")이다(9:11).

둘째 "화"인 여섯째 나팔 재앙을 수행하는 자들의 정체는 모호하 지만 사탄의 세력에 가까운 몇 가지 특징을 보인다. 이 재앙을 집행하는 자들은 큰 강 유프라테스에 결박되어 있던 네 천사다. 네 천사가 결박되어 있었다는 사실은 그들이 악한 천사들임을 암시한다. 네 천사가 놓이면서 이만만(2억)의 마병대가 등장하여 말들의 입에서 나오는 불과 연기와 유황으로 사람들을 죽이는데, 그들의 파괴에 대한 묘사는 다섯째 나팔 재앙과 일견 유사하면서도 더 강력해 보인다(9:10, 19).

일곱째 나팔은 셋째 "화"인 일곱 대접 재앙 전체를 열어주는데 그 모든 재앙은 바벨론의 멸망으로 마무리된다. 하지만 이어지는 17장의 설명에 의하면 바벨론의 멸망에 짐승이 관여한다. 한편인 줄 알았던 짐승이 적이 되어 음녀를 파멸시킨다(16:16-17). 사탄의 세력이 사탄의 세력을 심판하는 것이다.

이는 "칼로 일어난 자는 칼로 망한다"는 말을 떠오르게 만든다. 인류의 역사를 돌아보면 하나의 제국을 다른 제국이 무너뜨리고 기존 독재자를 다른 독재자가 무너뜨리는 일이 반복되지 않았는가? 권력을 탐하는 자들에게는 영원한 친구도 영원한 적도 없다. 요한계시록은 역사에서 반복되는 이런 일들 속에서 종말을 향한 하나님의 섭리를 읽어내고 있는 것이 아닐까?

나. 비폭력으로 폭력을 심판함

위에서 살펴본 바와 같이 요한계시록에 등장하는 폭력적인 장면 중 다수는 사탄의 세력이 자중지란으로 멸망을 자초하는 모습을 보여준다. 그렇다면 하나님과 하나님 편에 있는 존재들이 직접 심판을 수행하는 장면은 어떻게 묘사될까?

현실의 악인 바벨론이 멸망한 후에는 예수께서 재림하셔서 바벨론의 배후에 있던 악한 세력을 친히 심판하신다. 예수의 재림을 묘사하는 요한계시록 19:11 이하를 보자. 이 구절은 예수께서 앞서가시고 하늘 군대가 예수의 뒤를 따르는 모습을 보여주는데, 그 군대의 복장에 주목해보자.

> 하늘에 있는 군대들이 희고 깨끗한 세마포 옷을 입고 백마를 타고 그를 따르더라(계 19:14).

하늘 군대는 "희고 깨끗한 세마포" 옷을 입고 있다. 세마포는 가는 삼에서 나온 실로 짠 고운 삼베로서, 구김이 심하므로 전투복이나 작업복으로 쓰기에는 적절하지 않다. 그런데 왜 하늘 군대는 세마포 옷을 입고 있을까? 성경에서 세마포는 주로 제사장과 레위인과 귀인들이 입는 옷의 재료나 시신을 싸는 수의로 사용된다. 요한계시록에서는 어린양의 신부로 상징되는 성도들이 빛나고 깨끗한 세마포 옷을 입는데 "이 세마포 옷은 성도들의 옳은 행실"이다(19:8). 예수를 따르는 하늘 군대가 입고 있는 것은 전투복이 아니다. 굳이 군인의 복장에 빗대어 설명하자면 주요 행사 때 입는 예복에 가깝다. 이런 관점에서 보면 하늘 군대는 전투를 위해 출정한 것이 아니라 승리의 잔치를 위해 행진하고 있다.

이 장면에서 유일하게 전투 복장을 갖추고 있는 분은 예수뿐이다. 예수의 모습을 서술하는 다음 구절을 보자.

그의 입에서 예리한 검이 나오니 그것으로 만국을 치겠고 친히 그들을 철장으로 다스리며 또 친히 하나님 곧 전능하신 이의 맹렬한 진노의 포도주 틀을 밟겠고(계 19:15).

이 구절에 나오는 "검"과 "철장" 같은 어휘와 "진노의 포도주 틀을 밟는다"는 서술은 앞으로 이어질 예수 그리스도에 의한 심판을 분명히 예고하는 역할을 한다.

그러나 여기서 모든 폭력적인 장면이 비유적·간접적으로만 묘사되고 있음에 유의하라. 첫째, 칼은 예수의 입에 있다. 즉 손에 들고 사람을 해하는 칼이 아니라 말씀의 칼인 것이다. 둘째, 그는 철장으로 다스리실 것인데, 개역개정 성경에서 "다스리다"로 번역된 그리스어 "포이마이노"(ποιμαίνω)는 양을 친다는 뜻이다. 양을 치는 목자들은 맹수들이 나타나 양을 해칠 경우에 대비하여 막대기를 가지고 다니다가 맹수를 쫓아내거나 맞서 싸운다. 본문에서 이 막대기는 철로 만들어져서 강력한 무기로 사용될 수 있지만 어디까지나 방어용일 뿐이다. 셋째, 하나님의 맹렬한 진노의 포도주 틀을 밟는다는 묘사 역시 강력한 심판을 암시하면서도 어디까지나 비유적인 표현이다. 이를 종합해보면 어디에서도 폭력이 직접적으로나 노골적으로 서술되지 않음을 알 수 있다.

다. 싸우지 않고 이기심

요한계시록에는 하나님 또는 예수님께서 사탄의 세력과 직접 전투를 벌이시는 장면이 나오지 않는다. 하나님은 싸우지 않고 이기신다. 세 대주의자들이 소위 "아마겟돈 전쟁"이라 부르는, 예수 재림 후 사탄의 세력과의 첫 대결 장면을 보자. 개역개정 성경의 요한계시록 19:19은 사탄의 세력이 예수의 군대와 더불어 전쟁을 일으켰다고 말하고 있으나 이는 오해를 일으킬 소지가 있다. 이 본문은 새번역 성경이 그 뜻을 더 분명히 드러낸다.

> 나는 짐승과 세상의 왕들과 그 군대들이, 흰 말을 타신 분과 그의 군대에 대항해서 싸우려고 모여 있는 것을 보았습니다. 그러나 그 짐승은 붙잡혔고, 또 그 앞에서 기이한 일들을 행하던 그 거짓 예언자도 그와 함께 붙잡혔습니다.…(계 19:19-20 새번역).

사탄의 세력은 예수의 군대와 전쟁을 벌이려고 모여들었으나, 전쟁이 실제로 일어나지는 않는다. 그들은 그저 모여 있다가 싸워보지도 못하고 붙잡혀 처형되기 때문이다.

이와 비슷한 장면이 20:7-9에도 나온다. 천년왕국이 끝난 후 무저갱에서 놓인 사탄은 다시 "땅의 사방 백성 곧 곡과 마곡을 미혹"하여 동원한다. 이 부분을 개역개정 성경으로 읽으면 그들과 성도들 사이에 전쟁이 일어나는 것처럼 보일 수 있으나, 그러려고 할 뿐 실제로 싸움이 벌어지는 것은 아니다. 이 구절도 새번역 성경이 좀 더 정확하다.

> 천 년이 끝나면, 사탄은 옥에서 풀려나서, 땅의 사방에 있는 민족들, 곧 곡과 마곡을 미혹하려고 나아갈 것입니다. 그리고 전쟁을 하려고 그들을 모을 것인데, 그들의 수는 바다의 모래와 같을 것입니다. 그들은 지면으로 올라와서, 성도들의 진과 하나님께서 사랑하시는 도시를 둘러쌌습니다. 그러나 하늘에서 불이 내려와서, 그들을 삼켜 버렸습니다. 그들을 미혹하던 악마도 불과 유황의 바다로 던져졌는데, 그곳은 그 짐승과 거짓 예언자[가][6] 있는 곳입니다. 거기에서 그들은 영원히, 밤낮으로 고통을 당할 것입니다(계 20:7-10 새번역).

사탄은 전쟁을 벌이려는 의도로 곡과 마곡을 동원했으나 뜻대로 전쟁이 일어나지는 않는다. 그들은 하나님의 도시를 포위하고 있었으나 싸움이 일어나기도 전에 하늘에서 불이 내려와 그들을 삼켜 버린다. 이 장면에서 사탄과 그의 잔당은 완전히 소탕되어 불 못에 던져진다. 지금 살펴본 두 장면의 공통점은 하나님이 싸우시지 않고, 즉 폭력을 사용하시지 않고 이기신다는 것이다.

---

6   새번역 성경은 "거짓 예언자들"로 번역했으나 그리스어 본문에는 단수형으로 되어있다.

라. 선악 이분법과 폭력

그럼에도 불구하고 요한계시록에 폭력적인 장면이 전혀 등장하지 않는 것은 아니다. 하늘에서 불이 내려와 그들을 삼켜버린다든지 사탄의 세력을 유황불 못에 던져 영원히 밤낮으로 고통당하게 하는 장면들은 여전히 폭력적이라 할 수 있다. 그러나 지금까지의 관찰을 종합해볼 때 요한계시록이 폭력 사용에 대해 유보적이라는 점은 분명하다. 그럼에도 여전히 나타나는 폭력적 서술은 우리가 사용하는 언어의 한계와 저술 당시의 문화적 관습에 기인한 것으로 생각된다. 일반적으로 심판과 관련된 우리의 언어가 폭력과 밀접하게 연결되어 있는 점을 고려해보면 종말 심판을 비폭력적으로 서술하는 데는 아무래도 근원적인 한계가 있다고 볼 수 있다.

우리가 영화에서 흔히 접하는 "심판" 장면을 떠올려보면 요한계시록의 비폭력성이 더 두드러진다. 많은 상업 영화들은 관객을 끌기 위해 더 자극적인 폭력 장면을 만들고, 그 폭력을 정당화하기 위해 선악의 이분법을 조장하는 경향이 있다. 일반적으로 보통 사람에 대한 폭력은 정당화되기 어렵기 때문에, 영화 제작자들은 비열하고 잔인하고 매정한 악당을 만들어 폭력을 정당화한다. 반면 주인공은 신사적이고 정의롭고 너그럽기까지 하며 최고 수준의 무공도 갖췄다. 그런데도 주인공은 폭력을 거의 사용하지 않음으로써 악당을 감화시키고 돌아선다. 그러면 악당은 뉘우치는 척을 하다가 돌아서는 주인공의 등에 칼을 꽂으려 한다. 이쯤 되면 관객의 분노가 극에 달하면서 선악의 이분법이 만들어진다. 그다음부터는 주인공이 악당을 "심판"하기 위해 사용하는 모든 폭력이 정당화되고 영화에 사용되는 액션도 극에 달한다.

사실 이 땅의 현실에는 선악의 이분법을 적용할 수 없다. 아무리 나쁜 사람이라도 온전히 악하지는 않으며 아무리 선한 사람이라도 온전히 선하지는 않다. 천하의 악당에게도 일말의 선은 있기 마련이며, 아무리 선해 보이는 사람의 속도 들여다보면 실망스러운 구석이 있기 마련이다. 어떤 사람이 온전한 악인으로 보인다면, 그가 나와 적대 관계에 있거나 다른 사람과의 적대 관계에 내가 동조하기 때문이다. 현실에는 완전히 좋은 나라도 없고 완전히 나쁜 나라도 없으며, 100% 선한 사상이나 100% 악한 사상도 없다. 현실에 존재하는 모든 사람과 기관과 이념과 문화에는 선과 악이 혼재한다.

그러나 묵시문학에는 선악의 극단적인 이분법이 담겨 있다. 현실에는 적용되지 않는 선악 이분법이 종말 상황에는 적용된다. 종말이 오면 하나님 편에 선 자들과 사탄의 편에 선 자들이 뚜렷이 구별된다. 게다가 사탄에 속한 자들은 연이은 재앙을 겪고도 전혀 회개하지 않은 채로 끝까지 하나님께 저항한다. 그 결과 모든 사람의 운명이 구원 아니면 심판이라는 양극으로 나뉜다. 묵시문학에는 이처럼 분명한 선악 이분법이 작용하는 경향이 있기 때문에 폭력을 정당화하기에 좋은 배경이 될 수 있다. 그런데 앞에서 살펴본 것처럼 요한계시록은 이렇게 뚜렷하게 선과 악이 갈리는 상황에서조차 폭력 사용에 대해 유보적이다. 이는 요한계시록이 폭력을 정당화하지 않음을 잘 보여준다. 심지어 선한 의도에서 나온 폭력조차도 말이다.

5. 아마겟돈 전쟁?

요한계시록에 서술된 폭력 사용에 대한 문자적 이해는 세대주의자인 핼 린지(Hal Lindsey)의 책 『대유성 지구의 종말』(*The Late Great Planet Earth*, 1970)에서 제3차 세계대전의 시나리오로 발전됐다.[7] 이 책은 1971년에 우리말로 번역되었고, 세계적으로 수천만 부가 팔렸다. 요즘엔 이 책에 대한 관심이 많이 수그러들었고, 출간 후 50년이 지나는 동안 그 책에 담긴 주장들이 허위임이 충분히 드러났다. 그런데도 여기서 따로 한 절을 할애하여 관련 내용을 다루려는 이유는 그 책에서 비롯된 아이디어들이 세계 여러 나라에 여전히 큰 영향력을 미치고 있기 때문이다.[8] 심지어 위험한 현실적 결과로 나타나기도 한다. 린지는 성경의 여러 구절을 본래 맥락에서 떼어내고 자의적으로 조합하여 성경에 없는 새로운 시나리오를 만드는데, 이것은 세대주의자들이 성경을 해석하는 전형적인 방식으로서 오늘날에도 계속해서 사용되고 있

---

7   Hal Lindsey, 김재권 역, 『대유성 지구의 종말』(서울: 생명의말씀사, 1971).

8   Lindsey와 함께 세대주의의 대중적 확산을 주도한 인물은 Tim LaHaye(1926-2016) 다. 12권으로 구성된 그의 소설 『레프트 비하인드』(Left Behind) 시리즈는 총 5천

다. 린지는 이 외에도 많은 책을 발간했고 여전히 온·오프라인으로 활발한 활동을 펼치고 있으며, 국제 정세의 변화에 맞춰 자신의 주장을 계속 수정하여 내놓고 있다.

가. 이스라엘의 "재탄생"

린지는 이스라엘이 "재탄생"을 선포한 1948년 독립선언을 종말의 결정적 신호로 해석한다. 또한 그는 1) 이스라엘 건국에 이어 2) 유대인들이 예루살렘과 옛 성지를 회복할 것이고, 3) 옛 성전 터 위에 새로운 성전을 세울 것이라고 예고한다.[9] 린지에 의하면 세 사건들은 이스라엘의 의의를 드러내는 시대의 징조다.

먼저 린지는 이스라엘의 "재탄생"이 성경에 예고된 사건임을 증명하고자 한다. 그는 마태복음 24장에 담긴 예수의 종말 설교를 현대 이스라엘의 건국에 대한 예고로 제시한다. 예수께서는 다음과 같이 말씀하셨다.

그때에 유대에 있는 자들은 산으로 도망할지어다(마 24:16).

———

만 부 이상 팔렸으며, 어린이용 도서, 게임, 웹사이트, 영화로도 제작되었다. Rossing은 그 외에도 미국에서 텔레비전 설교나 저술 활동을 통해 세대주의를 확산시켜 온 인물들로 Scofield(1843-1921), Moody(1837-1899), Blackstone(1841-1935), Walvoord(1910-2002), Ryrie(1925-2016), Van Impe(1931-2020), John Hegee, Benny Hinn, Pat Robertson 등을 꼽는다. 관련 내용은 『미국의 중동정책과 묵시종말론』에 소개되어 있다.

9   Hal Lindsey, 『대유성 지구의 종말』, 48.

린지는 이 구절을 예수께서 다시 오실 종말에 유대인들이 한 국가로서 팔레스타인에 있게 될 것에 대한 근거로 제시한다.[10] 그는 본문을 어떻게 읽었기에 그런 주장을 할 수 있는 걸까? 아마도 린지는 이 말씀을 듣고 있던 예수의 제자들이 유대인이므로 종말에 유대인들이 유대에 있게 될 것이라는 예고로 이해하는 것 같다. 그럼 이 구절은 유대인이 아닌 사람에게는 아무런 의미가 없는가?

예수께서는 20절에서 "도망하는 일이 안식일에 되지 않도록 기도하라"고 말씀하신다. 린지의 주장에 따르면 이 구절은 현대 이스라엘 건국 후 안식일에 여행을 금지하는 옛 전통이 다시 시행됨으로써 그들의 신속한 도피가 방해받게 될 것이라는 암시다.[11] 그러나 유대인들은 현대 이스라엘 국가의 존재와 관계없이 안식일을 지켰고 또 지키고 있다. 따라서 위의 두 구절을 종말에 이스라엘이 재건국된다는 뜻으로 해석하는 것은 전혀 설득력이 없다.

린지가 현대 이스라엘 건국과 관련짓는 구절 중 독자들에게 가장 익숙한 것은 마태복음 24:32-34일 것이다.

무화과나무의 비유를 배우라. 그 가지가 연하여지고 잎사귀를 내면 여름이 가까운 줄을 아나니 이와 같이 너희도 이 모든 일을 보거든 인자가 가

---

10   Lindsey, 『대유성 지구의 종말』, 50.
11   Ibid.

까이 곧 문 앞에 이른 줄 알라. 내가 진실로 너희에게 말하노니 이 세대가 지나가기 전에 이 일이 다 일어나리라(마 24:32-34).

린지의 해석에 따르면 무화과나무는 이스라엘을 가리키고, 무화과 가지가 연해지고 잎사귀를 내는 것은 이스라엘의 재탄생과 관련된 사건을 뜻한다.

　무화과나무는 정말로 이스라엘을 가리키는가? 예수의 수난 이야기(마 24장 포함)에서 이스라엘을 상징하는 나무는 포도나무다(마 21:33-46). 예수는 유대 지도자들을 악한 포도원 농부에 비유하신다. 예언자 이사야도 이스라엘을 포도나무에 비유하고(사 5:1-7), 시편 80편은 이스라엘의 출애굽과 가나안 정착을 주께서 한 포도나무를 이집트에서 가져다가 심으신 것으로 비유한다(시 80:8-19). 그런가 하면 바울은 이스라엘을 참 감람나무에 비유한다(롬 11:17-24). 그러나 성경에서 이스라엘을 무화과에 비유한 사례는 찾아보기 어렵다. 린지가 종말에 대한 예고라고 인용한 다른 성경 본문 중에서도 이스라엘을 무화과로 비유한 것은 없다. 린지는 현대 이스라엘의 국화가 무화과라는 점에 착안한 듯하나, 그것은 성경을 오늘의 사건에 무리하게 끼워 맞춘 해석이다.

　린지를 비롯한 세대주의자들의 종말 시나리오에 나타나는 가장 큰 문제점은 성경 본문을 본래의 맥락에서 읽지 않는다는 것이다. 그런 문제는 여기서도 잘 나타난다. 무화과나무 가지가 연해지고 잎사귀를 내면 여름이 가깝다는 마태복음 24장의 언급은 미래 일에 대한 예고가 아니다. 그것은 당시 모든 사람이 알고 있었던 농경 상식을 하나의 예시로 사용한 것일 뿐이다. 예수께서 정작 하고자 하는 말씀은 다른 것이다. 예수는 청중이 잘 알고 있는 일반적인 사실을 예로 들어 다른 말씀을 하시고자 했다.

린지의 해석이 얼마나 자의적인지 또 다른 사례를 통해 확인해보자. 요한계시록에도 마태복음 24장처럼 무화과나무가 예시로 사용된 본문이 있다.

하늘의 별들이 무화과나무가 대풍에 흔들려 설익은 열매가 떨어지는 것 같이 땅에 떨어지며(계 6:13).

린지의 주장처럼 무화과나무가 이스라엘이라면, 이 본문을 어떻게 해석할 것인가? 이스라엘 나라가 멸망한다는 뜻인가? 그렇게 읽을 사람은 아무도 없을 것이다. 왜냐하면 여기서 무화과나무는 종말 현상을 묘사하기 위해 사용된 하나의 비유에 불과하기 때문이다. 무화과나무는 마태복음 24:32에서도 비유로 사용되었다.

마태복음 24장 말씀의 "이 세대"란 묵시종말론의 용어다. 태초부터 시작하여 하나님 나라가 시작될 때까지가 바로 "이 세대"다. 이 세대는 영원을 둘로 나눈 기간 중 하나로서 엄청나게 긴 시간이다. 그런데 린지는 신학의 기초가 없는 사람들이 종종 그리하듯이 이 세대를 생물학적 한 세대인 40년으로 잘못 해석한다. 다음은 린지의 책에 나오는 한 구절이다.

어느 세대인가? 이 문맥에서는 분명히 가장 큰 기적인 이스라엘의 재탄생을 보는 세대다. 성경에서 한 세대는 때로는 40년인 것 같다. 만일 이 산법이 옳다면 1948년으로부터 약 40년 이내에 이 모든 것이 이루어질 것이다. 일생 동안 성경 예언을 연구한 많은 학자들은 이렇게 될 것을 믿는다.[12]

린지는 여기서 비록 완곡한 표현을 사용하긴 했지만 "1948년으로부터 약 40년 이내에" 곧 1988년이 되기 전에 그가 예고하는 종말 시나리오가 다 이루어질 것이라고 예고한다. 당시 한국교회에는 린지의 영향을 받아 1988년 이전에 종말이 오리라 믿고 기다리는 사람이 많았다. 나도 한동안 그런 사람 중 하나였다. 1981-89년 미국의 대통령으로 재임한 로널드 레이건도 마찬가지였다. 그는 중동 국가들과 전쟁을 벌이면서 자신이 아마겟돈 전쟁을 수행하고 있다고 믿었다.[13]

---

12   Lindsey, 『대유성 지구의 종말』, 51-52.
13   레이건은 Lindsey의 주장을 따라 겔 38-39장의 "곡"이 소련이라고 믿었다. Stephen L. Cook, *Prophecy and Apocalypticism: The Postexilic Social Setting* (Minneapolis: Fortress,

나. "아마겟돈 전쟁"의 진행

이스라엘의 건국은 어떻게 "아마겟돈 전쟁"으로 발전하게 될까? 린지가 성경의 여러 구절을 최근 사건들에 짜맞춰 예고한 바에 따르면, 이스라엘 건국과 동일한 시기에 전 세계는 동서남북의 4대 강국을 중심으로 하여 4대 세력권으로 재편된다. 서방의 중심은 유럽 공동체(그 당시엔 EC, 지금은 EU)이고, 이에 대항하는 동방 세력의 중심은 중국이다. 북방 세력은 구소련과 동유럽이다. 그리고 남방 세력은 이집트를 중심으로 한 아랍 국가들과 그에 동조하는 아프리카 국가들이다. 이 4대 세력권이 이스라엘과 얽혀 팔레스타인에서 벌이는 제3차 세계대전이 그가 말하는 "아마겟돈 전쟁"이다.

린지에 의하면 이스라엘의 건국 후 가장 먼저 일어날 주요 사건은 유럽 10개 국가의 연합으로서 그것은 곧 요한계시록의 "짐승"인 로마 제국의 부활을 의미한다. 린지가 "미래의 총통"이라 부르는 이 유럽 연합의 지도자는 중동 문제의 진원지가 된 이스라엘과 상호 보호 협정을 맺고 모세의 율법에 따른 제사 제도를 재시행하도록 허락할 것이다. 린지는 이 조약의 서명과 함께 7년 대환난이 시작된다고 주장한

1995), 40; Yehezkel Landau, "The President and the Prophets," *Sojourners* 13/6 (June - July 1984), 24-25; Danny Collum, "Armegeddon Theology as a Threat to Peace," *Faith and Mission* 4.1 (1986), 61 - 62; and G. Clark Chapman, Jr., "Falling in Rapture Before the Bomb," *The Reformed Journal* 37.6 (June 1987), 13. Rossing의 책 『미국의 중동정책과 묵시종말론』, 69에 인용된 레이건의 대화 내용도 참조하라.

다.[14] 유럽 연합의 지도자는 첫 3년 반 동안 중동 문제를 해결함으로써 전 세계의 지지를 받고 경배의 대상이 된다. 그리고 예루살렘에 가서 성전에 자리를 잡고 자기가 하나님이라고 주장하게 된다(살후 2:4; 마 24:15). 이 시나리오에는 성전의 존재가 전제되어 있으므로 이 일이 일어나기 전에 예루살렘에 성전이 재건되어야 한다. 린지는 이 책이 저술된 1970년에 곧 예루살렘 성전 건축이 시작될 것이라고 예고했다.[15]

유럽 공동체는 유럽 석탄 철강 공동체(ECSC), 유럽 경제 공동체(EEC), 유럽 원자력 공동체(Euratom) 등으로 따로 시작되었다가, 린지가 이 책을 발간하기 3년 전인 1967년에 하나로 통합되어 하나의 유럽 공동체(EC)가 되었다. 이스라엘의 건국과 유럽 공동체의 설립은 린지의 가슴을 뛰게 하는 꽤 확실한 종말의 징조로 보였을 것이다. 내가 고등학생으로서 이 책을 처음 읽었던 1980년 어간에 유럽 공동체는 9개국이었다. 나는 책을 읽은 지 얼마 되지 않아 라디오에서 1981년 1월 1일에 그리스가 열 번째 회원국으로 유럽 공동체에 가입할 것이라는 뉴스를 들었다. 그때 느꼈던 충격이란! 나는 곧 정말로 종말이 오는 줄 알았다. 하지만 그리스의 유럽 공동체 가입 이후에도 아무런 일이 일어나지 않는 것을 보면서 비로소 린지의 미몽에서 깨어나기 시작했다. 참고로 유럽 공동체는 현재 유럽 연합(EU)으로 발전했고, 영국의

---

14   Lindsey, 『대유성 지구의 종말』, 160-62.
15   Lindsey, 『대유성 지구의 종말』, 55.

탈퇴(Brexit) 이후에도 27개국이 가입되어 있다.

　이후의 시나리오도 간략하게 살펴보자. 유럽 연합의 지도자가 중동 문제를 해결한 후 경배를 받고 있을 즈음 남방 세력인 이집트가 이끄는 아시아-아프리카 연합군이 이스라엘을 침략한다. 그러자 이에 대한 대응으로 북방 세력 곧 소련과 동구권이 전쟁에 개입하여 이를 저지한다. 소련의 목표는 경제적인 것이다. 린지는 이 책이 저술된 1970년대 이후 10년간 이스라엘이 세계에서 가장 번영한 나라가 되어 예루살렘이 세계의 문화, 종교, 경제의 중심이 될 것이라고 예고했다. 그것은 사해에 저장된 지하자원 때문인데, 그의 주장에 따르면 그 자원의 매장량은 영국, 미국, 프랑스의 재산을 합친 것보다 많다.[16]

　다음은 동방 세력의 참전이다. 린지는 중국의 동방 세력이 처음에는 로마와 합세하여 소련을 제거할 목적으로 전쟁에 가담하지만, 결국은 서방 세력을 배반하고 서방 연합군을 공격하기 위해 2억의 군대(계 9:16)를 동원할 것이라고 예고한다. 2억의 군대를 비행기나 자동차로 수송하는 것은 불가능하다. 그래서 린지는 중국 군대가 걸어서 팔레스타인까지 이동할 것이라고 주장한다. 결국 서방 세력과 동방 세력은 아마겟돈에서 최후의 대전을 벌일 것이다. 이것이 린지가 말하는 "아마겟돈 전쟁"이다. 그리고 그는 이 전쟁이 절정에 이를 때 예수 그리스

16　Lindsey, 『대유성 지구의 종말』, 164-66.

도께서 재림하셔서 인류를 구원하실 것이라고 주장한다.[17]

다. 린지의 시나리오는 성경과 일치하는가?

1) 맥락을 제거함

린지의 시나리오는 이미 50년 전에 나온 것이고, 그후 세계 정세의 변화에 따라 계속 수정되어 지금은 전혀 다른 모습을 띠고 있으므로 그 시나리오 자체의 신빙성을 따지는 것은 별 의미가 없다.[18] 우리의 관심사는 그보다는 린지가 성경을 사용하는 방식에 있다. 린지의 시나리오는 성경이 말하는 내용에 부합할까? 먼저 북방 세력의 정체를 검토해 보자. 린지는 에스겔 38-39장, 다니엘 11:40-45, 요엘 2:20을 근거로 북방 세력의 시나리오를 구성한다. 세 본문은 모두 이스라엘 북쪽에서 오는 군대의 공격을 서술한다. 그러나 세 본문에서 북쪽의 군대는 제각기 서로 다른 침입자들을 가리킨다.

에스겔 38-39장에서 큰 군대를 몰고 오는 북쪽 나라는 "곡"이다. 린지는 "곡"이 구소련이라고 주장하며, 바사, 구스, 붓, 고멜, 도갈마 등(38:5-6)이 현대 소련의 동맹국임을 입증하기 위해 상당히 많은

---

17 Lindsey, 『대유성 지구의 종말』, 164-78.
18 Lindsey와 그에 동조하는 세대주의자들은 계속해서 그들의 주장을 수정하고 있다. 예를 들어 그들은 이스라엘의 "재탄생"이 단순히 1948년 사건을 가리키는 것이 아니라 구약의 이스라엘이 차지했던 국경선들을 모두 점령할 때 이루어질 일이라고 주장한다. Rossing, 『미국의 중동정책과 묵시종말론』, 78.

지면을 할애한다.[19] 그러나 에스겔의 곡이 소련이든 아니든, 궁극적으로 린지의 시나리오를 입증하는 데 큰 도움이 되지 못한다. 왜냐하면 그가 에스겔서와 함께 인용하는 다니엘서에서는 "북방 왕"이 곡도 소련도 아니기 때문이다. 다니엘 11:40-45이 말하는 "북방 왕"과 "남방 왕"의 대립은 린지 자신도 인지하고 있듯이[20] 그리스 북쪽 제국 셀레우코스와 남쪽 제국 프톨레마이오스 사이에서 벌어진 전쟁을 서술한 것이다(참조. 단 11:2). 여기서 "북방 왕"은 셀레우코스가 지배하던 시리아다.

그런가 하면 요엘 2:20이 말하는 북쪽 군대는 메뚜기의 침입을 가리키는 표현이다. 린지는 인용하지 않았지만 예레미야 1:14에도 북방 왕국들의 공격이 서술된다. 여기에 언급된 북방 왕국은 바벨론 제국이다. 이처럼 네 본문은 서로 다른 침입자들에 관해 말하고 있다. 그러나 린지는 각 본문의 맥락을 무시한 채 서로 다른 내용을 자의적으로 떼어다가 조합하여 성경에 없는 시나리오를 만들어냈다.

2) 문자적인 불일치

게다가 린지의 시나리오는 그가 그렇게 임의로 선택한 성경 본문과도 일치하지 않는다. 린지는 유럽 연합의 지도자인 서방 왕이 성전을 모

---

19   Lindsey, 『대유성 지구의 종말』, 61-71

20   Lindsey, 『대유성 지구의 종말』, 79.

독할 것이라고 말한다(마 24:15). 그러나 그 시나리오의 근거로 사용된 다니엘 11장에서 성전을 모독하는 존재는 서방 왕이 아니라 북방 왕인 시리아의 왕이다(단 9:27; 11:31; 12:11). 린지가 "서방 왕"이라 부르는 요한계시록의 짐승은 하나님을 모독하지만, 린지의 시나리오에서처럼 성전과 관련되지는 않는다.

린지의 시나리오에 제시된 최후 국면은 서방 왕과 동방 왕이 아마겟돈에서 맞붙어 싸우는 것이다. 그러나 요한계시록에는 서방 왕과 동방 왕이 서로 싸우는 내용이 나오지 않는다. 동방 왕들은 짐승(서방 왕)의 입에서 나온 세 더러운 영에 의해 아마겟돈으로 소집된다(계 16:12-16). 즉 계시록에서 동방 왕과 서방 왕은 한편이다. 그들과 천하왕들이 사탄과 한 패거리를 이뤄서 재림하신 그리스도의 군대와 싸우려고 모이지만 싸움을 시작하지도 못하고 붙잡혀 소멸된다(계 19:19-21). 린지가 아마겟돈 전쟁의 근거로 삼는 이 장면에서 대치하는 것은 사탄의 군대와 하나님의 군대이지 동방과 서방의 정치 세력이 아니다.

린지는 에스겔 38-39장의 "곡"을 "아마겟돈 전쟁"의 북방 왕으로 등장시킨다. 그런데 아마겟돈은 요한계시록에 나오는 지명이다. 요한계시록에도 "곡"이 마곡과 함께 등장하지만(계 20:8) 그 시점은 천년왕국이 끝난 다음이다. 린지의 시나리오에서 "아마겟돈 전쟁"은 천년왕국 이전인 예수 재림 직전에 일어나고, 곡과 마곡은 천년왕국이 끝난 후 사탄의 잔당들이 모여 하나님께 대항하는 장면에 등장한다(계 20:7-10). 린지 자신도 이것이 "아마겟돈 전쟁"과 분명히 다른 사건임을 잘 알고 있다.[21] 그렇다면 "아마겟돈 전쟁"에서 소멸하는 곡은 누구이며 천년왕국 후에 등장하는 곡은 또 누구인가? 린지는 그에 대해 전혀 설명하지 않는다.

3) 왜 동서이고 남북일까?

린지가 말하는 것처럼 동서남북의 4대 세력이 함께 등장하여 서로 대립하는 장면은 성경에 나오지 않는다. 앞서 살펴본 것처럼 린지의 시나리오에 등장하는 북방 세력과 남방 세력의 대립은 에스겔서와 다니엘서에서 가져온 것이다. 그러나 두 본문에 동방 세력과 서방 세력은 등장하지 않는다. 동방 세력과 서방 세력은 요한계시록 9장과 13장에서 가져온 것이다. 그런데 요한계시록에는 북방 세력과 남방 세력이 등장하지 않는다. 즉 동서가 대조되는 본문과 남북이 대립하는 본문은 따로 있지만 동서남북이 함께 등장하여 각축하는 본문은 없다.

왜 에스겔서와 다니엘서는 남북 간의 대립을 서술하고, 요한계시록은 동서의 대조를 염두에 두고 있을까? 에스겔서와 다니엘서는 구약 시대 팔레스타인을 배경으로 기록되었다. 팔레스타인은 이집트와 메소포타미아의 양대 제국을 잇는 "왕의 대로"와 "해변 길" 가에 놓여 있었다. 그 대로들을 따라 남쪽으로 가면 이집트가 있고, 북쪽으로 가면 북이스라엘을 무너뜨린 아시리아, 남유다를 멸망시킨 바벨론, 고레

---

21   Lindsey, 『대유성 지구의 종말』, 187.

스 황제의 페르시아와 같은 메소포타미아 제국들이 있었다. 이처럼 이
스라엘 역사에서 국가적 생존을 위협하는 결정적인 침입자들은 늘 북
쪽이나 남쪽에서 왔다.

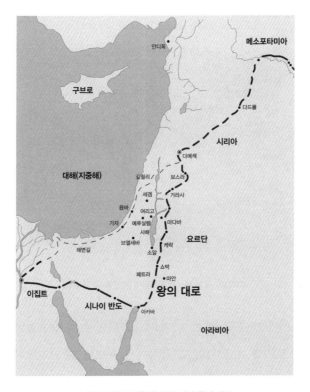

〈그림 20〉 남북 방향의 해변 길과 왕의 대로

반면 요한계시록은 지중해 북쪽 연안 소아시아 지방에서 저술되었다.
그 지역에서 볼 때 로마 제국은 동서 방향으로 길게 뻗어 있다. 또 로
마 제국은 세계 최강의 제국이었지만 유프라테스 동쪽에 있는 파르티

아를 두려워 했다. 왜냐하면 오랫동안 파르티아를 정복하지 못하고 여러 번 치욕적인 패배를 당했기 때문이다. 파르티아에 대한 로마인들의 이런 두려움은 요한계시록에서 중요한 모티프로 사용된다(예. 네로의 귀환).

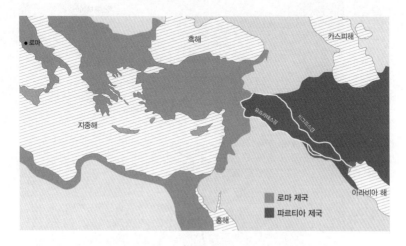

〈그림 21〉 로마 제국과 파르티아(기원후 1세기 중엽)

파르티아는 유프라테스 너머 메소포타미아 지역에 있었다. 로마 사람들이 보기에 유프라테스는 동쪽에 있으므로, 그 지역에서 오는 침입자들은 "동방 왕들"이 된다(요한계시록). 그러나 팔레스타인에 세워진 이스라엘의 위치에서 보면 유프라테스에서 오는 침입자들은 "북방 왕들"이다(구약성경). 서울이 대전에서 보면 북쪽에 있지만 인천에서 보면 동쪽에 있는 것과 마찬가지다. 이처럼 맥락에 따라 달라지는 내용을 맥락에서 떼어내어 자의적으로 조합하면 어떤 혼란이 빚어지는

지를 린지의 시나리오가 잘 보여준다.

4) 모든 미래가 종말은 아니다

성경에 나오는 미래에 대한 예고가 전부 역사의 종말에 대한 예고는 아니다. 많은 예언서는 북왕국 이스라엘의 멸망(기원전 721)과 남왕국 유다의 멸망(기원전 587)을 예고한다. 또한 바벨론에 포로로 잡혀간 유대인들의 귀환(사 40-55장), 셀레우코스 제국 안티오코스 에피파네스의 멸망(다니엘서), 메시아가 오실 것에 대한 예고도 있다. 그러나 린지와 같은 세대주의자들은 자신들의 시대가 종말이라고 전제한 후 성경에 나오는 미래에 대한 예고 중 오늘의 상황과 비슷하다고 생각되는 것들을 맥락과 관계없이 취사 선택하고 조합하여 종말의 시나리오를 만들어낸다.

　린지는 구약성경에 그리스도의 재림에 관한 예언이 5백 회 이상 나온다고 주장한다. 그리고 신약성경의 매 25구절 중 하나는 그리스도의 재림과 관계된다고 말한다. 만일 그렇게 믿고 종말 시나리오를 구성하고자 했다면 그 모든 구절을 충실히 연구한 뒤에 그것을 종합하는 큰 그림을 만들었어야 하지만, 린지는 그렇게 하지 않고 그중 극히 일부를 취사 선택했을 뿐이다. 게다가 그렇게 선택한 본문들조차 서로 일치하지 않기에 그의 시나리오를 정확히 뒷받침해주지 못한다.

　앞서 요한계시록의 구조를 설명할 때 언급했듯이, 요한계시록에 아마겟돈은 나오지만 아마겟돈에서 전쟁이 벌어지는 사건은 등장하지 않는다. 사탄의 세력은 그리스도의 군대에 대항하여 아마겟돈으로 집결하지만 싸워보기도 전에 잡혀서 처형되거나 감금되기 때문이다. 아마겟돈에서 대립하는 것은 그리스도의 군대와 사탄의 세력이다. 이는 하나님께서 사탄의 세력을 일방적으로 심판하시는 것이지, 현실의 국가들이 서로 맞붙어 싸우는 정치·외교적 전쟁이 아니다. 그러므로 아마겟돈에서 제3차 세계대전이 일어난다는 린지의 "아마겟돈 전쟁" 시나리오는 성경적으로 전혀 뒷받침될 수 없다.

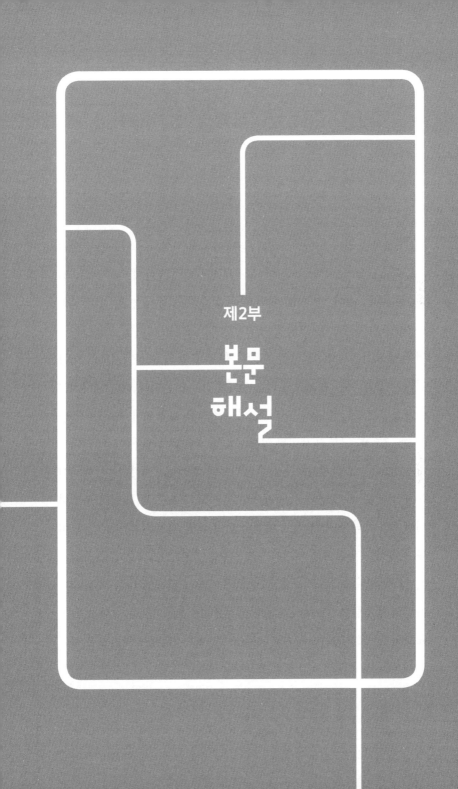

제2부

본문
해설

제1부에서 우리는 요한계시록의 숲이 어떻게 구성되어 있는지를 살펴보았다. 그런 거시적인 접근 방식을 취한 이유는 요한계시록처럼 난해한 책일수록 이야기의 미로에서 길을 잃을 가능성이 높고, 그런 사태를 막기 위해서는 큰 그림에 대한 기초적 이해를 깔아놓고 출발하는 것이 중요하기 때문이다. 독자들은 제1부를 통해 요한계시록의 이야기가 어떻게 어떤 세계로 우리를 안내하려고 하는지에 대한 개략적인 이해를 갖추게 되었을 것이다. 숲의 웅장함을 보았으니 이제는 각 나무 한 그루 한 그루의 세밀한 아름다움을 경험할 차례다.

제2부는 요한계시록 본문을 1장부터 차례대로 해설한다. 여기서는 큰 사건들과 장면들을 중심으로 본문을 나누고, 각 장면과 사건이 이야기의 흐름 속에서 어느 위치에 있고 어떤 역할을 하며 무슨 의미를 전달하는지 살펴볼 것이다. 제2부에서는 제1부에서 논의를 복잡하지 않게 하려고 의도적으로 뒤로 미루어놓은 것들도 다룰 예정이다. 따라서 독자들은 제2부를 읽으면서 앞서 형성한 이해를 심화하고 정교화하면서도 종종 제1부에서 발견하지 못한 새로운 사실을 접하는

즐거움을 경험하게 될 것이다.

제2부에서도 여러 가지 도표와 그림들을 사용할 것이다. 서사 구조를 설명할 때 사용했던 도표들을 필요에 따라 적절히 재배치하고 새로운 도표를 제시함으로써 독자들의 이해를 도울 것이다. 처음 방문한 여행지에서 자주 지도를 꺼내 보게 되는 것을 생각하면 된다. 독자들은 도표를 보면서 자신이 현재 이야기의 어느 지점에 있는지를 확인하고 해당 장면과 사건이 전체 이야기 흐름 속에서 담당하는 역할을 이해할 수 있다.

요한계시록을 이해하기 위해서 모든 상징의 의미를 다 파악해야만 하는 것은 아니다. 요한계시록은 이야기다. 상징을 상징으로 두고도 이야기를 이해할 수 있다. 또 개별적 상징의 의미를 잘 몰라도 이야기를 알고 나면 저절로 상징의 뜻을 파악하게 되는 경우도 많다. 그러므로 요한계시록을 잘 이해하는 지름길은 꼭 알아야 할 것과 알지 못해도 괜찮은 것을 구별하는 일이라고 할 수 있다. 제2부에서는 이런 접근 방법을 근간으로 삼아, 요한계시록의 모든 세부 내용을 다 설명하기보다는 독자들이 꼭 알아야 할 내용을 선별하여 최대한 간명하게 서술하려고 한다. 이제 요한계시록의 흥미진진한 이야기 속으로 들어가 하나님과 그분의 구원에 관한 심오한 통찰과 계시의 말씀을 함께 경험해보자.

제4장

요한의 소명과 일곱 메시지(1-3장)

1. 요한계시록의 머리말(1:1-8)

우리가 요한계시록에서 가장 먼저 접하는 것은 서문(1:1-3)과 편지 서두 형식(1:4-8)이다. 이 둘은 요한계시록의 머리말(프롤로그)이 되어 꼬리말(에필로그, 22:6-21)과 수미상관을 이룸으로써 요한계시록을 여닫는 역할을 한다.

가. 요한계시록의 서문(1:1-3)

일반적으로 책을 읽다 보면 서론 앞에 서문이 배치된 경우가 있다. 서문은 서론과 어떻게 구별되는가? 간단히 말하면 서론은 책의 논의를 열어주면서 주제나 논지를 제시하는 부분으로, 본론, 결론과 함께 책의 논의를 완결하기 위해 반드시 들어가야 할 내용이다. 반면 서문은 그 앞에 선택적으로 덧붙여진다. 대개 서문에는 그 책을 저술하게 된 동기, 과정, 저술 목적 등이 들어가고 책을 쓰고 발간하는 데 도움을 준 사람들에 대한 감사의 표현이 담긴다. 요한계시록 1:1-3은 그런 서문의 형식을 갖추고 있다.

먼저 요한계시록 서문은 이 책을 "예수 그리스도의 계시"라고 소개한다. 여기서 "계시"로 번역된 아포칼립시스(ἀποκάλυψις)는 "묵시"로 번역되기도 하며, 이후 요한계시록과 같은 묵시문학(apocalypse) 장르를 가리키는 전문 용어가 되었다. 그러나 요한계시록이 저술되던 때는 사람들 사이에서 묵시문학이 하나의 장르로 인식되고 명명되기 전이었을 것이므로, 1:1의 이 말은 단순히 "계시"로 옮기는 것이 적절하다. 계시한다는 말은 보여준다는 뜻이다.

"예수 그리스도의 계시"라는 어구에서 "예수 그리스도"는 계시의 주체로 이해될 수도 있고 계시의 대상으로 이해될 수도 있다. 전자의 경우 이 말은 예수 그리스도께서 계시하신 내용을 의미하고, 후자의 경우는 예수 그리스도에 관한 계시를 뜻한다. 요한계시록에는 두 가지 내용이 모두 포함된다. 요한계시록에서 예수 그리스도는 계시하시는 분이자 종말의 심판자로 계시되는 분이다. 그러나 이 책은 예수 그리스도에 관한 내용만 담은 것이 아니라 하나님과 종말에 관한 여러 사건도 포함한다. 따라서 이 어구가 요한계시록 전체를 한 마디로 대변한다고 하면 "예수 그리스도께서 주신 계시"라는 뜻이 더 적절할 것이다. 이는 바로 다음에 이어지는 서술을 통해 확인된다.

…이는 하나님이 그에게 주사 반드시 속히 일어날 일들을 그 종들에게 보이시려고 그의 천사를 그 종 요한에게 보내어 알게 하신 것이라(계 1:1).

그리스어 본문에서 이 구절은 "예수 그리스도의 계시"를 수식하는 관계대명사 문장이다. 여기에는 계시가 궁극적으로 어디에서 와서 누구에게 주어지는지의 과정이 자세히 명시되어 있다. 요한계시록에 담겨 있는 계시는 최초에 하나님으로부터 온 것이며, 예수 그리스도께("그에게") 주어진 것을 천사를 통해 요한에게 계시하셔서 궁극적으로 그 종들 곧 모든 독자에게 보이시려는 것이다. 그 경로를 요약하면 다음과 같다.

하나님→예수 그리스도→천사→요한→독자

2절은 1절의 요한을 수식하는 관계대명사 문장으로서 저자 요한의 자기소개다.

요한은 하나님의 말씀과 예수 그리스도의 증거 곧 자기가 본 것을 다 증언하였느니라(계 1:2).

"하나님의 말씀과 예수 그리스도의 증거"라는 어구는 요한계시록의 저술 활동을 포함하여 증인으로서의 요한의 사역 전체를 가리킨다 (1:9). 나아가 요한과 함께 그리스도의 증인이 된 모든 그리스도인의 사명이기도 하다(6:9; 20:4). 이 어구가 모든 그리스도인에게 적용될 때 그리스도인들은 순교자로 그려진다. 그리스도인들의 증언으로 인한 순교의 경험이 축적됨에 따라 "증인" 또는 "증언"을 뜻하는 그리스 어 "마르튀리아"(μαρτυρία)는 후대에 이르러 "순교"라는 뜻을 함께 갖게 된다.

1-2절에 서술된 과정을 통해 주어지는 계시의 내용은 "반드시 속히 일어날 일들"에 관한 것이다. 제1장을 충실히 읽은 독자들은 "속히" 일어난다는 말의 뜻을 충분히 인식하고 있을 것이다. 여기서 중요한 것은 반드시 속히 일어날 일들을 알리는 것 자체가 요한계시록의 저술 목적이 아니라는 점이다. "예언의 말씀"인 요한계시록의 궁극적 목적은 독자들이 그 안에 기록된 말씀을 읽고 들은 후 지키게 하는 데 있다.[1]

나. 편지 서두 형식(1:4-8)

신약성경이 저술될 당시에는(그리고 그 후에도 오랫동안) 편지를 쓰는 방식이 정형화되어 있었으며, 일반적으로 발신자, 수신자, 인사말로 편

---

[1]   자세한 설명은 제1장 3절을 참조하라.

지를 시작해서 몇 가지 언급 후에 축복으로 편지를 마무리했다. 신약 성경에 속한 편지들은 대개 비슷한 형식을 갖추고 있는데, 요한계시록도 마찬가지다. 1장에 나오는 편지의 서두 형식을 보자.

> 요한은 아시아에 있는 일곱 교회에 편지하노니 이제도 계시고 전에도 계셨고 장차 오실 이와 그의 보좌 앞에 있는 일곱 영과 또 충성된 증인으로 죽은 자들 가운데에서 먼저 나시고 땅의 임금들의 머리가 되신 예수 그리스도로 말미암아 은혜와 평강이 너희에게 있기를 원하노라(계 1:4-5b).

요한계시록의 발신자는 요한이고 수신자는 아시아에 있는 일곱 교회다. 요한은 인사말에서 "은혜와 평강이 너희에게 있기를 원하노라"라는, 바울이 자주 사용했던 인사 문구를 모방하고 있으며 그 뒤에 긴 수식어를 붙였다.

인사말 뒤에는 예수 그리스도에 대한 찬양이 따라 나온다.

> 우리를 사랑하사 그의 피로 우리 죄에서 우리를 해방하시고 그의 아버지 하나님을 위하여 우리를 나라와 제사장으로 삼으신 그에게 영광과 능력이 세세토록 있기를 원하노라. 아멘(계 1:5b-6).

이 찬양은 우리를 죄에서 해방하시는 분으로 하나님을 소개한다. 여기서 "죄"란 우리가 지은 죄 외에도 우리를 지배하는 세력으로서의 죄를 가리킨다. 요한계시록에 나타난 하나님의 종말 심판의 궁극적인 목적은 우리를 죄의 세력 곧 사탄의 지배로부터 해방하시는 것이다.

이어서 예수 그리스도의 재림을 예고한다.

볼지어다! 그가 구름을 타고 오시리라. 각 사람의 눈이 그를 보겠고 그를 찌른 자들도 볼 것이요 땅에 있는 모든 족속이 그로 말미암아 애곡하리니 그러하리라. 아멘(계 1:7).

예수 그리스도는 구름을 타고 오실 것이라고 예고된다. 이는 다니엘 7:13에 예고된 바이며, 예수께서는 자신이 이런 모습으로 오실 것이라고 복음서에서 친히 말씀하셨다(마 26:64; 막 14:62). 사도행전에도 같은 예고가 나온다(행 1:11). 그런데 우리를 당혹스럽게 만드는 것은 많은 해석자들이 예수 그리스도의 재림 장면으로 이해하는 19:11에서 그리스도는 구름이 아니라 백마를 타고 나타나신다는 점이다. 이에 관해서는 14:14-20과 19:11-16에 대한 본문 해설을 참조하라.[2]

요한계시록의 편지 서두 형식은 다음과 같은 하나님의 말씀으로 마무리된다.

주 하나님이 이르시되 "나는 알파와 오메가라. 이제도 있고 전에도 있었

---

2   360-362, 404-406쪽을 참조하라.

고 장차 올 자요 전능한 자라" 하시더라(계 1:8).

하나님은 "알파와 오메가" 곧 처음과 끝이 되시는 분이다. 이것은 창조자이자 종말의 심판자이신 하나님을 잘 나타내는 표현이다. 그 하나님은 "이제도 있고 전에도 있었고 장차 올 자"이시다. 4절의 인사말에도 등장했던 이 표현은 4:8에서는 어린양이신 예수 그리스도에게 적용된다.

2. 요한의 소명(1:9-20)

요한계시록의 이야기는 1:9에서 본격적으로 시작된다. 저자 요한은 밧모섬에서 주의 날에(ἐν τῇ κυριακῇ ἡμέρᾳ),[3] 즉 어느 주일에 성령에 감동되어 자신의 등 뒤에서 들리는 나팔 소리 같은 큰 음성을 듣는다 (9-10절).

여기서 "성령에 감동되어"(ἐν πνεύματι, 10절)라는 어구는 요한계시록의 주요 지점에 네 번 등장하여 공간 변화를 알리는 역할을 한다 (1:10; 4:2; 17:3; 21:10). 먼저 1:10에서 요한이 "성령에 감동되어" 현

---

3   그리스도인들이 유대교의 안식일과 구별하여 예배의 날로 지키던 "주일"(일요일)을 가리키는 어구다.

실 세계로부터 이야기 세계로 들어가면서 요한계시록의 이야기가 시작된다. 두 번째로 "성령에 감동되어"가 나오는 4:2부터는 요한이 본 환상 속의 이야기가 시작된다. 요한의 자전적 이야기(위 층위)에서 종말 환상 이야기(아래 층위)로 층위 변화가 이루어지는 것이다. 세 번째와 네 번째 사례(17:3; 21:10)에서는 층위 변화 없이 이야기 세계 속에서의 단순한 장소 이동이 이루어진다. 부록 1을 시작하는 17:3에서는 요한이 광야로, 부록 2를 시작하는 21:10에서는 크고 높은 산으로 이동한다.

	장소 이동	서사 공간
1:10	이야기 속으로	현실 세계로부터 자전적 이야기로
4:2	하늘로	자전적 이야기로부터 환상 속 이야기로
17:3	광야로	환상 속 이야기 내에서 이동
21:10	크고 높은 산으로	환상 속 이야기 내에서 이동

〈표 16〉 "성령에 감동되어"(ἐν πνεύματι)와 공간 이동

가. 첫 단락의 세 가지 기능

이야기의 첫 단락(1:9-3:22)에서 요한은 "인자 같은 이"이신 예수 그리스도와 대면한다. 이 첫 단락에 담긴 예수의 말씀은 3장 끝까지 길게 이어지면서 요한계시록에서 중요한 기능을 몇 가지 수행한다. 우선 여기에는 요한계시록을 기록해야 하는 요한의 소명 장면이 나온다. 이

소명 장면을 잘 읽어보면 요한계시록에 어떤 내용이 담길지 짐작할 수 있다.

또한 이 단락은 소아시아 일곱 교회를 향한 예언적 권면을 전달한다. 특히 2-3장에 집중된 권면은 "예언의 말씀"(1:3; 22:7, 10, 18)으로서의 요한계시록의 성격에 가장 부합하는 내용이다. 이외에도 첫 단락은 요한계시록의 역사적 배경에 관해 매우 중요한 정보를 제공한다. 특히 그 당시 소아시아 일곱 교회가 처해 있던 황제 숭배의 현실을 보여주는 언급이 2-3장 곳곳에 나온다. 이제 본문을 읽으면서 첫 단락의 세 가지 기능을 하나씩 살펴보자.

나. 요한의 소명

요한은 보는 것을 두루마리에 기록하여 소아시아 일곱 교회에 보내라는 음성을 듣고(11절), 누가 자신에게 말하는지를 알아보려고 돌아선다(12절). 목소리의 주인공은 "인자 같은 이" 곧 예수 그리스도다. 그리고 이어지는 내용의 대부분은 인자 같은 이의 말씀을 상세하고 길게 기록한 것이다(1:17b-3:22).

그 말씀을 전달하기에 앞서 요한은 그분의 모습을 자세히 묘사한다(1:12-16). 묘사에 담긴 표현들은 이후의 이야기에서 예수께서 다시 등장하실 때 사용되며 그분이 예수이심을 확인해주는 근거가 된다. 예를 들어 소아시아 일곱 교회 중 에베소 교회에 보내는 메시지는 "오른손에 일곱 별을 붙잡고 일곱 금 촛대 사이를 거니시는 이가 이르시되"

라는 말로 시작되는데(2:1), 이것은 1:12-13, 16에서 인자 같은 이를 묘사한 어휘들을 다시 가져온 것이다. 에베소 교회에 이어 나머지 여섯 교회에 보내는 메시지들도 모두 같은 방식으로 시작되며(2:8, 12, 18; 3:1, 7, 14), 거기에 사용된 묘사들도 대부분 1장의 표현들을 사용하고 있다.

첫 장면은 먼저 인자 같은 이가 요한에게 요한계시록을 저술할 책임을 맡기시는 소명의 말씀을 담고 있다.

> 이르되 "네가 보는 것을 두루마리에 써서 에베소, 서머나, 버가모, 두아디라, 사데, 빌라델비아, 라오디게아 등 일곱 교회에 보내라" 하시기로(계 1:11).

> 그러므로 네가 본 것과 지금 있는 일과 장차 될 일을 기록하라(계 1:19).

첫 말씀인 11절에 의하면 요한의 사명은 두 가지인데, 하나는 그가 보는 것을 기록하는 것이고 다른 하나는 그것을 소아시아 일곱 교회에 보내는 것이다. 그 기록된 내용이 바로 요한계시록이며 기록의 수신자는 소아시아 일곱 교회다.

요한이 기록해야 할 내용은 무엇일까? 1:19은 그 내용을 구체적으로 설명해주는데, 여기에 요한계시록 전체의 내용이 요약되어 있다.[4] 본문을 그리스어로 읽어보면 다음 세 어구가 그리스어 "카이"(καὶ)로 연결되어 있다.

네가 본 것 καὶ 지금 있는 일 καὶ 장차 될 일

카이는 "그리고"(and)라는 뜻의 등위접속사로 많이 사용된다. 그러나 많은 학자들은 앞의 카이가 "주석적 용법의 카이"로 쓰였다는 데 동의한다. 주석적 용법이란 카이 뒤의 내용이 카이 앞의 내용을 주석 곧 설명해주는 것을 말한다. 그렇게 해석하면 19절은 "네가 본 것, 즉 지금 있는 일과 장차 될 일"이라는 뜻이다. 즉 요한이 본 환상에는 "지금 있는 일"과 "장차 될 일" 곧 요한의 시대에 일어나고 있는 일들과 그 후에 일어날 일들이 포함된다.

이것이 요한계시록 이야기의 내용이다. 요한계시록 이야기는 요한이 살던 당시에 청중이 겪고 있었던 일들을 해설하고 곧 다가올 종말에 일어날 일들을 예고해준다. 일곱 인 특히 처음 다섯 인(6:1-11)

4 　세대주의자들은 19절에서 "네가 본 것"이 1장이고, "지금 있는 일"이 2-3장이며, "장차 될 일"이 4-22장이라고 주장한다. 하지만 이는 전혀 설득력이 없는 주장이다. 앞서 확인한 바와 같이 (1) 1-3장과 4-22장 사이에는 시간적 선후 관계가 없다. (2) 1장과 2-3장은 둘로 나눌 수 없다. (3) 세대주의자들은 "지금"을 해석자의 지금으로 해석하여 "교회사 일곱 시대"를 거기에 대입한다. 그러나 요한계시록 본문에서 "지금"이란 요한과 일곱 교회의 시대 곧 기원후 1세기를 뜻한다.

과 두 삽입부(10:1-11:13; 12-14장)는 주로 요한 당시에 일어나던 일들을 보여주고, 일곱 나팔과 일곱 대접(6:12 이후의 중심 줄거리)은 미래에 일어날 종말 심판을 예고한다. 가까운 과거의 일(예수 그리스도의 구속 사건)도 포함되어 있으나 이것은 교회의 현실을 설명하기 위한 것으로서 "지금 있는 일"에 포함될 수 있다. 요한계시록이 이처럼 지금 있는 일과 장차 될 일을 보여주는 목적은 성도들의 현재의 삶을 변화시키기 위함이다. 왜냐하면 요한계시록은 "예언의 책"이기 때문이다.

3. 일곱 메시지(2-3장)

가. 일곱 메시지 개요

요한계시록 1장이 주로 요한의 소명을 보여준다면, 2-3장은 소아시아 일곱 교회를 향한 예언적 권면을 전달한다. 예언적 권면은 요한계시록의 저술 목적이기도 하다. 요한은 그에 부합하도록 2-3장을 가급적 평이하고 사실적인 언어로 기록함으로써 메시지가 문자적으로 분명히 전달될 수 있도록 했다. 독자들이 설령 4장 이하의 종말 환상 이야기를 잘 이해하지 못하더라도 2-3장만큼은 놓치지 않도록 말이다. 이제 요한계시록 2-3장의 구조를 간단히 살펴본 후 메시지의 내용으로 들어가 보기로 하자.

1) 일곱 메시지의 구조

소아시아의 일곱 교회는 에베소, 서머나, 버가모, 두아디라, 사데, 빌라델비아, 라오디게아의 순으로 언급되며(1:11; 2-3장), 일곱 교회에 보내는 메시지들은 거의 동일한 구조로 되어 있다. 자세히 살펴보면 모두 각 교회의 이름을 담아 "~ 교회의 사자에게 쓰라"는 명령으로 시작되며, 1장에 사용된 다양한 표현들을 사용하여 "~한 이가 이렇게 말씀하신다"라고 말한 후 본론을 시작한다. 모든 메시지가 "귀 있는 자는 성령이 교회들에게 하시는 말씀을 들을지어다"라는 명령과 함께 "이기는 자"에게 주시는 약속으로 마무리되는 점도 동일하다. 두아디라, 사데, 빌라델비아, 라오디게아 교회에 보내는 메시지에서는 이기는 자에 대한 약속이 "귀 있는 자"에게 주는 명령보다 먼저 나온다. 본론에는 각 교회가 잘한 일과 잘못한 일, 그에 따른 칭찬과 책망(회개의 촉구) 및 약속과 경고가 담겨 있다. 이를 도표로 요약하면 다음과 같다.

[도입]
"~ 교회의 사자에게 쓰라."
"~한 이가 이렇게 말씀하신다."
[본론]
잘한 일, 잘못한 일, 칭찬, 책망(회개의 촉구), 약속, 경고 등
[맺음]
"귀 있는 자는 성령이 교회들에게 하시는 말씀을 들을지어다."
"이기는 자는…"

〈표 17〉 일곱 메시지의 공통된 구조

일곱 메시지의 성격은 편지보다 예언에 가깝다. 각 메시지를 시작하는 "~한 이(인자)가 이렇게 말씀하신다"라는 도입 어구는 전형적인 예언 형식 어구다. 구약성경의 예언서들을 보면 예언자들이 예언을 시작할 때마다 사용하는 몇 가지 형식 어구들이 있다. 그중 하나가 "주님께서 이와 같이 말씀하신다"라는 어구로서 히브리어로는 "코 아마르 아도나이"(כֹּה אָמַר יְהוָה)이고 그리스어로는 "타데 레게이 퀴리오스"(τάδε λέγει κύριος)이다. 우리말 구약성경은 이 어구를 맥락에 따라 여러 가지로 번역했기 때문에 눈에 잘 띄지 않지만, 히브리어 성경이나 그리스어 70인역 성경을 보면 예언의 서두에 이 어구가 자주 사용된다. 요한계시록 2-3장의 그리스어 본문에도 이 어구가 주어인 인자에 대한 묘사만 바꾸어가며 일곱 번씩 반복 사용되고 있다.

2) 행위에 대한 강조

일곱 메시지가 본론을 시작하는 방식도 동일하다. 일곱 메시지의 본론은 모두 "나는 알고 있다"라는 뜻의 동사 "오이다"(οἶδα)로 시작된다. 또한 서머나와 버가모를 제외한 다섯 교회에 보내는 메시지의 첫 목적어는 행위로서, 다섯 교회의 메시지 본론은 다음과 같은 말로 시작된다.

"나는 너의 행위를 알고 있다"(οἶδά σου τὰ ἔργα).[5]

본론에서 이어지는 칭찬과 책망, 약속과 경고는 모두 각 교회의 행위에 기초한다. 이는 요한계시록이 성도의 행위를 중요하게 여긴다는 의미다. 요한계시록에서 성도들은 흰 두루마기(6:11)나 빛나고 깨끗한 세마포 옷을 입는데, 이 옷은 성도들의 옳은 행실을 상징한다(19:8). 요한계시록에서 믿음이란 단지 교리에 대한 동의를 뜻하지 않고 오직 하나님을 주님으로 삼는 삶으로서 당연히 행위를 동반하는 것으로 여겨진다.[6]

3) 회람 서신

일곱 메시지는 본론을 전달한 후 모두 "성령이 교회들에게 하시는 말씀을 들으라"는 명령으로 마무리된다. 여기서 성령의 말씀이 전달되는 대상인 교회가 복수형("교회들")으로 표현되어 있음에 유의할 필요가 있다. 이는 각 메시지가 교회를 단수형으로 호명하여 "~ 교회의 사자에게 쓰라"는 형태로 시작되는 점과 대조된다. 도입 문장만 보면 각 메시지가 해당 교회에 개별적으로 주어진 것처럼 들릴 수 있으나, 마

---

5 다섯 교회 중 처음 나오는 에베소 교회에 보내는 메시지에서만 인칭 대명사(σου)의 위치가 바뀌어 "οἶδά τὰ ἔργα σου"로 되어 있다.
6 성경에 담겨 있는 하나님 나라 복음과 그 복음에 따른 믿음의 패러다임 전환에 대해서는 졸저 『로마서와 하나님 나라』(서울: 새물결플러스, 2019) 제1장을 참조하라.

무리 명령에 사용된 "교회들"이라는 표현을 보면 각각의 메시지가 사실은 일곱 교회 모두를 위해 주어졌음을 알 수 있다.

우리는 이 표현을 통해 요한계시록이 고대 회람 서신의 관습을 따라 일곱 교회가 돌아가며 읽도록 저술되었음을 짐작할 수 있다. 일곱 교회가 위치한 지역들을 지도에서 관찰해보면, 밧모섬에서 가장 가까운 에베소를 시작으로 시계 방향으로 배열되어 있다. 그런 배열을 통해 짐작건대 요한은 요한계시록을 써서 에베소 교회에 가장 먼저 보내면서 시계 방향을 따라 다음 교회로 전달되기를 기대했을지도 모른다. 물론 경제적 여유가 있는 교회에서 복사본 여러 개를 만들어 다른 교회에 돌렸을 수도 있다.

그런데 요한은 왜 유독 일곱 교회를 지목했을까? 그 일곱 지역에만 교회가 있었던 걸까? 아니면 여러 지역 중 그 일곱 지역의 교회들만을 위해 요한계시록을 저술한 것일까? 많은 해석자들은 요한이 의도적으로 완전 숫자 "7"을 선택했을 가능성이 크다고 생각한다. 요한은 완전 숫자로 이루어진 "일곱 교회"를 통해 이 땅의 모든 교회를 나타내고자 했을 것이다. "귀 있는 자는 성령이 교회들에게 하시는 말씀을 들으라!" 이 말씀은 단지 이름이 특정된 일곱 도시의 교회들뿐만 아니라 기원후 1세기의 모든 지역의 성도들을 향한 것이며, 해석적으로 확장하면 오늘날 한국교회를 포함하여 시공간을 뛰어넘어 존재하는 온 세상 모든 교회를 의미할 수 있다.

나. 믿음과 회개의 권면

요한계시록이 행위에 대한 강조를 통해 성도들에게 제시하는 예언적 권면의 핵심은 회개하고 믿음을 지키라는 것이다.

1) 회개하라

회개의 촉구는 서머나 교회와 빌라델비아 교회를 제외한 다섯 교회에 주어진다. 에베소 교회는 첫사랑을 버린 것을(2:4-5), 버가모 교회는 니골라당을 따른 일을(2:14-16) 회개해야 한다. 두아디라 교회는 거짓 선지자 이세벨을 따른 일을(2:20-22), 사데 교회는 믿음이 죽어 있는 것을(3:1-3), 라오디게아 교회는 뜨겁지도 않고 차지도 않은 것을 (3:15-19) 뉘우치고 믿음의 길로 돌아서야 한다.

　여기서 회개해야 할 죄는 "니골라당"이나 "이세벨"을 따른 행위로 구체적으로 표현되기도 하고,[7] "첫사랑을 버림", "믿음이 죽음", "뜨겁지도 않고 차지도 않음"과 같이 비유적으로 표현되기도 한다. 이 같은 비유적 표현은 성도들이 믿음의 길에서 벗어나 다른 길로 가고 있음을 보여준다. 인자 같은 이는 교회들이 그런 그릇된 길로부터 돌이켜 믿음을 되찾을 것을 촉구하신다.

7　니골라당과 이세벨에 관해서는 뒤에서 자세히 설명한다.

2) 죽기까지 신실하라

소아시아의 일곱 교회 중 가장 모범적인 것은 서머나 교회와 빌라델비아 교회다. 두 교회는 위에 언급한 다섯 교회와 달리 인자로부터 책망이나 회개의 촉구를 받지 않는다. 오히려 두 교회에게는 믿음을 지키라는 권면이 주어진다. 서머나 교회는 "죽도록 충성하라"(2:10), 빌라델비아 교회는 "네가 가진 것을 굳게 붙잡으라"(3:11)는 권면을 받는다. 두 권면은 같은 내용을 표현을 바꾸어 쓴 것이다.

서머나 교회가 받은 "죽도록 충성하라"는 권면은 종종 성도들의 교회 봉사를 독려할 때 사용되곤 한다. 어떤 사람들은 이 말을 과로사하기까지 또는 과로사를 무릅쓰고 열심히 교회 봉사를 하라는 뜻으로 이해하기도 한다. 그러나 이 말씀이 주어진 맥락을 고려하면 받아들이기 어려운 해석이다. 이 권면이 포함된 2:10 전체를 살펴보자.

> 너는 장차 받을 고난을 두려워하지 말라. 볼지어다! 마귀가 장차 너희 가운데에서 몇 사람을 옥에 던져 시험을 받게 하리니 너희가 십 일 동안 환난을 받으리라. 네가 죽도록 충성하라. 그리하면 내가 생명의 관을 네게 주리라(계 2:10).

예수께서는 서머나 교회가 당할 박해를 예고하시면서 죽도록 충성하라고 말씀하신다. 그렇다면 그분은 여기서 박해를 앞둔 성도들을 향하여 과로사를 무릅쓰고 열심히 교회 봉사를 하라고 요구하시는 것일까? 예수께서 그렇게 막무가내이신 분일까?

이것은 번역의 문제로 인해 생겨난 오해다. 우리말 성경에서 "충성하라"로 번역된 그리스어 명령문 "기누 피스토스"(γίνου πιστὸς)를 정확히 옮기면 "신실하라"다. 신약성경에서 "믿음"을 가리키는 그리스어가 명사로는 "피스티스"(πίστις)이고 형용사로는 "피스토스"인데, 이는 "신실", "진실", "성실", "충성" 등으로도 옮겨질 수 있으며 이 모든 것이 다 믿음의 함의다. 믿음이란 단지 어떤 교리나 신념 체계에 동의하는 것에서 한 단계 더 나아가 하나님께 신실하고 진실되게 충성하는 것이다. 예를 들어 갈라디아서 5장에 나오는 성령의 아홉 가지 열매 중 하나인 "충성"이 바로 "피스티스"를 번역한 어휘다. 요한계시록의 맥락에서 "피스티스"가 의미하는 바는 믿음을 지키는 것이다. 이는 박해의 위협 가운데서도 죽음을 무릅쓰고 믿음을 지켜내라는 뜻이다. 그러므로 "죽기까지 신실하라"가 더 적절한 번역이다. 이는 박해 가운데 주어진 격려로서 가장 요한계시록다운 권면의 말씀이라고 할 수 있다.

3) 문밖에 서서 두드리노니

일곱 교회에 보내는 메시지는 에베소 교회를 향한 "첫사랑"의 비유로 시작되고 라오디게아 교회를 향한 다음의 비유로 끝을 맺는다. 이는 일곱 메시지 전체를 요약하는 결론과 같은 역할을 한다.

볼지어다! 내가 문밖에 서서 두드리노니 누구든지 내 음성을 듣고 문을 열면 내가 그에게로 들어가 그와 더불어 먹고 그는 나와 더불어 먹으리라 (계 3:20).

많은 독자들은 이 구절을 읽으며 한 편의 성화를 떠올릴 것이다. 예수께서 어느 집 문 앞에 서서 노크를 하고 계신 장면을 담은 그림 말이다. 그동안 사람들은 이 장면을 회심의 초대로, 즉 예수를 믿지 않는 사람들을 향한 그분을 영접하라는 초대로 이해해왔다. 그러나 이 말씀은 믿지 않는 사람들에게 주신 것이 아니다. 이것은 사랑이 식어버린 라오디게아 교회를 향해 예수님과의 친밀한 관계를 회복하자는 권유의 말씀이다.

이 비유에는 회개하라는 권면과 믿음을 지키라는 권면이 하나로 합쳐져 있다. 이도 저도 아닌 미지근한 상태를 벗어나 첫사랑을 회복하라고 권한다는 점에서 볼 때 이것은 회개의 촉구다. 그러나 주님과의 언약 관계를 더 친밀하게 유지하라고 권한다는 점에서 보면 신실하게 믿음을 지키라는 권면이다. 이 구절은 첫사랑을 회복하라는 촉구와 수미상관을 이루면서 일곱 교회에 주는 메시지의 결론 역할을 한다. 그 메시지는 곧 예수와 친밀한 사랑의 관계를 유지하자는 제안이다.

요한계시록의 권면에는 그동안 많은 사람들이 이 책을 사용해온 방식과 크게 다른 점이 있다. 우리는 이단과 사이비 종교의 시한부 종말론에 빠진 사람들이 일상을 중지한 채 한 곳에 모여 종말을 맞을 준비를 하는 것을 종종 목격한다. 반면 임박한 종말 의식을 가지고 기성 교회에서 신앙생활을 하는 이들은 전도를 강조한다. 주님 오실 날이 머지않았으니 한 영혼이라도 더 건져야 한다는 것이다. 전도도 물론 중요하다. 그러나 요한계시록은 다른 점을 강조한다. 요한계시록은 오히려 주님 오실 날이 머지않았으니 우리의 행위를 점검하라고 말한다. 교회 다니는 것에서 그치지 말고 예수 그리스도와 친밀한 사귐을 이루라고 말한다. 즉 종말을 대하는 성도의 합당한 자세는 일상에서 주님을 가까이하며 그리스도인다운 삶을 사는 것이다.

4. 요한계시록의 역사적 배경

요한계시록의 첫 단락은 요한의 소명 장면과 독자들을 위한 예언적 권면을 담고 있을 뿐 아니라, 요한계시록 저술 당시 소아시아의 교회들이 처해 있던 역사적 현실에 대해 중요한 몇 가지 정보를 제공해준다. 요한계시록의 역사적 배경을 보여주는 것이 2-3장의 주된 기록 목적은 아니었다. 그러나 요한이 성도들을 위해 신앙적 권면을 하는 과정에서 일곱 교회의 현실에 대한 정보들이 이따금 언급되기 때문에 우리는 그것을 토대로 시대 상황을 짐작해볼 수 있다. 다만 아쉽게도 정보의 대부분이 상징적인 언어로 서술되어 있어서 그것만 가지고는 당시 역사를 온전히 재구성해내기 어렵다. 따라서 추가로 로마 역사 기록과 요한계시록의 다른 본문들에 담겨 있는 정보를 함께 살펴볼 필요가 있다.

앞서 말한 바와 같이 요한계시록 2-3장은 주로 사실적인 언어로 서술되어 있어서 대체로 문자적으로 해석이 가능하다. 그러나 몇 가지 수수께끼 같은 상징 용어들이 사용되는데 "니골라당", "이세벨", "사탄의 왕좌", "사탄의 회당", "자칭 유대인" 같은 어휘들이 그에 속하며, 이들은 공교롭게도 모두 소아시아 일곱 교회의 현실과 관련되어 사용된다. 요한은 이런 상징적인 용어를 사용하여 일곱 교회가 직면하고 있던 어떤 인물(개인과 집단)이나 장소를 비유적으로 지시하고 있다. 이제 이 용어를 하나씩 검토하면서 소아시아의 역사적 현실로 들어가 보자.

가. 니골라당과 이세벨

"니골라당"은 에베소 교회와 버가모 교회에 보내는 메시지에 언급되는데, 니골라당의 행위를 미워한 에베소 교회가 칭찬을 받는 것(2:6)을 보면 니골라당이 부정적으로 평가되고 있음을 알 수 있다.

좀 더 상세한 정보는 버가모 교회와 관련된 언급에서 발견된다.

> 그러나 네게 두어 가지 책망할 것이 있나니 거기 네게 발람의 교훈을 지키는 자들이 있도다. 발람이 발락을 가르쳐 이스라엘 자손 앞에 걸림돌을 놓아 우상의 제물을 먹게 하였고 또 행음하게 하였느니라. 이와 같이 네게도 니골라당의 교훈을 지키는 자들이 있도다(계 2:14-15).

본문은 "니골라당의 교훈"을 "발람의 교훈"과 연결한다. 발람은 민수기에 등장하는 모압의 예언자다. 민수기 22-24장에 의하면 출애굽한 이스라엘이 광야를 지나 가나안 땅의 경계에 있는 모압에 이르렀을 때 모압 왕 발락이 브올의 아들 발람을 시켜 이스라엘을 저주하려 한다. 이때 발람은 나귀를 통해 말씀하시는 하나님의 경고를 듣고 이스라엘을 저주하기는커녕 오히려 축복한다.

그런데 이것이 다가 아니다. 민수기 25장에 이르면 그 후에 다른 사건이 일어난다. 이스라엘 백성이 요단강 동편에 머무는 동안 모압 여인들과 음행을 하며 그들의 꾐을 받아 브올산에서 바알에게 우상숭배를 하게 된다(민 25:1-3; 참조. 23:28). 모세는 민수기 31:16에서 그 여인들이 발람의 꾀를 따라 그리한 것이라고 말한다. 요한계시록 2:14-15은 니골라당의 행위를 이 사건에 빗대어 설명한다. 니골라당은 이스라엘 백성을 꾀어 우상숭배에 가담하게 한 발람처럼 교회 내에서 우상숭배를 조장했던 것으로 보인다.

여기서 니골라당의 "교훈"을 발람의 "교훈"과 관련짓는 것은 아마도 니골라당이 단지 우상숭배에 가담하고 그것을 조장할 뿐 아니라 그 행위를 신학적으로 정당화하는 가르침을 유포하고 있었음을 암시한다. 그런데 우상숭배를 정당화하는 니골라당의 가르침은 요한계시록 2장에서 다시 두아디라의 거짓 여선지자 이세벨과 연결된다.

그러나 네게 책망할 일이 있노라. 자칭 선지자라 하는 여자 이세벨을 네가 용납함이니 그가 내 종들을 가르쳐 꾀어 행음하게 하고 우상의 제물을 먹게 하는도다. 또 내가 그에게 회개할 기회를 주었으되 자기의 음행을 회개하고자 하지 아니하는도다(계 2:20-21).

앞서 니골라당을 묘사한 어휘들이 이세벨을 묘사하는 데 다시 등장하는데, 바로 하나님의 백성을 "가르쳐"(διδάσκω 동사) "행음하게"(πορνεῦσαι) 하고 "우상의 제물을 먹게"(φαγεῖν εἰδωλόθυτα) 한 것이다. 이세벨은 아마도 그녀의 거짓된 가르침이 "깊은 것"이라고 주장했던 것 같다. 요한계시록은 그 단어를 "사탄의 깊은 것"이라고 바꾸어 부른다(2:24).

아마도 니골라당과 이세벨은 각기 다른 지역에서 유사한 행위를 하고 있던 사람들인 듯하다. 니골라당이 에베소 교회와 버가모 교회에서 우상숭배를 조장하던 집단이라면, 이세벨은 두아디라 교회에서 비슷한 일을 자행하던 집단의 지도자인 것으로 보인다. 두 그룹은 서로 연계되어 있을 수도 있다. 만일 그렇다면 세 지역에 퍼져 있던 니골라당의 지도자가 이세벨이었을 것이다. 그들이 조장한 우상숭배는 구체적으로 어떤 것이었을까?

나. 황제 숭배와 사탄의 권좌

니골라당과 이세벨이 조장한 우상숭배를 이해하기 위해서는 소아시아의 황제 숭배 배경을 먼저 파악할 필요가 있다. 제1장 2절에서 살펴본 것처럼, 니골라당이 활동하던 곳으로 언급된 에베소와 버가모는 공식적인 황제 숭배 신전이 있던 도시들이다. 특히 버가모 교회에 보내는 메시지에서 니골라당에 대한 서술 직전에 언급된 "사탄의 권좌"는 니골라당과 황제 숭배의 연관성에 대한 심증을 강화시킨다.

> 네가 어디에 사는지를 내가 아노니 거기는 사탄의 권좌가 있는 데라. 네가 내 이름을 굳게 잡아서 내 충성된 증인 안디바가 너희 가운데 곧 사탄이 사는 곳에서 죽임을 당할 때에도 나를 믿는 믿음을 저버리지 아니하였도다(계 2:13).

사탄의 권좌란 아마도 버가모에 세워진 황제 숭배 신전이나 그와 관련된 어떤 장소 및 사물을 가리키는 표현일 것이다. 본문은 예수 그리스도의 충성된 증인 안디바가 사탄이 사는 곳에서 죽임을 당했다고 말한다. "사탄이 사는 곳"이란 황제 숭배가 자행되고 있던 그 지역을 가리킬 가능성이 높으며 안디바는 황제 숭배를 거부하다가 순교한 것으로 추측된다.

많은 성서학자들은 황제 숭배로 인해 그리스도인들이 겪어야 했던 딜레마가 동업조합과 관련된 것이라고 추측한다. 로마 사회에는 종교, 사회, 경제 분야에 걸쳐 다양한 유형의 조합들(*collegia*)이 활성화되어 있었는데, 그중에는 같은 직종의 사람들이 모여 형성한 동업조합들이 있었다. 거기에는 직물과 가죽 노동자, 염색공, 도공, 금속세공사,

어부, 고기 파는 사람, 은행업자, 상인, 노예상 등 다양한 직업인들이 포함된다.[8] 각각의 조합에는 모시는 수호신들이 있었고, 조합의 주요 활동에는 직업에 직접 관련된 것 외에 수호신들에게 제사와 찬양을 바치며 음식을 나누는 종교 행사가 포함되기도 했다.[9]

그 안에는 황제 숭배도 포함되었을 것이다. 황제 숭배는 코이논(지방동맹 또는 지방의회)의 주도하에 공식적으로 이루어지거나, 또는 각 지역의 신전에서 소규모로 진행되었다. 특히 황제 숭배가 공식적으로 제정되어 있던 소아시아 도시들에서는 숭배 행위가 더 적극적으로 이루어졌다. 조합의 일원이 되기 위해서는 황제 숭배를 포함한 종교 활동의 참여를 거부할 수 없었을 것이고, 이는 그리스도인들에게 심각한 문제로 받아들여졌을 것이다. 물론 조합에 속하지 않아도 그 분야의 직업 활동을 전혀 할 수 없었던 것은 아니라고 한다. 하지만 대부분의 상인들이 조합에 소속되어 있는 상황에서 조합 활동을 하지 못함으로써 감내해야 하는 불이익은 상당히 컸다. 짐승의 표를 받지 않는 사람은 매매를 할 수 없다는 요한계시록 13:17의 서술은 바로 이런 상황을 빗대어 표현한 것이라 생각된다.

---

8   Koester, 『요한계시록 II』, 1107.
9   조합 또는 협회에 대한 좀 더 일반적인 설명은 Everett Ferguson, 엄성옥 박경범 공역, 『초대교회 배경사』, 175-180을 보라.

다. 사탄의 회당과 자칭 유대인들

요한계시록 2-3장에는 황제 숭배와는 다른 역사적 현실을 보여주는 상징적 표현이 하나 등장하는데, 그것은 "사탄의 회당"이다. 이 어구는 서머나 교회(2:9)와 빌라델비아 교회에 보내는 메시지(3:9)에 나타난다. 두 본문에 의하면 사탄의 회당이란 "자칭 유대인이라 하지만 실상은 그렇지 않은" 사람들의 집단이다. 이들은 누구일까?

이 서술은 기원후 1세기 말 그리스도인들과 유대인들 사이에서 발생한 갈등을 숙지하면 더 쉽게 이해할 수 있다. 질문 하나를 던져보자. 기독교가 하나의 종교로 형성된 것은 언제부터일까? 물론 사람들은 꽤 이른 시기부터 예수를 그리스도로 믿기 시작했다. 그러나 기독교라는 종교가 태어난 것은 그보다 훨씬 시간이 지난 후의 일이다. 예수의 제자들을 포함하여 처음 예수를 믿은 사람들은 모두 유대교인들이었다. 예수는 유대교의 경전인 구약성경이 예고한 메시아셨고, 그리스도인들은 예수에 관한 모든 것을 유대교 전통과 구약성경을 배경으로 이해했다. 이 모든 것은 유대교의 테두리 내에서 이루어졌다. 바울은 로마서 4장에서 혈통상 유대인보다는 믿는 사람들이야말로 진정한 아브라함의 자손이라고 말한다. 그리스도인이 참 이스라엘이다. 한동안 이 말은 그리스도인이 곧 진정한 유대교인이라는 의미였다. 그리스도인들이 스스로 유대교인이 아니라고 생각할 이유는 전혀 없었다.

그리스도인들이 그렇게 생각할 수 있었던 까닭은 당시 유대교의 상황 때문이었다. 예수 당시 유대교에는 소위 "정통"이라는 것이 없었다. 역사적으로 여러 제국의 지배를 받아오는 과정에서 여러 가지 이유로 인해 유대교의 중심이 될 만한 집단이나 기구가 세워지거나 유지되지 못했기 때문이다. 그 결과 유대교 내에는 수많은 분파가 난립하여 저마다 자신들이 진정한 유대교라고 주장하는 상황이었다. 그리스도인들도 그중 하나였다. 그리스도인들은 예수가 그리스도라고 믿는 독특한 사람들이었지만, 유대교 내에 워낙 다양한 집단들이 존재하다 보니 그들의 독특성이 큰 문제가 되지는 않았다.

그러다가 기원후 70년 예루살렘 성과 성전의 파괴를 기점으로 상황에 변화가 일어난 것으로 보인다. 그 이후 바리새파를 중심으로 새로운 유대교를 세우는 일이 시작되었기 때문이다. 역사학자들은 유대교가 이른바 "랍비 유대교"라는 하나의 통일된 모습을 갖추기 시작하면서 그들과 다른 견해를 보이던 그리스도인들의 독특성이 주목받기 시작한 것으로 본다. 새로 세워진 유대교의 시각에서 볼 때 그리스도인들은 다른 신앙을 가진 이단적인 존재들로 인식되었을 것이고, 그로 인해 그리스도인들이 회당에서 출교당하는 일이 발생했다. 그렇게 출교당한 그리스도인들은 유대교와 관련해 자신을 어떻게 이해해야 할지 고민하기 시작했고, 그 과정에서 비로소 유대교와 구별되는 별개의 종교로서의 기독교의 정체성이 서서히 형성되었다. 요한계시록뿐 아니라 마태복음과 요한복음에도 그런 역사의 흔적이 남아 있다.[10]

---

10   요한복음에는 "출교"라는 말이 언급된다(요 9:22; 12:42; 16:2). 마태복음에는 "그들

요한계시록의 무대인 서머나와 빌라델비아에서도 그리스도인과 유대인 사이에 비슷한 갈등이 있었던 것으로 보인다. 서머나와 빌라델비아 교회의 그리스도인들이 본래 그 유대인 회당 곧 그들이 "사탄의 회당"이라 부르는 공동체에 속해 있다가 출교를 당한 것인지는 확실하지 않다. 그러나 유대인 집단이 그리스도인들의 신앙을 문제시했고 그로 인해 두 집단 사이에 적대 관계가 있었던 것은 분명해 보인다.

요한은 이 유대인 집단을 가리켜 "자칭 유대인이라 하나 실상은 아닌"[11](계 2:9; 3:9) 사람들로 규정한다. 이 어구는 요한계시록에 등장하는 그리스도인들이 유대교와의 관계 속에서 자신을 어떻게 이해하고 있었는지를 보여주는 중요한 근거가 된다. "그들은 가짜 유대인"이라는 말에는 "우리가 진정한 유대인"이라는 주장이 암시되어 있다. 이것은 요한계시록이 교회를 참 이스라엘로 묘사하는 것과 일치한다. 요한계시록 7장에서 구원받은 그리스도인들이 이스라엘 열두 지파에서 나온 십사만 사천 명으로 비유되는 것이 그 좋은 예다.

두 집단 사이의 적대 관계는 심각했다. 유대인들은 그리스도인들

의 회당"(마 4:23; 10:17; 13:54)과 "너희의 회당"(23:34)이라는 말이 등장하여 마태 공동체가 자신을 "우리의 회당"으로 인식하고 있었을 가능성을 보여준다. 또 마태 공동체 내에도 "그들의 서기관들"(7:29)과 대조되는 그리스도인 서기관들이 있었던 것으로 보인다. 마태는 그들을 가리켜 "천국의 제자 된 서기관"(13:52)이라 부른다. 이런 정보들은 마태복음과 요한복음의 공동체가 유대교로부터 분리되는 과정에 있었음을 암시한다.

11 우리말 성경에는 정확히 드러나지 않으나, 계 2:9과 3:9에는 그리스어로 동일한 어구가 담겨 있다.

을 박해하고 있었고, 요한은 그들의 모임을 가리켜 "사탄의 회당"이라고 부른다. 서머나 교회에 주시는 메시지 중 다음 서술을 보자.

> 내가 네 환난과 궁핍을 알거니와 실상은 네가 부요한 자니라. 자칭 유대인이라 하는 자들의 비방도 알거니와 실상은 유대인이 아니요 사탄의 회당이라. 너는 장차 받을 고난을 두려워하지 말라. 볼지어다! 마귀가 장차 너희 가운데에서 몇 사람을 옥에 던져 시험을 받게 하리니 너희가 십 일 동안 환난을 받으리라. 네가 죽도록 충성하라. 그리하면 내가 생명의 관을 네게 주리라(계 2:9-10).

10절은 서머나 교회의 성도 중 몇 사람이 열흘간 투옥되는 고난을 겪게 될 것이라 예고한다. 물론 여기의 "열흘"이라는 기간을 꼭 문자적으로 읽을 필요는 없다. 서머나 교인들이 당하게 될 투옥이 9절에 서술된 사탄의 회당과 관련된 것이라면, 이는 유대인들과 로마의 공권력 사이에 모종의 결탁이 있음을 암시한다. 소아시아에 사는 유대인들은 외국인이기 때문에 누군가를 감옥에 넣을 수 있는 권한이 없었을 가능성이 크다.

라. 박해의 규모

일곱 교회에 보내는 메시지를 살펴보면 소아시아의 교회들이 로마 제국으로부터 박해를 당하고 있었음을 알 수 있다. 그렇다면 그 박해의 규모는 어떠했을까?

　오랫동안 많은 사람들은 요한계시록이 그리스도인들에 대한 대대적인 박해가 이루어지고 있는 상황에서 기록되었다고 생각했다. 실제로 종말 환상 이야기(4-22장)를 읽다 보면 그런 주장이 납득될 만한 구절들이 많이 등장한다. 요한은 요한계시록의 첫 장면을 시작하면서 자신을 예수의 "환난"과 "참음"에 동참하는 자라고 소개한다(1:9). 어린양이 다섯째 인을 떼시는 장면에서는 "하나님의 말씀과 그들이 가진 증거로 인해 죽임당한 영혼들"이 제단 아래에서 탄원한다(6:9). 7장의 하늘 장면에서 구원받은 자들은 "큰 환난에서 나오는 자들"이다(7:14). 두 증인은 죽임을 당하게 되고 그들의 시체가 큰 도시의 길에 버려진다(11:8). 메시아를 낳은 여자는 광야에서 보호를 받는데, 광야는 고난을 상징하는 장소다(12:6, 14). 짐승에게 경배하기를 거절한 성도들은 죽임을 당하고(13:15) 매매를 금지당한다(13:17). 천년왕국 장면에 나오는 성도들은 "예수의 증언과 하나님의 말씀으로 인해 목 베임 당한" 사람들이다(20:4).

　이런 서술만 놓고 보면 요한계시록의 집필 배경에 대규모의 박해가 있었던 것처럼 느껴진다. 그러나 종말 환상 이야기보다 더 사실적인 언어를 사용한 일곱 메시지(2-3장)를 분석해보면 소아시아 일곱 교회의 상황은 양면적이다. 우선 여기에는 소아시아 교회들이 고난과 박해를 겪고 있음을 보여주는 서술이 나온다. 서머나 교회의 성도 중 일부가 "사탄의 회당"이라고 지칭되는 유대인들의 비방과 모함으로 인해 투옥될 위기에 처했으며(2:9-10), 빌라델비아 교회도 비슷한 상황에 있다(3:9). 버가모 교회의 신실한 증인 안디바는 황제 숭배를 거부하다가 순교했으며(2:13), 아마도 그 소식은 유사한 문제로 고민하고 있던 두아디라 교회를 긴장하게 했을 것이다(2:20-24). 이 외에도 고난의 상황을 암시하는 표현들이 곳곳에 사용된다. 에베소 교회는 "인내"하고(2:2, 3) "견디"고 있으며(2:3), 서머나 교회는 "환난"과 "궁핍" 가운데 있다(2:9). 두아디라 교회와 빌라델비아 교회도 "인내"하고 있다(2:19; 3:10).

그러나 당시 소아시아 교회들은 오늘날 여러 선교지들의 상황처럼 법이나 강제적인 수단에 의해 신앙생활을 금지당하고 있었던 것 같지는 않다. 말하자면 교회의 모든 모임이 금지되고 그리스도인이라는 이유만으로 박해를 받는 그런 상황으로 보이지는 않는다. 일곱 메시지를 읽어보면 각 지역에 교회가 존재하고 있었고 어려운 형편에서도 평범한 모임과 활동이 지속되고 있었다. 나아가 에베소 교회가 "처음 사랑을 버렸다"거나(2:4), 라오디게아 교회가 "뜨겁지도 않고 차지도 않고 미지근하다"는 꾸짖음(3:15-17)은 오히려 평범한 신앙생활이 오래 이어지는 가운데 매너리즘에 빠진 교회의 모습을 떠오르게 한다.

이는 로마 역사의 기록과도 대체로 일치한다. 네로의 박해(기원후 64-68년)라는 예외적인 사례를 빼면, 기원후 첫 1세기 동안 그리스도인들에 대한 대대적인 박해가 있었던 정황은 발견되지 않는다. 그리스도인들이 단지 그리스도인이라는 이유만으로 박해를 받은 것은 2세기 이후의 일이라는 것이 역사학자들의 일반적인 견해다. 그러나 비록 대대적인 박해는 없었을지라도 지역적이고 간헐적인 박해가 존재했을 가능성이 있으며, 그로 인해 그리스도인들은 위기감을 느끼고 있었을 것이다.[12]

이를 종합해보면 소아시아 일곱 교회가 단지 그리스도인이라는 이유만으로 대규모의 극심한 박해를 받고 있었던 것으로 보이지는 않는다. 그러나 교회 밖으로부터 오는 지역적이고 간헐적인 박해가 이어지고 있었다. 게다가 우상숭배 거부로 인한 고난이 누적되고 있었고 기원후 60년대에 자행된 네로의 박해는 당시 모든 그리스도인에게 트라우마로 남았다. 또한 이 교회 저 교회로부터 들려오는 박해의 소식들은 그리스도인들에게 큰 위협으로 다가왔다. 황제 숭배 거부가 계속되는 상황에서 그로 인한 박해의 소식을 듣고 있다 보면 앞으로 더 큰 박해가 있을 가능성을 충분히 예상할 수 있었을 것이다.

비유하자면 당시 소아시아의 상황은 폭풍우와 파도가 온 마을을 덮고 있는 상황은 아니었으나 저 멀리 먼바다 위로 보이는 먹구름이 점점 커지고 가까워지고 있어서 곧 큰 풍파가 들이닥칠 것이 예상되는 상황이라고 할 수 있겠다. 그런 현실 속에서 그리스도인들은 우상숭배를 거부하며 하나님의 말씀을 따르고, 로마 황제가 아니라 예수 그리

12　요한계시록의 저술 시기에 그리스도인들이 받았던 박해에 관한 역사적 논의는 다음을 참조하라. Aune, 『요한계시록(상)』, 87-94; Beale, 『요한계시록(상)』, 47-67; Osborne, 『요한계시록』, 22-29; Mounce, 『요한계시록』, 40-44.

스도가 주님이심을 증언하고 있었다. 이어지는 요한계시록 4장의 하나님의 어전 장면은 이런 상황을 배경으로 읽어야 한다.

제5장

하나님의 어전과 어린양(4-5장)

1. 종말 환상 이야기의 시작

가. 하늘에 열린 문

요한계시록의 종말 환상 이야기는 4:1에서 하늘에 열린 문을 보여주면서 시작된다.

> 이 일 후에 내가 보니 하늘에 열린 문이 있는데…(계 4:1).

요한은 이제 이 문을 통해 하늘로 올라가 계속되는 종말 환상들을 보게 되는데, 하늘이 열려 있는 이 장면은 19:11의 비슷한 장면과 함께 종말 환상 이야기를 크게 두 단계로 나눈다.

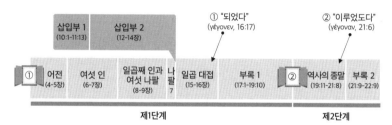

① "되었다"
(γέγονεν, 16:17)

② "이루었도다"
(γέγοναν, 21:6)

삽입부 1 (10:1-11:13)	삽입부 2 (12-14장)

| ① | 어전 (4-5장) | 여섯 인 (6-7장) | 일곱째 인과 여섯 나팔 (8-9장) | 나팔 7 | 일곱 대접 (15-16장) | 부록 1 (17:1-19:10) | ② | 역사의 종말 (19:11-21:8) | 부록 2 (21:9-22:9) |

제1단계　　　　　　　　　　　　제2단계

① 하늘에 열린 문: 요한이 하늘로 올라감(4:1)　② 예수 그리스도의 재림(19:11)

〈그림 22〉 두 단계로 이루어진 종말 환상 이야기

하늘에 열린 문은 이 땅과 천상세계를 나누는 경계선이자 두 세계를 연결해주는 지점이 된다. 4:1에서 요한이 이 문을 통해 하늘로 올라감으로써 초월 공간에서의 이야기가 시작된다. 이후 이야기는 일곱 인과 함께 하늘과 땅으로 나뉘었다가, 19:11에서 예수 그리스도께서 이 문을 통해 땅으로 내려오실 때 하늘과 땅의 두 이야기가 다시 하나가 된다.

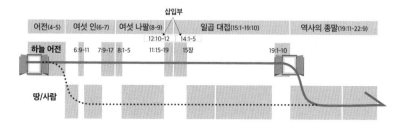

〈그림 23〉 두 이야기가 만나다(2): 하늘과 땅

245

제5장 하나님의 어전과 어린양(4-5장)

나. "성령에 감동되어"

요한이 하늘로 올라가는 모습이 구체적으로 서술되지는 않는다. 그러나 2절부터 하늘의 보좌가 묘사되는 것으로 보아 요한이 그 문을 통해 하늘로 올라갔음을 알 수 있다. 그 변화의 매개가 된 것은 "성령에 감동되어"(ἐν πνεύματι)라는 어구로서 이는 많은 변화를 암시한다.

먼저 요한은 성령에 감동되어 땅으로부터 하늘로 올라가는데 이는 단순한 고도의 변화가 아니라 현실 세계로부터 초월 세계로의 이동, 즉 일종의 "차원 이동"이다. 이제부터 하늘의 초월 공간에서 펼쳐지는 종말 환상 이야기가 시작된다. 서사학적으로 보면 이런 공간 변화와 함께 이야기의 층위 변화가 일어난다. 요한의 자전적 이야기(위 층위)로부터 요한이 본 환상 속 이야기(아래 층위)로 전이가 일어나는 것이다. "성령에 감동되어"가 처음 나타난 1:10에서 현실 세계로부터 이야기 세계로의 전이가 이루어졌다면, 4:2에서는 이야기 세계 속에서 한 층위 아래로의 이동이 일어난다.

	장소 이동	서사 공간
1:10	이야기 속으로	현실 세계로부터 자전적 이야기로
4:2	하늘로	자전적 이야기로부터 환상 속 이야기로
17:3	광야로	환상 속 이야기 내에서 이동
21:10	크고 높은 산으로	환상 속 이야기 내에서 이동

〈표 18〉 "성령에 감동되어"(ἐν πνεύματι)와 공간 이동

성령에 감동된 요한은 하늘의 열린 문에 들어섬으로써 하나님의
보좌로부터 비롯되는 종말의 구원과 심판의 비밀을 접하게 될 것이다.
그가 그 문으로 들어가는 순간 요한계시록의 언어도 달라진다. 2-3장
에서는 비교적 사실적인 언어들이 사용되었지만 4장부터는 상징적인
환상의 언어와 묵시적 언어가 쓰인다. 그러므로 요한과 함께 종말 환
상 이야기 속으로 한 층위 더 깊이 들어가는 독자들도 언어 이해의 모
드를 바꿔야 한다. 그동안 문자적이고 사실적인 언어에 집중하고 있었
다면 이제는 종말 환상 이야기에 적합한 비유적·상징적 언어에 대한
감각을 열어두어야 한다.

요한계시록 4:1-2에 서술된 요한의 하늘 이동에는 이처럼 엄청
난 종류의 변화가 한꺼번에 일어나므로 "울렁증"이 심한 독자는 안전
벨트를 단단히 매두어야 할 것이다. 자, 다들 준비되었는가? 그럼 이제
우리도 요한과 함께 하늘의 열린 문을 통해 종말 환상 이야기 속으로
들어가 보기로 하자.

2. 하나님의 어전(4장)

하늘에 올라간 요한은 하나님의 어전을 보았다. 요한계시록에서 하
나님의 어전은 하늘 성전으로 지칭되기도 하며(7:15; 11:19; 14:15, 17;
15:5-6, 8; 16:1, 17 등) 예루살렘 성전과 비슷한 특징들을 가지고 있다.

그러나 하늘 어전의 묘사는 성전보다 더 구체적이고 입체적이다.

가. 하나님의 보좌

요한이 하늘 어전에서 가장 먼저 본 것은 어전 한가운데 있는 하나님의 보좌였다. 요한은 보좌에 앉으신 하나님의 영광스러운 모습을 여러 가지 보석들과 비교하여 보여준다(2-3절). 요한은 그분이 하나님이라고 직접 언급하지는 않는다. 그 이유는 아마도 "하나님"의 이름을 부정한 입술에 담기를 꺼리는 유대인들의 전통에 기인한 것으로 보인다.

그러나 이어지는 요한계시록 이야기의 정황을 볼 때 그분이 하나님이심은 자명하다. 하나님의 보좌 주변에는 스물네 개의 다른 보좌가 있고 그 위에는 스물네 장로가 앉아 있다(4절). 그리고 하나님의 보좌에 밀착한 네 생물이 있는데, 첫째 생물은 사자 같고 둘째 생물은 송아지 같고 셋째 생물은 사람 같고 넷째 생물은 날아가는 독수리 같이 생겼으며 각각 여섯 날개를 가지고 있다(6-8절). 하나님의 보좌 앞에는 수정을 깔아놓은 유리 바다¹와 같은 것이 있다(6절).

요한계시록에 묘사된 하나님의 보좌를 구약성경 출애굽기, 이사야서, 에스겔서에 나오는 장면과 비교해보자. 모세가 시내산에서 받은 성전의 설계도에는 하나님께서 성전 지성소 내의 속죄소 곧 언약궤 덮

---

1   솔로몬 성전에도 바다를 상징하는 원 모양의 큰 물통이 있었다. 이에 관해서는 왕하 7:23-26과 대하 4:2-6을 참조하라.

개 위에 머무시는 것으로 묘사된다. 이 속죄소가 하나님의 보좌다. 순금으로 만든 속죄소의 양 끝에는 조각된 두 그룹이 부착되어 있는데, 두 그룹은 두 날개를 편 채로 서로 마주 보고 있다(출 25:17-22).

출애굽기의 성전 설계도가 땅에 있는 하나님의 보좌를 나타낸다면, 예언자 이사야의 소명 장면은 하나님의 하늘 보좌를 보여준다. 이 보좌에서는 스랍(그룹)들이 여섯 날개를 가지고 "거룩하다, 거룩하다, 거룩하다"라며 하나님을 찬양한다(사 6:1-4).

에스겔서 1장에서는 하나님의 보좌를 더 입체적이고 동적으로 묘사한다. 에스겔의 하나님의 보좌 아래에는 두 그룹(스랍) 대신 사람과 사자와 소와 독수리의 얼굴을 한 네 생물이 있으며, 사방으로 바퀴가 달려 있어서 자유롭게 이동할 수 있다. 출애굽기의 성전 설계도에 묘사된 하나님은 속죄소 위에 계시며 성전 안에 정주해 계신다. 그러나 에스겔서의 하나님은 어디로든 이동하실 수 있는 분으로서 유대인 포로들과 함께 바벨론에 와 계신다.

요한계시록에 묘사된 하나님의 보좌는 이사야서와 에스겔서에서 묘사된 특징을 함께 가지고 있다. 요한계시록의 하나님 보좌는 성전의 특징을 가진 하늘 어전에 있다는 점에서 이사야서의 그것과 유사하다. 반면 입체적으로 네 생물로 둘러싸여 있다는 점에서는 에스겔서의 보좌에 가깝다. 그러나 에스겔서의 보좌는 하늘 어전에 있지 않고 땅 위를 이동 중이라는 점에서 요한계시록의 보좌와 다르다. 요한계시록의 네 생물이 여섯 날개를 가지고 있다는 점(계 4:8)도 에스겔서보다는 이사야서의 묘사에 더 가깝다. 이사야서의 스랍들은 여섯 날개를 가지고 있는 반면(사 6:2), 에스겔의 네 생물은 네 날개와 두 손을 가지고 있기 때문이다(겔 1:6, 8).

네 본문 속 하나님의 보좌 모습이 일치하지 않는다는 점에 대해 너무 실망할 필요는 없다. 왜냐하면 네 본문 모두 환상의 서술이기 때문이다. 환상 이야기는 역사 기록과는 다른 방법으로 읽어야 한다. 다시 말해 본문을 문자적으로 해석하기보다는 환상에 담긴 상징적 의미를 잘 읽어내는 것이 중요하다. 네 본문에 담긴 하나님의 보좌 환상은 각기 전달하고자 하는 메시지가 있다. 예를 들어 에스겔서는 자유롭게 이동하는 보좌의 환상을 통해, 하나님께서 예루살렘 성전에 머물러 계시지 않고 바벨론으로 이동해오셔서 유대인 포로들과 함께 계심을 보여주고자 한다. 그렇다면 요한계시록이 하나님의 보좌를 보여줌으로써 전달하려는 메시지는 무엇일까?

나. 어전 장면에 담긴 메시지

그 메시지를 잘 파악하기 위해서는 요한계시록의 청중이 처해 있던 역사적 현실을 염두에 두고 본문을 읽어야 한다. 당시 청중들은 로마 황제가 사람들에 의해 "우리 주"라 불리며 "하나님"으로 경배받고 있었던 참담한 현실을 살고 있었다.

하나님의 어전 장면에는 그런 현실을 간접적이지만 분명히 암시해주는 어구가 하나 있다. 그것은 바로 스물네 장로가 하나님을 부를 때 사용하는 "우리 주 하나님"이라는 호칭이다(4:11). 요한계시록 저술 당시 로마의 황제였던 도미티아누스는 자신이 그렇게 불리기를 원했다. 로마 역사가 수에토니우스(Suetonius)에 의하면, 도미티아누스는 지방 총독들에게 "우리 주 하나님"(dominus et deus noster)이라는 이름으로 서신을 보내게 했고 이후 서신이나 대화에서 그를 그렇게 칭하는 관습이 생겨났다.[2] 요한계시록은 그 동일한 호칭을 하나님께 적용함으로써 우리의 진정한 주님과 하나님은 오직 하나님뿐이심을 확인하고 있다.

그리스도인들은 황제를 신으로 부르거나 경배하기를 거부했다. 그리고 이런 저항은 성도들에게 여러 가지 현실적 불이익과 고난을 안겼다. 심지어는 그로 인해 순교하는 사람들이 생겨났다. 고난의 어두운 그림자는 갈수록 짙어졌다.

그런 현실은 많은 그리스도인을 동요케 했을 것이다. 하나님이 정말 살아 계신지, 살아 계시더라도 그분이 과연 저 강력한 로마 제국과 로마의 신보다 더 강하신지 의심하게 되었을 것이다. 동시에 고난을 무릅쓰고 신앙을 지켜내고 있는 자신들의 선택이 과연 지혜로운 것인지 회의를 느끼기도 했을 것이다. 요한계시록 4장의 하나님 어전 장면은 그런 성도들에게 주는 분명한 메시지를 담고 있다.

---

2   Suetonius, Domitian 13. (*Suetonius II*. Translated by J. C. Rolfe 2 vols. Loeb Classical Library. Cambridge: Harvard University Press, 1959).

그 메시지는 8절에서 네 생물이 밤낮 쉬지 않고 부르는 다음 찬양을 통해 전달된다.

거룩하다! 거룩하다! 거룩하다! 주 하나님 곧 전능하신 이여, 전에도 계셨고 이제도 계시고 장차 오실 이시라(계 4:8).

다음은 스물 네 장로가 보좌에 앉으신 이에게 경배하며 부르는 찬양이다.

우리 주 하나님이여(*dominus et deus noster*), 영광과 존귀와 권능을 받으시는 것이 합당하오니 주께서 만물을 지으신지라. 만물이 주의 뜻대로 있었고 또 지으심을 받았나이다(계 4:11).

요한계시록에는 하나님의 어전 장면이 반복되어 나타나는데, 많은 경우 하늘에서 들려온 음성이나 합창이 함께 나온다. 음성과 합창은 그 시점에서 일어나고 있는 사건이나 장면들의 의미를 해설해주는 역할을 한다. 요한계시록 4장의 하나님 어전 장면은 종말 환상 이야기의 첫 장면으로서 "하나님의 주 되심"이라는 요한계시록의 중심 신학을 형상화한다. 하나님은 전에도 우리의 주님이셨고, 지금도 변함없이 그러하시며, 장차 심판주로서 오실 것이다(8절). 그렇게 이 장면은 하나님의 주 되심을 확인하면서 동시에 앞으로 종말 환상 이야기에서 구체적으로 펼쳐질 하나님의 주 되심을 예고한다. 이를 종합해보면 요한계시록 4장의 메시지를 다음과 같이 요약해볼 수 있겠다.

> 보라! 하나님이 이렇게 살아 계신다.
>
> 그분이 진정한 우리의 주님이시며 하나님이시다.
>
> 왜냐하면 그분이 그분의 뜻에 따라 만물의 창조하셨기 때문이다.
>
> 그분은 전능하신 분이시다.
>
> 그리고 장차 심판과 구원을 통하여 자신의 주 되심을 친히 우리에게 보여주실 것이다!

3. 어린양과 봉인된 두루마리(5장)

요한계시록 4장의 하나님의 어전 장면은 단절 없이 5장으로 연결된다. 4장이 하나님의 살아 계심을 보여준다면, 5장은 당신의 주 되심을 실현하기 위해 드디어 행동하기 시작하는 하나님의 모습을 드러낸다. 하나님의 행동은 바벨론으로 대변되는 악한 세력에 대한 심판으로 나타나는데, 심판은 하나님의 대행자이신 어린양 곧 예수 그리스도에 의해 수행되며, 그 과정은 일곱 인으로 봉해진 두루마리라는 매개물에 의해 진행된다.

가. 일곱 인으로 봉한 두루마리(5:1-4)

요한계시록 5:1은 마치 카메라를 클로즈업하는 영화의 장면처럼 보좌에 앉으신 분의 오른편(아마도 오른손)을 부각시켜 보여준다. 거기에는 안팎으로 쓰여 있고 일곱 인으로 봉해진 두루마리가 하나 놓여 있다.

안팎으로(문자적으로는 "안과 뒤에") 썼다는 말이 무엇을 뜻하는지, 그리고 이 두루마리가 구체적으로 어떤 방식으로 봉인되었는지에 관해서는 그 시대의 관습에 기초하여 다양한 추론이 가능하다. 그러나 본문의 이야기 세계 안에서 생각해볼 때 안팎으로 썼다는 것은 기록된 내용이 안쪽 면만으로는 다 담을 수 없을 정도로 많다는 의미다.

그리고 어떤 방식으로든 그 책이 봉인되어 있다는 것은 매우 중요하고 함부로 공개할 수 없는 내용이 적혀 있으며 봉인을 떼기 전에는 누구도 그 내용을 읽을 수 없음을 뜻한다. 그렇지만 밖에 기록된 내용은 봉인을 떼지 않더라도 얼핏 훔쳐볼 수 있다는 점에서 독자들의 궁금증을 자극한다. 요한계시록은 이런 방식으로 독자들의 호기심을 극도로 자극하면서 종말 환상 이야기를 풀어내기 시작한다.

그 두루마리에는 어떤 내용이 담겨 있을까? 요한계시록 5장은 그 내용을 직접 알려주기에 앞서 내용의 긴급함을 보여준다. 2-3절을 보면 힘 있는 천사가 소리 내어 두루마리의 봉인을 뗄 자격이 있는 자를 찾지만 어디에서도 그런 자를 찾지 못한다. 그러자 요한이 소리를 내어 운다. 왜일까? 아이들처럼 책 내용이 궁금해서 우는 것은 아니리라. 요한의 울음은 그 책에 요한이 기대하는 매우 다급하고 절실한 내용이 담겨 있음을 암시한다. 그 절박한 기대는 요한의 현실 및 앞에 나온 4장의 환상을 통해 형성된 것이다. 그것은 하나님께서 성도들의 고난의 현실에 개입하셔서 악한 자들을 심판하시고 하나님의 주 되심을 보여줄 것이라는 기대, 곧 종말 심판에 대한 기대다. 우리는 이런 추론을 통해 앞으로 이어질 종말 심판의 시나리오가 그 두루마리에 담겨 있음을 짐작할 수 있다.

그 책은 일곱 인으로 봉해져 있다. 이 일곱이라는 수는 앞으로 종말 환상 이야기를 이끌어가는 구조적 매개가 된다. 5장 다음에는 일곱 인을 하나씩 떼어가는 장면이 이어진다. 이 일곱 인은 다음의 일곱 나팔을 열어주고 또 일곱 나팔은 다음의 일곱 대접을 열어주는 형식으로 꼬리에 꼬리를 물고 이어진다. 그것은 종말 환상 이야기의 전체 구조이기도 하다. 이런 구조는 일곱 인으로 봉해진 두루마리의 내용이 뒤에 이어지는 일곱 나팔 재앙과 일곱 대접 재앙, 곧 종말 심판과 관련된 것임을 보여주는 또 하나의 근거가 된다. 요한계시록 5장은 이처럼 독자들의 흥미를 자극하면서 앞으로 이어질 이야기의 틀을 다진다.

나. 죽임당하신 어린양(5:5-14)

두루마리의 봉인이란 밀봉하려는 물건의 겉면에 양초 같은 것을 녹여 붓고 도장을 찍는 것이다. 봉인된 문서는 아무나 열 수 없고 오직 자격이 있는 존재만이 열 수 있다. 하나님의 종말 심판이 담겨 있는 두루마리를 열 자격이 있는 존재는 누구일까? 그 책에 종말 심판의 내용이 기록되어 있다면, 그것을 열어 볼 자격이 있는 이는 오직 하나님을 대신하여 심판을 수행하실 분뿐이다.

요한계시록 5:5에 이르면 스물네 장로 중 하나가 드디어 그분을 "유대 지파의 사자"이자 "다윗의 뿌리"라고 소개한다. 사자는 유대 지파를 상징하는 동물이며(창 49:9) 다윗의 뿌리는 예언자 이사야가 언급한 메시아의 호칭이다. 따라서 이것은 유대 지파 다윗의 자손으로 이 땅에 오신 메시아 예수께서 봉인을 떼시고 두루마리를 열어 종말 심판을 수행하실 것이라는 독자들의 기대에 부합한다.

그런데 여기에 하나의 반전이 있다. 우렁차게 포효하는 사자를 기대하며 시선을 집중하는 독자들 앞에 등장하는 것은 뜻밖에도 사자가 아니라 어린양, 그것도 "죽임당하신" 어린양이다. 여기서 "죽임당하신"으로 번역되는 그리스어 "에스파그메논"(ἐσφαγμένων)은 완료형이다. 그리스어의 완료형은 과거에 이루어진 동작의 결과가 현재까지 미칠 때 쓰이며, 이를 참고하면 이 구문은 과거에 죽었는데 지금도 여전히 죽어있다는 뜻이다. 이는 사실관계에 대한 질문을 일으킨다. 예수께서는 과거에 돌아가셨지만 지금은 부활하셔서 살아 계시지 않는가? 그래서 킹제임스 성경(King James Version)과 미국표준역(American Standard Version) 등 여러 버전의 영어성경들은 이 동사를 과거완료형으로 번역하여 지금은 살아 계신다는 뉘앙스를 살리려고 했다. 개역개정 성경은 그런 번역을 따라 죽임을 당했다는 말 앞에 "일찍이"라는 부사어를 더했다.

> 내가 또 보니 보좌와 네 생물과 장로들 사이에 한 어린양이 서 있는데 일
> 찍이 죽임을 당한 것 같더라…(계 5:6).

그러나 요한이 여기에 현재완료형을 사용한 이유는 예수의 부활
을 부정하려는 것이 아니라 예수의 죽음을 강조함으로써 더 강렬한 메
시지를 전달하기 위해서다. 아마도 요한은 스스로 고난의 현실을 경험
하면서 죽임당하신 예수와 자신 및 교회를 동일시하는 것 같다. 그리
고 그런 방법을 사용함으로써 고난을 통한 승리 또는 죽음을 통한 승
리라는 역설적인 메시지를 전달하려는 의도로 보인다. 새번역 성경은
원문의 시제인 현재완료의 뉘앙스를 살려서 다음과 같이 옮겼다.

> 나는 또 보좌와 네 생물과 장로들 가운데 어린양이 하나 서 있는 것을 보
> 았는데, 그 어린양은 죽임을 당한 것과 같았습니다(계 5:6 새번역).

여기서 잠깐 우리의 관심을 요한계시록의 구조 문제로 돌려보기
로 하자. 앞 장에서 이야기 층위를 설명하면서 언급했던 것처럼, 요한
계시록 1-3장과 4-22장 사이에는 연속성과 불연속성이 있다. 이야
기의 진행이라는 측면에서는 서사의 층위가 달라짐으로써 불연속성
을 보이지만, 요한이 연이어 본 환상이라는 점에서는 연속성을 가진

다. 이런 연속성의 견지에서 요한이 본 첫 환상 보도(1-3장)의 마지막 구절은 중요한 역할을 하는데, 바로 이 구절에 담긴 "하나님의 보좌"와 "이김"이라는 주제가 다음에 이어지는 요한계시록 4-5장에서도 중요한 역할을 수행하면서 두 본문을 연결해주는 것이다.

> 이기는 그에게는 내가 내 보좌에 함께 앉게 하여 주기를 내가 이기고 아버지 보좌에 함께 앉은 것과 같이 하리라(계 3:21).

3장 끝에서 언급된 "하나님의 보좌"가 하나님의 어전 첫 장면(4장)에 다시 등장하여 두 본문을 연결한다. 이에 대해서는 앞에서 이미 살펴보았으므로, 여기서는 "이김"이라는 주제에 주목해보기로 하자. 이 주제는 요한계시록 2-3장에 일곱 번 반복되는 약속과 관련되어 있다. 일곱 교회에 보내는 각 메시지의 끝부분에는 이기는 자에게 주시는 약속이 나온다. 예를 들어 처음으로 호명되는 에베소 교회의 "이기는 자"에게는 예수께서 "하나님의 낙원에 있는 생명나무의 열매를 주어 먹게" 하겠다고 약속하신다. 위에 인용한 요한계시록 3:21은 마지막으로 라오디게아 교회에 주시는 약속이다.

예수 그리스도는 이 구절에서 이기는 자에게 보좌를 약속하시면서 자신을 이기신 분으로 제시하신다. 이기신 분으로서 예수 그리스도는 하나님의 어전 장면이 계속되는 요한계시록 5장에 다시 등장한다.

장로 중의 한 사람이 내게 말하되 "울지 말라. 유대 지파의 사자 다윗의 뿌리가 이겼으니 그 두루마리와 그 일곱 인을 떼시리라" 하더라(계 5:5).

장로가 소개하는 이기신 분은 사자라는 동물로 상징된다. 그러나 정작 독자들 앞에 나타나는 동물은 어린양, 그것도 죽임당하신 어린양이다. 이 두 장면은 하나로 합쳐지면서 "죽임당하신 어린양이 이겼다!"라는 강력한 메시지를 전달한다.

종말 심판의 환상 이야기(4-22장)의 서두에 제시된 이 장면은 앞으로 이어질 심판의 성격을 규정한다. 두루마리의 봉인을 뗄 자격이 있는 유일한 존재이신 예수 그리스도께서 죽임당하신 어린양으로서 두루마리를 열어 거기에 기록된 대로 심판을 수행하실 것이다. 이는 예수 그리스도의 이김의 성격과 방법을 보여주는 말이다. 예수 그리스도의 이김은 로마 제국의 지배와는 근본적으로 다르다. 로마 제국은 죽임으로써 이기지만 예수 그리스도는 죽임당하심으로써 승리하시기 때문이다.

제6장

처음 여섯 인(6-7장)

1. 구조적 관찰

가. 하늘과 땅: 두 이야기의 분기

요한계시록 4-5장에서 하나님의 어전 장면과 함께 시작된 종말 환상 이야기는 6장에서 하늘과 땅의 두 이야기로 나뉜다. 아래 도표에는 자세히 표시되지 않지만, 요한계시록 6장에서는 어린양이 두루마리의 봉인을 떼시는 장면들과 그 결과로 일어나는 사건들이 하늘과 땅을 반복 교차하며 전개된다. 하늘 어전에서 봉인을 떼면 땅에서 그에 해당하는 사건이 일어나는 방식으로 말이다.

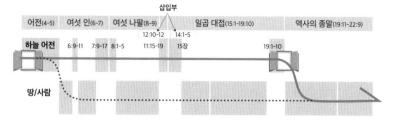

〈그림 24〉 하늘과 땅 두 이야기의 나뉨과 만남

어린양이 일곱 인 중 처음 네 인을 떼실 때 흰 말, 붉은 말, 검은 말, 청황색 말을 탄 자가 순서대로 뛰어나와 여러 상징적인 행동을 한다. 비슷한 유형으로 벌어지는 처음 네 인의 사건들은 하나로 묶여 있으며 기록된 분량도 뒤에 나오는 것들에 비해 짧다. 그에 비하면 다섯째, 여섯째, 일곱째 인의 사건들은 독립되어 각기 독자적인 의미를 가진다. 이러한 4+3 구조는 일곱 나팔과 일곱 대접 재앙에서도 비슷하게 나타난다.

	1-4		5-7
일곱 인	네 마리 말	짧게 서술 하나로 묶임	길게 서술 각기 독립됨
일곱 나팔	땅, 바다, 강, 천체		
일곱 대접	땅, 바다, 강, 천체		

〈표 19〉 세 7중주의 4+3 구조

그러나 이런 공통된 패턴이 등장한다고 해서 세 개의 7중주가 같은 사건의 반복은 아니다. 그 이유는 제2장에서 이미 충분히 설명한 바와 같다. 세 개의 7중주는 인과관계에 따라 꼬리에 꼬리를 물고 발생한다.

나. 일곱 인의 성격

일곱 인이 떼어지면서 벌어지는 사건들은 종말 시나리오의 시간 진행에서 어디쯤 놓여 있을까? 요점 반복 이론의 지지자들은 일곱 인과 일곱 나팔 및 일곱 대접을 같은 사건으로 보기 때문에, 일곱 인에서 이미 심판이 시작된다고 해석한다. 그러나 두루마리가 봉인되어 있으므로 (5:1) 일곱 개의 인이 다 떼어지기 전에는 거기 기록된 내용을 읽을 수 없다고 보는 것이 이야기 흐름에 부합한다. 두루마리에 종말 심판의 시나리오가 담겨 있다고 생각하면 일곱 인이 다 떼어지기 전에는 종말 심판이 시작되지 않는다. 따라서 어린양이 일곱 인을 떼시는 과정에서 벌어지는 일들은 종말 심판이 일어나기 전의 현실, 곧 요한과 소아시아 일곱 교회의 현실을 보여준다고 할 수 있다.

다음 그림은 고대에 두루마리를 봉인하던 방법 중 하나다. 그림을 자세히 보면 두루마리를 실로 묶은 후 그 위에 양초 같은 것을 붓고 도장을 찍어 봉인했음을 알 수 있다. 만일 요한계시록 5장의 큰 두루마리가 이런 식으로 봉인되어 있었다면, 일곱 개의 봉인을 제거하고 실을 모두 풀기 전까지 두루마리의 내용을 볼 수 없었을 것이다.

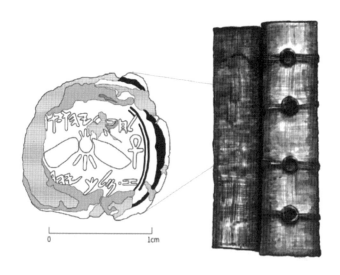

〈그림 25〉 봉인된 두루마리의 한 사례

일곱 인이 종말 심판이 시작되기 전의 현실을 보여주는 것이라는 해석은 다섯째 인 장면으로도 뒷받침될 수 있다. 어린양이 다섯째 인을 떼실 때 하늘 제단 아래에 있던 순교자의 영혼들이 큰 소리로 하나님께 어서 종말 심판을 시작해주시기를 간청한다(6:9-10). 이 장면은 다섯째 인이 떼어지기까지 종말 심판이 아직 시작되지 않았음을 보여준다.

여기 나오는 순교자들의 탄원은 요한계시록 5장에 나오는 요한 자신의 울음이기도 하고(5:4) 요한계시록을 읽는 성도들의 간구이기도 하다. 하나님은 그에 대해 잠시만 더 기다리라고 하신다(6:11). 그후 어린양이 여섯째 인을 떼시고(6:12) 그들의 진노의 큰 날이 이르렀다는 선언이 이어진다(6:17). 종말 심판은 어린양이 일곱째 인을 떼신 후 곧 시작될 것이다.

2. 처음 네 인: 고난의 현실(6:1-8)

처음 네 인에 대한 설명은 같은 방식으로 서술되어 있다. 어린양이 일곱 인 중 하나를 떼시면 보좌의 네 생물 중 하나가 우레와 같은 소리로 "오라!"고 말한다. 그러면 흰 말, 붉은 말, 검은 말, 청황색 말이 순서대로 나온다.

흰 말을 탄 자는 활을 가졌고 면류관을 받아 이기면서 계속 이기려고 나아간다(2절). 흰 말을 탄 자의 승리는 파죽지세로 계속된다. 붉은 말을 탄 자는 큰 칼을 받고 땅에서 평화를 제거하면서 사람들이 서로 죽이게 한다(4절). 이는 전쟁을 상징한다.

검은 말을 탄 자는 손에 저울을 들고 있는데, 그가 나올 때 "한 데나리온에 밀 한 되요, 한 데나리온에 보리 석 되"라는 소리가 들린다(6절). 이는 당시 정상적인 밀값의 약 여덟 배이자 평소 보리값의 다섯 배 이상이 되는 매우 비싼 가격으로서,[1] 기근이 들어 식량 품귀 현상이

---

1   이것은 Aune의 견해다. Aune, 『요한계시록(중)』, 101. 평소 가격의 몇 배인지에 대해서는 해석자들마다 계산이 조금씩 다르다. 다른 해석자들의 견해는 셋째 인에 대한 각 주석의 해설을 참조하라.

일어났음을 보여주는 표현이다.

청황색 말을 탄 자의 이름은 사망이며 음부가 그 뒤를 따른다(8절). 청황색이란 파란색과 노란색을 혼합한 초록색으로 생각하면 된다. 오늘날 초록색은 긍정적인 함의로 많이 사용되는 색이지만, 시체나 피부의 멍과 비슷한 색이기도 하다.

가. 흰 말을 탄 자는 누구일까?

여기서 붉은 말, 검은 말, 청황색 말이 가리키는 것은 비교적 분명하게 드러난다. 세 말은 전쟁과 기근과 죽음이 계속되고 있는 고된 삶의 현실을 나타낸다. 그렇다면 언제의 현실일까? 최근 뉴스에 나온 장면들을 떠올리며 이것이 오늘날의 상황을 보여준다고 해석하는 이들이 있다. 물론 오늘날 세계에는 전쟁과 기근과 죽음이 계속되고 있다. 그러나 인류 역사에서 이로부터 자유로운 시대가 있었을까? 따라서 이것은 인류가 유사 이래 계속 직면해오고 있는 보편적인 고난의 현실을 가리킨다. 요한계시록 저술 당시에는 요한계시록의 청중이 처해 있던 현실이 그러했을 것이다.

그럼 흰 말을 탄 자는 누구일까? 흰 말을 탄 자는 여러 면에서 예수 그리스도를 닮았다. 첫째, 요한계시록에서 흰색은 대부분 긍정적인 함의를 가지고 사용된다(예수 그리스도, 1:14; 흰 돌, 2:17; 성도의 흰 옷, 3:4-5, 18; 6:11; 7:9, 13; 스물네 장로의 흰 옷, 4:4; 예수 그리스도의 흰 말, 19:11; 하늘 군대의 흰 옷, 19:14; 하나님의 심판의 보좌, 20:11). 둘째, 이 장면에서 흰 말을 탄 자의 특징은 계속 승리를 거둔다는 점인데, 바로 앞의 어전 장면에서도 예수 그리스도께서 승리하셨다.

무엇보다도 이 장면은 뒤에 나오는 예수의 재림 장면과 매우 흡사하다.

> 또 내가 하늘이 열린 것을 보니, 보라! 백마와 그것을 탄 자가 있으니(계 19:11).

요한계시록 6:2과 19:11에는 "보라! 백마와 그것을 탄 자"(ἰδοὺ ἵππος λευκός καὶ ὁ καθήμενος ἐπ' αὐτὸν)라는 동일한 어구가 반복된다. 두 장면의 서술에서 무려 여덟 단어가 일치하는 것은 우연이 아니며, 이는 두 본문이 같은 존재를 가리킨다는 주장에 힘을 실어준다.

그러나 이런 유사성에도 불구하고 요한계시록 6장의 흰 말을 탄 자는 예수 그리스도가 아님이 분명하다. 무엇보다도 이 장면에서 어린양이신 예수 그리스도는 하늘 어전에 계시고, 백마와 그것을 탄 자는 같은 시간에 땅에 있다. 이는 어린양과 흰 말을 탄 자가 서로 다른 존재임을 분명히 보여준다.

또한 네 마리의 말이 보여주는 현상들은 서로 분리되어 있지 않다. 일곱 인을 떼는 과정은 종말 심판 직전의 현실을 보여주고, 그 현실은 전쟁과 기근과 죽음을 상징하는 붉은 말, 검은 말, 청황색 말로 대변된다. 이것은 인류에게 고난과 고통을 안기는 악한 현실로서 하나님의 개입을 절박하게 요청하는 장면이다. 흰 말은 그런 현실을 보여주는 나머지 세 말과 하나로 연결되어 있다. 그런데 그런 현실을 예수 그리스도의 승리와 연결하는 것은 여러모로 어색하다.

이와 관련하여, 첫째 인을 뗄 때 나오는 흰 말을 탄 자가 예수 그리스도가 아니라는 사실은 네 마리 말에 바로 이어 나오는 서술을 통해 확인할 수 있다. 요한계시록은 처음 네 인을 뗄 때 연이어 나오는 네 말과 그에 따르는 현상들을 보여준 후 이를 다음과 같이 요약한다.

> 그들이 땅 사 분의 일의 권세를 얻어 검과 흉년과 사망과 땅의 짐승들로써 죽이더라(계 6:8).

이 구절에서 그들이 사람들을 죽이는 방법으로 나열된 "검", "흉년", "사망"은 각각 둘째, 셋째, 넷째 말을 대변한다. 붉은 말을 탄 자는 큰 칼을 받았고, 검은 말을 탄 자는 "흉년"을 상징하며, 청황색 말을 탄 자의 이름은 "사망"이다. 그렇다면 넷째로 언급된 땅의 짐승들은 누구일까? 검과 흉년과 사망이 각각 둘째, 셋째, 넷째 말을 가리킨다면, 땅의 짐승들은 첫째 말과 연결하는 것이 자연스럽지 않을까?

해당 구절을 이렇게 이해하고 읽다 보면 왜 흰 말에 상응하는 내용을 처음에 언급하지 않고 마지막에 언급했는지 의문이 들 수 있다. 그것은 아마도 요한계시록 6:2-8을 수미상관 구조로 구성하려는 의도였을 것이다. 앞서 언급한 것처럼 처음 네 개의 인은 하나로 묶여 있다. 요한은 네 말의 등장을 차례대로 서술한 후 마지막에 네 말 사건 전체를 다시 요약함으로써 6:2-8을 하나의 단락으로 구성했다. 이 단락은 "내가 보았다, 보라"는 지시어에 이어 "흰 말"(ἵππος λευκός, 2절)로 시작되며 "땅의 짐승"(τῶν θηρίων τῆς γῆς, 8절)으로 끝난다. 이 구조는 요한계시록 6:2의 흰 말이 땅의 짐승들임을 보여주는 또 하나의 근거가 된다.

흰 말을 탄 자가 땅의 짐승들이라는 말은 무엇을 의미하는가? 이것은 요한과 청중이 목도한 현실에서 이기고 있는 자가 다름 아닌 땅의 짐승들임을 보여준다. 요한계시록 13장에서 짐승은 로마 제국이다. 다른 말로는 로마의 황제가 주님이자 하나님이라는 칭송을 받으며 메시아 노릇을 하는 현실이다. 그 현실은 로마 제국이 실제로 인류의 구원자처럼 보이는 착시현상을 만들었다. 사람들은 현실에서 신과 같은 무소부재의 권력을 가진 로마 제국을 보면서 그것이 정말 "우리의 주"일지도 모른다고 여겼다. 바로 그것이 "흰 말"이 상징하는 내용이다. 긍정적 함의를 가진 흰색은 요한의 현실에서 드러나고 있던 일종의 착시현상을 대변한다.

이상의 관찰을 종합해보면 처음 네 마리의 말은 전쟁과 기근과 사망이 파죽지세로 계속되고 있는 현실을 나타낸다. 더군다나 그 현실의 참혹함을 만들어낸 로마 제국이 오히려 사람들로부터 주님으로 칭송을 받고 있는 부조리가 펼쳐지고 있다.

나. 묵시문학의 신정론[2]

종말 직전의 현실을 보여주는 처음 네 인 장면에는 신적 수동태(divine passive) 문장들이 포함되어 있다. 신적 수동태란 하나님의 이름을 부정한 입에 담기를 꺼리는 유대인들의 관습에서 나온 수사법이다. 유대인들은 하나님의 이름을 함부로 부르지 말라는 제3계명을 어기지 않기 위해, 그분의 이름을 언급하지 않으면서도 그분에 관해 말할 수 있는 방법들을 개발해냈다. 하나님의 이름을 아예 부르지 않으면 함부로 부를 일도 없을 것이니 말이다. 그 방법으로 고안한 것이 신적 수동태다.

신적 수동태란 하나님을 주어로 하는 능동태 문장을 수동태로 바꾼 후 행위자이신 하나님을 생략하는 수사법이다. 예를 들어 "하나님께서 그에게 칼을 주셨다"라는 문장을 수동태로 바꾸면 "하나님에 의해 그에게 칼이 주어졌다"가 되는데, 여기서 "하나님에 의해"를 생략하고 "그에게 칼이 주어졌다"라는 문장만 사용하는 것이다. 따라서 우리가 성경에서 "그에게 칼이 주어졌다"라는 수동태 문장을 발견한다면 혹시 여기에 "하나님에 의해"가 의도적으로 생략된 것이 아닌지 물을 필요가 있다. 요한계시록에는 이런 신적 수동태 문장이 자주 나온다.

2 　신정론(theodicy)이란 의인의 고난을 신학적으로 해명하려는 노력이다. 문자 그대로 풀면 신정론은 이 땅에 악이 창궐하여 의인이 고난받도록 두시는 "하나님(神, theos)이 과연 옳으신가(正, dikaios)?"라는 질문에 대한 대답이다. 그런 하나님을 변호한다고 해서 "변신론"이라고도 부른다.

요한계시록 6:2-8에서 신적 수동태에 해당하는 문장들은 다음과 같다. 괄호 안에 있는 문장은 그리스어를 직역한 것이다.

> 면류관을 받고(그에게 면류관이 주어졌다, 2절)
> 그 탄 자가 허락을 받아 땅에서 화평을 제하여 버리며(4절)
> 큰 칼을 받았더라(그에게 큰 칼이 주어졌다, 4절)
> 그들이 땅 사 분의 일의 권세를 얻어(그들에게…권세가 주어졌다, 8절)

〈표 20〉 요한계시록 6:2-8의 신적 수동태 문장들

이 수동태 문장들을 능동태로 하면 하나님이 주어가 되는데, 그것을 유대인들의 관습에 따라 수동태로 바꾸고 "하나님"을 생략한 것이 위의 문장이다. 이 문장들에 따르면 처음 네 인과 네 마리의 말로 대변되는 성도들의 고난의 현실은 하나님의 허락으로 인해 가능한 것이다. 짐승들이 세력을 떨치고, 그들이 땅에서 칼을 휘두르며 전쟁을 일으키며, 땅의 사 분의 일에 고통을 안기고 있는 것이 모두 하나님의 허락 없이는 일어날 수 없다는 뜻이다.

요한계시록에 나오는 이런 구절들은 종종 잘못 해석되어 하나님이 고난을 주시는 분이라는 오해를 불러일으키기도 한다. 더 나아가 역사적으로 발생했던 민족적, 국가적 고난이나 오늘날 곳곳에서 일어나는 재난들이 모두 하나님으로부터 기인한다는 신념으로 발전되기도 한다. 그러나 그것은 성경을 너무 단순하게 읽은 것이다. 요한계시록의 이런 구절들은 그 배경에 있는 묵시종말론을 고려한 후 이해해야

한다.

요한계시록의 청중이 겪고 있는 현실의 고난은 어디에서 오는가? 그 고난은 짐승 곧 로마 제국을 이용하여 영향력을 행사하고 있는 사탄에게서 온다는 것이 요한계시록의 답이다. 그런데 이는 곧 다른 의문을 갖게 만든다. 그렇다면 이 땅의 지배자는 사탄이라는 말인가? 사탄이 세상을 지배하고 있으므로 하나님도 어찌하실 방도가 없단 말인가?

그에 대해 묵시종말론은 "아니다"라고 답한다. 역사를 창조하시고 주관하시는 분은 하나님이다. 다만 하나님께서 사탄의 한시적인 지배를 허용하셨기 때문에 사탄이 저리 날뛸 수 있는 것이다. 그러나 이 기간에도 하나님은 여전히 역사의 주관자시기 때문에 사탄은 우리의 육신에 해를 입힐 수 있을지언정 우리의 궁극적 운명에 영향을 미치지는 못한다. 게다가 그의 영향력은 어디까지나 한시적일 뿐이다. 이제 그날이 오면 하나님께서 역사에 개입하시고 사탄의 세력을 심판하실 것이다. 그것이 바로 요한계시록이 그리는 종말 심판이다.

본문에 사용된 신적 수동태는 이 같은 묵시종말론의 신정론을 대변한다. 여기에 담긴 메시지는 세 가지다. 첫째, 오늘 우리가 겪고 있는 고난이 하나님에게서 온 것은 아니지만, 하나님은 우리의 고난을 잘 알고 계신다. 둘째, 하나님이 무능하셔서 사탄의 세력을 통제하지 못한 결과로 우리가 고난을 겪는 것은 아니다. 이 세상의 통치자는 하나님이시고 사탄마저도 그분의 권능 아래에 있다. 그러나 하나님께서 그 고난을 허용하셨기 때문에 우리가 고난을 당하는 것이다. 셋째, 이 고난에는 시한이 있다. 하나님은 사탄의 발호를 영원히 허용하시지 않고 때가 되면 반드시 이 역사에 개입하심으로써 사탄의 세력을 심판하시고 하나님 나라를 완성하실 것이다.

3. 다섯째 인과 여섯째 인(6:9-17)

가. 다섯째 인: 심판은 언제?(6:9-11)

처음 네 개의 인 장면은 종말이 오기 전의 암담한 현실을 인류의 생존과 관련지어 일반적으로 기술함으로써 하나님이 역사에 반드시 개입하셔야 할 필연성을 보여준다. 여기에 사용된 신적 수동태는 역사의 배후에 존재하시는 하나님께서 모든 일을 인지하고 계시며 때가 오면 그분이 반드시 개입하실 것임을 암시한다. 그것을 보여주는 직접적인 언급이나 요청은 아직 드러나지 않았지만, 어린양이 다섯째 인을 떼실 때 비로소 하나님의 개입에 대한 요청이 나타난다.

다섯째 인을 떼실 때에 내가 보니 하나님의 말씀과 그들이 가진 증거로 말미암아 죽임을 당한 영혼들이 제단 아래에 있어 큰 소리로 불러 이르되 "거룩하고 참되신 대주재여, 땅에 거하는 자들을 심판하여 우리 피를 갚아 주지 아니하시기를 어느 때까지 하시려 하나이까?" 하니(계 6:9-10).

이 책의 제1부를 읽은 독자들은 이 구절이 요한계시록의 서사 구조에서 갖는 중요성을 이미 잘 알고 있을 것이다. 여기 담긴 성도들의 탄원은 요한계시록의 작은 스토리라인 중 하나인 하늘 제단의 스토리라인을 시작하는 역할을 수행하는 동시에 요한계시록의 종말 심판 전체를 촉발한다. 즉 성도들의 기도에 대한 응답으로 하나님께서 역사에 개입하시고 종말 심판이 이루어지는 것이다. 이 구절에는 성도들이 고난받고 있는 현실과 그 고난을 일으키고 있는 자들의 정체 그리고 그들에 대한 심판의 암시 등 종말 환상 이야기를 이끌어갈 중요한 요소들이 담겨 있다.

어린양이 다섯째 인을 떼실 때 나오는 이 순교자들의 탄원은 요한계시록의 종말 심판이 아직 시작되지 않았음을 보여준다. 죽임당한 영혼들이 하나님께 도대체 언제 심판을 시작하실 것이냐고 묻고 있으니 말이다. 앞서 논의한 것처럼 일곱 봉인이 모두 제거되기 전에는 누구도 두루마리를 읽을 수 없고, 두루마리에 기록된 종말 심판도 시작되지 않는다. 어린양이 일곱 인을 떼시는 과정은 종말 심판 그 자체가 아니라 종말 심판이 시작되기 전의 현실을 보여준다.

또한 이 구절은 종말 심판의 목적을 드러낸다. 그것은 바로 성도들의 피를 갚아 주는 것이다. 여기서 성도들은 "하나님의 말씀과 그들이 가진 증거로 인해 죽임을 당한 영혼들"로 대표된다. 모든 성도들이 순교한 것은 아니지만, 요한계시록은 이들 모두를 순교자로 지칭한다. 20:4에도 이와 비슷한 서술이 나오는데, 천년왕국에 참여하는 성도들 전체가 "예수를 증언함과 하나님의 말씀 때문에 목 베임을 당한 자들의 영혼들"로 지칭된다.[3] 다섯째 인 장면에 등장하는 "죽임을 당한 영혼들"은 실제로 죽임당한 그리스도인뿐만 아니라 죽임당하지 않은 사람까지 포함하여 고난 가운데서 믿음을 지켜낸 모든 성도를 상징적으로 대표하는 표현이다.

이와 함께 다섯째 인 장면은 앞으로 종말 심판이 누구를 향하게 될지도 보여준다. 심판은 "땅에 거하는 자들"(οἱ κατοικοῦντες ἐπὶ τῆς γῆς)을 향할 것이다. 앞으로 요한계시록의 종말 심판 이야기에서 자주 접하게 될 이 어구는 땅 위에 사는 모든 인류를 가리키는 표현이 아니다(3:10; 6:10; 8:13; 11:10[2회]; 13:8, 12, 14[2회]; 17:2, 8).[4] 이것은 사탄에 속한 자들, 심판받을 자들을 가리키는 요한계시록의 독특한 어구다. 이와 대조적으로 땅 위에 사는 모든 사람을 가리키는 중립적인 어구는 "땅에 거주하는 자들"(καθημένους ἐπὶ τῆς γῆς, 14:6)이다.[5]

순교자들의 탄원에 대한 응답은 수동태로 주어진다. 개역개정 성

---

3   개역개정 성경은 그다음에 나오는 "짐승과 그의 우상에게 경배하지 아니하고 그들의 이마와 손에 그의 표를 받지 아니한 자들"이 첫 그룹과 구별되는 또 다른 그룹인 것처럼 옮겼으나, 그리스어 성경을 읽어보면 이는 첫 그룹에 대한 부가적 설명임을 알 수 있다. 다시 말해 두 그룹은 동일한 성도들을 가리킨다.

4   13:12과 17:2에는 이 어구가 축약형으로 나온다.

5   우리말 개역개정 성경에는 앞의 어구가 "땅에 거하는 자들"(계 3:10; 6:10; 13:14[2회]), "땅에 사는 자들"(8:13; 11:10[2회]; 13:12; 17:2, 8), "이 땅에 사는 자들"(계 13:8) 등으로 다양하게 번역되었고, 뒤의 어구와도 비슷하여 구별하기가 쉽지 않다. 그리스어 본문에서는 분명히 구별된다.

경은 이것을 주어를 생략한 능동태로 번역했다. 여기에 생략된 주어는 하나님 또는 하나님의 뜻을 수행하는 천상적 존재들이다.

> 각각 그들에게 흰 두루마기를 주시며 이르시되 "아직 잠시 동안 쉬되 그들의 동무 종들과 형제들도 자기처럼 죽임을 당하여 그 수가 차기까지 하라" 하시더라(계 6:11).

하나님의 응답은 그들이 조금 더, "아직 잠시 동안" 쉬어야 함을 알린다. 그 기한은 "그들의 동무 종들과 형제들도 자기처럼 죽임을 당하여 그 수가 차기까지"다. 이 말씀은 종말 심판이 시작되기 전까지 죽어야 할 순교자의 수를 하나님께서 정해 놓으셨다는 뜻으로 이해할 수도 있지만, 그보다는 성도들이 죽임당하신 어린양을 따라 죽임을 당함으로써 사탄과 싸워나가고 있는 상황을 염두에 두고 받아들이는 것이 좋다. 성도의 죽임당함은 단순한 패배가 아니라 싸움의 방법이다. 십자가에서 죽임당함으로써 사탄의 권세를 무너뜨리신 예수 그리스도를 본받아 성도들도 자기 십자가를 지고 그리스도의 남은 고난을 채워나가야 한다(참조. 골 1:24). 성도들은 하나님 나라가 온전히 이루어질 종말을 단순히 기다리기보다는 자기 십자가를 지고 그리스도를 따름으로써 하나님 나라를 함께 세워나간다.

나. 여섯째 인: 심판의 날이 왔다!(계 6:12-17)

다섯째 인 장면의 "아직 잠시 동안"은 그리 오래 지속되지 않는다. 바로 이어지는 여섯째 인 장면이 종말 심판의 시작을 알리기 때문이다. 종말 심판의 개시 선언은 우주적인 격변으로 인한 거대한 시청각 효과를 동반하며 이루어진다.

> 내가 보니 여섯째 인을 떼실 때에 큰 지진이 나며 해가 검은 털로 짠 상복같이 검어지고 달은 온통 피같이 되며 하늘의 별들이 무화과나무가 대풍에 흔들려 설익은 열매가 떨어지는 것같이 땅에 떨어지며 하늘은 두루마리가 말리는 것같이 떠나가고 각 산과 섬이 제 자리에서 옮겨지매(계 6:12-14).

이 책의 제3장 3절("종말과 창조세계")에서 이미 논한 것처럼 이 장면은 자연 재앙의 서술이라기보다는 심판자 하나님이 현현하시고 종말 심판이 시작되는 순간에 나타나는 가공할 만한 공포와 전율을 자연의 변화를 통해 비유적으로 형상화한 것이다.[6]

우주적으로 묘사된 그 공포는 이어지는 구절에서 심판을 받을 사람들의 입을 통해 다시 언어로 표현된다. 15절은 하나님의 심판이 "땅의 임금들과 왕족들과 장군들과 부자들과 강한 자들과 모든 종과 자유

---

6   170-177쪽을 참조하라.

인"에게 미친다고 말한다. 지위 높은 자들과 부자들과 모든 종이 함께 언급된 것은 심판과 구원이 사회적 지위에 따라 결정되지 않는다는 의미다. 이 심판받을 사람들의 목록은 재림하신 예수 그리스도의 군대에 대항하다가 죽임당하는 사탄의 세력의 목록과 유사하다(19:18).

그들은 굴과 산들의 바위틈에 숨어 산들과 바위들을 향해 "우리 위에 떨어져 보좌에 앉으신 이의 얼굴에서와 그 어린양의 진노에서 우리를 가리라"고 말한다(6:16-17). 이것은 호세아 10:8의 표현을 거의 그대로 가져온 것으로서 산과 바위틈에 숨어 하나님의 심판을 모면하고자 하는 절박한 심정을 나타낸다.[7]

> 그때에 그들이 산더러 "우리를 가리라" 할 것이요, 작은 산더러 "우리 위에 무너지라" 하리라(호 10:8).

사탄의 세력으로 보이는 사람들이 우주적 격변에 대해 나타내는 반응은 아직 심판이 채 시작되지 않았음에도 불구하고 그들이 하나님의 심판에 순응하지 않고 저항할 것임을 암시한다. "사탄의 세력의 저항"을 보여주는 스토리라인이 이미 여기서 시작되는 것이다.[8]

---

7   이 구절은 눅 23:30에도 인용되어 있다.
8   사탄의 세력의 저항 스토리라인에 관한 자세한 설명은 이 책 125-33쪽과 해당 본문의 해설을 참조하라.

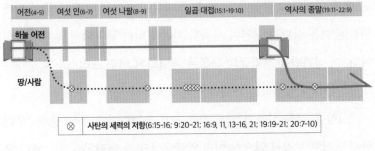

| 어전(4-5) | 여섯 인(6-7) | 여섯 나팔(8-9) | 일곱 대접(15:1-19:10) | 역사의 종말(19:11-22:9) |

⊗ | 사탄의 세력의 저항(6:15-16; 9:20-21; 16:9, 11, 13-16, 21; 19:19-21; 20:7-10)

〈그림 26〉 작은 스토리라인: 사탄의 세력의 저항과 소멸

여섯째 인 장면의 마지막 절은 드디어 종말 심판의 시작을 다음과 같이 선언한다.

그들의 진노의 큰 날이 이르렀으니…(계 6:17).

진노의 큰 날이 이르렀다는 말은 심판이 완결되었다는 뜻이 아니라, 심판의 기간이 이제 곧 시작될 것이라는 예고다. 종말 심판은 아직 시작되지 않았다. 어린양이 일곱째 인을 떼시고 두루마리가 펼쳐질 때 비로소 심판이 시작될 것이다.

4. 요한계시록의 용어들: 진노, 재앙, 화, 심판, 구원, 환난

여섯째 인 장면에서 하나님의 종말 심판은 "진노의 큰 날"로 표현된다. 요한계시록에서 "진노"는 "재앙"과 "화"와 함께 종말 "심판"을 가리키는 용어다. 다음 장면으로 넘어가기 전에 요한계시록에서 사용되는 심판 관련 용어들에 대해 간략히 정리해보기로 하자.

요한계시록에서 "진노"(ὀργή), "하나님의 분노"(θυμός), "재앙"(πληγή), "화"(οὐαί), "심판"(명사 κρίσις, 동사 κρίνω)은 모두 종말 심판을 가리키는 용어다. 이 여섯 개의 용어들은 오직 사탄의 세력인 "땅에 거하는 자들"에게만 적용된다. 다시 말해 하나님이 내리시는 진노와 분노, 재앙이나 화 또는 심판은 오직 사탄의 세력을 향한다. 성도들은 하나님께서 미리 이마에 인을 쳐서 보호하신다(7:1-8).

제1부의 서사 구조 논의에서 살펴본 것처럼, 요한계시록에서 "땅에 거하는 자들"에 대한 심판이 본격적으로 시작되는 시점은 다섯째 나팔 재앙인 첫째 "화"부터다. 아래 도표를 살펴보면 이 여섯 어휘는 대부분 8:13 이후에 나타난다. 그보다 앞서 나타나는 경우가 세 번 있는데, 이 세 구절 모두 다섯째 나팔 이후에 일어난 심판을 예고한다(6:10, 16, 17).[9] "땅에 거하는 자들"에 대한 심판을 서술하는 용어가 8:13 이후에만 나타나는 것은 요한계시록의 이야기가 반복되지 않고 차례대로 진행되기 때문이다.

9 　계 6:10은 제단 아래의 순교자들이 하나님께 언제 "심판"을 시작하시느냐고 탄원한다. 16절은 다가올 어린양의 "진노"를 예고한다. 6:17은 하나님의 "진노"의 큰 날이 곧 시작된다는 선언이다. 세 구절 모두 미래에 있을 심판에 대한 예고다.

진노(ὀργή, 6:16, 17, 11:18; 14:10; 16:19; 19:15)
하나님의 분노(θυμός, 14:10, 19; 15:1, 7; 16:1, 19; 19:15)
재앙(πληγή, 9:18, 20; 11:6; 15:1, 6, 8; 16:9, 21; 18:4, 8; 21:9; 22:18; 13:3, 12, 14)
화(οὐαί, 8:13; 9:12; 11:13; 12:12; 18:10, 16, 19)
심판(명사 κρίσις, 14:7; 16:7; 18:10; 19:2;
　　동사 κρίνω, 6:10; 11:18; 16:5; 18:8, 20; 19:2, 11; 20:12, 13)

〈표 21〉 요한계시록의 심판 용어들

　　그렇다면 성도들에게는 아무런 고난도 주어지지 않는가? 성도들
이 받는 고난을 가리키는 용어는 "환난"(θλῖψις,)이다. 환난은 종말에
일어날 재앙이나 심판을 가리키는 것이 아니라, 종말 심판이 오기 전
사탄의 세력이 영향력을 발휘하고 있을 때 그리스도인들이 믿음으로
인해 당하는 고난을 가리키는 말이다. 이 "환난"에는 주림과 목마름
또는 해나 뜨거운 기운에 상함과 눈물이 포함된다(계 7:16). 땅에 거하
는 자들은 진노와 재앙과 화와 심판을 받을 것이다. 그러나 믿는 자들
은 종말에 "구원"(σωτηρία)을 받을 것이다. 성도들에게 적용되는 두 어
휘의 용례는 다음 표와 같다.

"환난"(θλῖψις, 1:9; 2:9, 10, 22; 7:14)
"구원"(σωτηρία, 7:10; 12:10; 19:1)

〈표 22〉 성도에게 적용되는 용어들

제7장

구원받은 십사만 사천

1. 누가 능히 서리요?(6:17)

가. 이야기의 흐름 속에서 이해하기

이제 심판의 시작이 예고되었다. 두루마리의 일곱 봉인 중 남아 있는 마지막 인이 떼어지고 나면 비밀이 해제되면서 두루마리에 기록된 대로 종말 심판이 시작될 것이다. 성도들은 어린양이 다섯째 인을 떼실 때 하늘 제단 아래서 순교자들의 영혼이 간절히 탄원하던 것처럼 종말 심판을 간절히 기다려왔다. 그런데 이제 그 심판이 시작되고 나면 성도들은 어찌 되는가? 성도들도 함께 심판을 견뎌내야 하는가? 아니면 성도들을 위한 하나님의 특별한 계획이 있는가? 요한계시록 7장은 이 질문에 대한 답이다.

또한 요한계시록의 이야기 세계 속에서 세밀하게 관찰해보면, 7:1-8은 6장 마지막 절의 질문에 대한 답이기도 하다. 여섯째 인이 떼어지고 종말 심판에 대한 공포가 표현된 후 심판의 시작이 선언될 때 다음 질문이 제기된다.

그들의 진노의 큰 날이 이르렀으니 누가 능히 서리요?(계 6:17)

심판을 견딜 능력이 있는 사람이 있을까? 그런 사람은 아무도 없다. 모든 사람은 하나님의 심판 앞에서 불 속의 지푸라기와 같다. 그러나 하나님께서는 그 심판으로부터 성도들을 지켜내실 것이므로 우리는 염려하지 않아도 된다. 하나님의 보호하심으로 인해 성도들은 그 심판 가운데 능히 설 것이다. 이것이 7:1-8이 주는 메시지다.

여기서도 확인할 수 있듯이 구원받은 십사만 사천 명의 이마에 인을 치는 장면은 막간극이나 삽입부가 아니다. 요점 반복 이론을 따르는 해석자들은 일곱 인을 종말 심판이라고 보고 여섯째 인을 뗄 때 나오는 "진노의 큰 날이 이르렀다"는 말을 종말 심판이 이미 이루어졌다는 뜻으로 해석하기 때문에 7:1-8의 사건이 가지는 의미를 이야기 흐름 속에서 설명하기 어렵다. 그래서 이 본문이 흐름을 벗어나 삽입된 장면이라고 주장하는 것이다. 하지만 줄거리의 흐름을 정확히 파악 했다면 이 장면은 일곱 나팔 심판이 시작되기 전에 반드시 들어가야 할 필수적인 장면임을 알 수 있다.

나. 이야기의 전개(7:1-8)

이야기는 다음과 같이 전개된다. 먼저 7:1은 천사 넷이 땅의 네 모퉁이에 서서 바람을 붙들고 있는 장면을 묘사하는데, 이 모습은 직전에 일어난 여섯째 인 사건을 배경으로 생각하면 더 잘 이해할 수 있다. 여섯째 인이 떼어짐과 동시에 우주적 격변이 일어나고 심판의 시작이 선언되었으며, 그 격변은 땅과 바다에 부는 거센 바람으로 이어져 곧 시작될 심판을 예고하고 있다. 네 천사가 그 바람을 붙드는 것은 심판을 시작하기 전에 해야 할 일이 있기 때문인데, 그것은 바로 성도들을 심판으로부터 미리 보호하는 일이다.

그 보호의 방법은 성도들의 이마에 인을 쳐서(7:2-3) 종말 심판이 내릴 때 재앙이 성도들을 비껴가도록 만드는 것이다. 마치 출애굽 당시 열 번째 재앙이 내릴 때 문설주에 양의 피를 바른 이스라엘 백성의 집을 하나님께서 보호하셨듯이 말이다. 인 치심을 받은 성도들의 수는 요한이 들은 음성을 통해 묘사된다(7:4-8). 그들은 이스라엘의 열두 지파로 상징되는데, 각 지파가 일만 이천 명이므로 총 십사만 사천 명이 된다.

2. 십사만 사천(7:1-8)

십사만 사천은 하나님의 선택을 받은 성도들의 숫자다. 이 선택이라는 아이디어는 자신들만 선택받았다고 주장하는 이단 종파들에 의해 종종 남용되어왔다. 그들은 선택의 범위를 제한하기 위해 십사만 사천이라는 숫자를 문자적으로 이해한다. 그러나 이런 문자적인 해석법은 그들의 주장을 정당화하지 못한다.

문자적으로 이해한다면 십사만 사천은 모두 유대인이어야 한다. 7:5-8은 각 지파의 이름을 일일이 명시하면서 숫자를 나열하는데 여기에 모든 유대인이 다 포함되는 것도 아니다. 14:1-5에 의하면 십사만 사천은 "여자와 더불어 더럽히지 아니하고 순결한" 사람들이다. 그렇다면 그들은 모두 남성이고, 더럽혀질 가능성이 있는 성인이어야 한다. 즉 문자적으로 이해하면 십사만 사천에는 유대인 성인 남성만 포함된다.

십사만 사천은 그리스도 교회를 가리키는 상징적인 숫자다. 신약성경에서 교회는 참 이스라엘로 대변된다(롬 2:28-29; 갈 6:16; 약 1:1 등). "144,000"이라는 숫자는 완전 숫자[1] "12"를 제곱하고 거기에 다시 엄청나게 많음을 상징하는 수인 "1,000"을 곱한 것으로서, 구원받

---

[1] 성경에서는 하나님을 상징하는 "3", 세상을 상징하는 "4", 3과 4를 더한 "7", 3과 4를 곱한 "12" 등이 완전 숫자로서 상징적인 의미를 가지고 사용된다. 요한계시록에도 이 숫자들의 상징성이 강하게 드러난다.

은 사람들이 셀 수 없이 많음을 보여주는 표현이다(12×12×1,000). 우리말의 "백화점"이라는 단어를 떠올려보자. 문자적으로 읽으면 "백화점"(百貨店)이란 "백 개의 재화가 있는 상점"이라는 뜻이다. 그러나 여기서 "100"이라는 숫자는 문자적인 의미로 쓰인 것이 아니라 엄청나게 많음을 뜻하는 상징적인 표현으로서, 백화점이란 "모든 종류의 재화를 다 취급하는 상점"이라는 뜻이 된다. "천군만마"(千軍萬馬)라는 표현도 생각해볼 수 있다. 이것은 단순히 "천 명의 군사와 만 마리의 말"이 아니라 엄청나게 많은 군사와 강한 군사력을 가리키는 표현이다. 십사만 사천도 그런 방식으로 읽어야 한다.

3. 구원받은 셀 수 없는 무리(7:9-17)

이어지는 9-17절에는 "각 나라와 족속과 백성과 방언에서" 나온 "아무도 능히 셀 수 없는 큰 무리"가 등장한다. 이들은 흰 두루마기를 입고 종려나무 가지를 손에 들고 보좌 앞과 어린양 앞에 서서 하나님을 찬양한다(9-12절). 그리고 장로들 중 하나가 이 사람들이 누구인지를 설명해준다(13-17절). 설명에 의하면 그들은 큰 환난에서 나오는 성도들인데 어린양의 피에 씻어 희게 된 옷을 입고 있다(13-14절). 그들은 하나님과 함께 거할 것이고 어린양이 그들의 목자가 되어 생명수 샘으로 인도할 것이므로 더 이상 주림과 목마름과 상함과 눈물이 없는 삶을 살게 될 것이다(15-17절).

많은 해석자들은 7:1-8과 7:9-17에 나오는 두 그룹의 사람들 간의 관계를 설명하기 위해 고심한다. 예를 들어 앞 장면은 구원받은 유대인들을 보여주고 뒷 장면은 구원받은 이방인들의 모습을 보여준 다고 이해하기도 한다. 나도 석사과정에서 요한계시록 세미나 과목을 수강하면서 이 본문을 그렇게 해석하여 보고서를 작성한 적이 있다.[2] 그러나 이런 해석은 요한계시록의 다른 본문으로써 뒷받침되기 어렵다. 십사만 사천은 제2삽입부의 끝부분에 다시 등장한다(14:1-5). 여기서 십사만 사천은 구원받은 모든 성도를 대표한다. 반면 각 나라와 족속과 백성과 방언에서 나온 셀 수 없는 큰 무리는 요한계시록에 다시 나오지 않는다. 만일 두 그룹이 유대인과 이방인이라면 두 그룹이 다시 함께 나와야 할 것이다.

무엇보다도 두 장면은 이야기의 흐름에서 동일 선상에 있지 않기 때문에 그렇게 해석할 수 없다. 하나님께서 인을 치셔서 십사만 사천 명을 보호하시는 사건은 어린양이 일곱째 인을 떼시기 전, 곧 종말 심판이 시작되기 전에 이 땅에서 일어나는 일이다. 다시 말해 1-8절은 이야기의 흐름 속에 있다. 그러나 9-17절은 이야기의 시간 흐름에서 벗어나 있다. 이 장면은 미래에 구원을 받고 하나님의 보좌 앞에 서

---

2   이 보고서를 다시 정리한 글이 다음 저널에 실려 있다. Yong-Sung Ahn, "John's Jewish Self-Understanding in Revelation 2-3 and 11," *Korea Presbyterian Journal of Theology* 7 (2007), 73-93.

서 찬양하게 될 수 없이 많은 성도의 모습을 예상(prolepsis)의 형식으로 미리 보여주는 것이기 때문이다. 7:9-17은 앞에 나온 십사만 사천 장면을 해석해주는 막간극으로서, 두 장면은 동일한 실체 곧 구원받은 성도들의 현재 모습과 미래의 모습을 함께 보여준다.

요한계시록에는 7:9-17을 포함하여 세 개의 막간극이 있다. 세 막간극은 구원받은 사람들의 미래의 모습을 앞당겨 보여준다는 점에서 공통점을 가진다. 그 중에서도 둘째 막간극(14:1-5)과 셋째 막간극(15:2-4)은 공히 13장의 짐승(의 우상)에게 경배하는 자들을 배경으로 서술되어 있다. 둘째 막간극은 구원받은 사람들을 하나님의 인 치심을 받은 십사만 사천으로 묘사하여 "짐승의 이름이나 그 이름의 수"(13:17)의 표를 받은 자들과 대조한다. 셋째 막간극은 구원받은 사람들을 "짐승과 그의 우상과 그의 이름의 수를 이기고 벗어난 자들"(15:2)로 묘사함으로써 같은 대조를 다른 방식으로 반복한다.

미래의 구원을 앞당겨 보여주는 막간극 세 장면
(1) 하늘의 구원받은 셀 수 없는 무리(7:9-17)
(2) 시온산의 십사만 사천(14:1-5)
(3) 유리 바다 위의, 짐승을 이긴 사람들(15:2-4)

〈표 23〉 막간극 세 장면

제8장

일곱째 인과 처음 여섯 나팔(8-9장)

1. 일곱째 인(8:1-2)

하나님께서 인을 치심으로써 성도들을 보호하신 후 드디어 어린양이 일곱째 봉인을 떼신다. 이제 무슨 일이 일어날까? 뜻밖에 아무 일도 일어나지 않고 하늘에 반 시간 동안 고요가 찾아온다.

가. 반 시간의 고요(8:1)

이 반 시간(ἡμιώριον)은 오늘날의 30분을 가리킨다. 성서가 기록된 시대에도 오늘날과 같이 하루를 24시간으로 나누었다. 참고로 유대인들의 하루는 해지는 시각에 시작된다. 일몰 시각은 매일 바뀌기 때문에 그에 따라 하루의 시작도 매일 달라지지만, 대략 우리 시간으로 오후

6시라고 잡으면 자정은 제육시가 되고 해가 뜨는 오전 6시는 제십이 시가 된다. 그리고 오전 9시는 다시 제삼시, 정오는 제육시, 오후 3시 는 제구시가 된다.

이런 시간 체계를 잘 보여주는 이야기가 "포도원 품꾼의 비유"(마 20:1-16)다. 포도원 주인은 이른 아침에 나가 한 데나리온의 일당을 약속하고 품꾼들을 고용했다. 다시 제삼시에 나가 보니 놀고 있는 사 람들이 있어서 같은 조건으로 그들을 고용했다. 제육시와 제구시에도 나가 보니 여전히 사람들이 있었다. 주인은 심지어 제십일시에도 나가 품꾼을 데려왔다. "날이 저물었을 때"(8절) 주인은 일꾼들에게 품삯을 지불한다. 제십일시에 온 사람들부터 시작해서 모든 사람에게 한 데나 리온을 지불하니 먼저 온 자들이 불평을 한다. 그들의 말을 들어보자.

나중 온 이 사람들은 한 시간밖에 일하지 아니하였거늘 그들을 종일 수고 하며 더위를 견딘 우리와 같게 하였나이다(마 20:12).

저물었을 때 품삯을 지급했는데 제십일시에 온 사람들이 한 시간 동안 일했다고 말하는 것을 보면, 제십이시에 해가 저문 것을 알 수 있다. 또 한 이들은 해가 뜰 때부터 저물 때까지를 열두 시간으로 나누고 있다.

반 시간 곧 30분 동안 하늘이 고요했다. 이것은 무엇을 의미할까? 무엇보다도 이 표현은 태풍 직전의 고요와 같은 극적 효과를 발휘하는 기능을 한다. 우리는 여섯째 인 장면에서 우주적 격변이 일어나는 것을 확인했다. 큰 지진이 일어나고 해가 검게 되고 달은 핏빛이 되며 별들은 바람에 흔들린 무화과나무 열매처럼 떨어졌다. 하늘은 두루마리가 말리는 것 같이 말려 없어지고 산들과 섬들이 이동했다(6:12-17). 그리고 땅에는 모든 것을 쓸어버릴 듯이 거센 바람이 몰아쳤다. 그런데 어린양이 일곱째 인을 떼기 직전 네 천사가 땅의 네 모퉁이에서 그 거센 바람을 붙들고 서 있다. 그런 가운데 일곱째 인이 떼어진다. 이 장면의 소리를 상상해보라. 얼마나 큰 소리가 나겠는가? 그런데 그 모든 소리가 갑자기 잠잠해지며 30분간 적막이 찾아온 것이다. 자신이 심판을 당할 사람이라고 가정하고 그 적막을 느껴보라. 그 공포감이 얼마나 심하겠는가? 어린양이 일곱 인을 떼신 후에 찾아온 30분간의 고요는 하나님의 테마곡과 더불어 요한계시록 최고의 음향 효과로 꼽힌다.

나. 일곱 나팔을 열어줌(8:2)

어린양이 처음 여섯 인을 떼실 때 일어난 사건들은 6장에 서술되어 있다. 그러나 일곱째 인은 처음 여섯 인과 분리되어 8장에서 여섯 나팔과 함께 서술된다. 이런 본문 배치는 7중주에서 일곱째 요소가 담당하는 기능과 일치한다. 즉 일곱째 인이 일곱 나팔을 열어주고, 일곱째 나팔이 일곱 대접을 열어주는 것이다. 그것을 확인해주듯이 일곱째 인이 떼어지자 30분의 적막 후 일곱 나팔이 준비된다.

내가 보매 하나님 앞에 일곱 천사가 서 있어 일곱 나팔을 받았더라(계 8:2).

요한계시록 4-5장에서 준비되고 6-7장에서 봉인이 하나씩 떼어진 두루마리의 내용이 8장부터 비로소 계시되기 시작한다.

2. 기도의 응답(8:3-5)

두루마리에 담긴 종말 심판의 시나리오에 따라 일곱 나팔이 일곱 천사에게 주어졌다. 요한계시록은 천사들이 일곱 나팔을 불기 전 앞으로 시작될 종말 심판의 의미를 설명해주는 중요한 장면 하나를 보여준다. 그것은 바로 요한계시록에 두 번째로 나오는 하늘 제단 장면이다.

또 다른 천사가 와서 제단 곁에 서서 금 향로를 가지고 많은 향을 받았으니 이는 모든 성도의 기도와 합하여 보좌 앞 금 제단에 드리고자 함이라. 향연이 성도의 기도와 함께 천사의 손으로부터 하나님 앞으로 올라가는지라. 천사가 향로를 가지고 제단의 불을 담아다가 땅에 쏟으매 우레와 음성과 번개와 지진이 나더라(계 8:3-5).

하늘 제단의 스토리라인을 구성하는 이 본문은 앞으로 일곱 나팔과 함께 시작될 종말 심판이 성도들의 기도에 대한 응답, 즉 다섯째 인 장면에서 울려 퍼진 순교자들의 탄원(6:9-10)에 대한 응답임을 보여준다.[1]

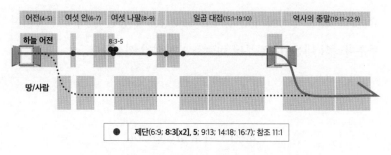

〈그림 27〉 작은 스토리라인: 제단의 기도를 하나님께서 받으심

이 본문은 하나님의 테마곡이 울려 퍼지는 둘째 장면이기도 하다.[2] 번개와 음성과 우렛소리의 근원은 하나님의 보좌다(4:5). 이 소리는 하나님의 어전에서 영원히 울려 퍼지면서 그분의 살아 계심을 확인해준다. 둘째 장면(8:3-5)에서는 지진 소리가 더해지며 이야기가 발전되고 있음을 보여준다. 성도들의 기도가 응답되는 장면에서 하나님의 현존을 보여주는 테마곡이 다시 들려오면서 그분이 살아 계실 뿐 아니라 성도들의 고난을 알고 계시며 이제 그들의 기도에 응답하셔서 역사에 친히 개입하시기 시작하셨음을 알린다.

---

1 제단의 기도와 응답을 보여주는 작은 스토리라인에 관해서는 이 책 125-33쪽과 해당 본문의 해설을 참조하라.
2 하나님의 테마곡에 관한 자세한 설명은 이 책 125-33쪽과 해당 본문의 해설을 참조하라.

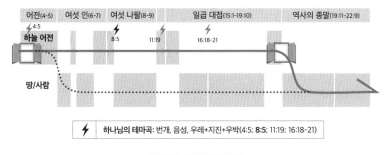

〈그림 28〉 하나님의 테마곡

3. 처음 네 나팔과 화, 화, 화(8:6-13)

가. 처음 네 나팔(8:6-12)

처음 네 인과 마찬가지로 처음 네 나팔은 짧은 서술들로 이어져 하나로 연결되어 있다. 첫째 천사가 나팔을 부니 피 섞인 우박과 불이 땅에 쏟아진다(7절). 둘째 천사가 나팔을 불 때는 불붙는 큰 산과 같은 것이 바다에 떨어진다(8-9절). 셋째 나팔 소리에는 "쓴 쑥"이라는 이름의 횃불 같이 타는 큰 별이 강들과 물 샘에 떨어진다(10-11절). 넷째 나팔 소리에는 해와 달과 별들이 타격을 받는다(12절).

네 나팔 재앙은 모두 자연 세계를 향한다.[3] 그리고 타격의 범위는 1/3이다. 첫째 나팔 재앙으로 땅과 수목과 푸른 풀의 1/3이 타버리고,

---

[3] 요한계시록의 자연 재앙에 대해서는 이 책의 제3장 3절("종말과 창조세계")를 참조

둘째 나팔 재앙으로 바다의 1/3이 피가 되어 배들의 1/3이 깨지고 바다 생물의 1/3이 죽는다. 셋째 나팔 재앙은 강과 샘물의 1/3을 쓴 쑥으로 만들고 그 물을 마신 사람들이 죽는다. 넷째 나팔은 해와 달과 별들의 1/3을 어둡게 만든다.

궁극적으로 종말 심판은 누구를 향한 것일까? 땅에 속한 자들, 곧 사탄에 속한 사람들을 향한 것이다. 그러나 처음 네 나팔 재앙은 자연 세계를 향하고 있으며 사람의 피해는 간접적이다. 바다의 타격으로 배들의 1/3이 깨지고(9절), 쓴 쑥이 된 물을 마신 사람들이 죽은 것이 전부다(11절). 사탄에 속한 사람들에게 재앙이 아직 직접 임하지 않았다는 점에서 이는 심판의 전초전이라 할 수 있다.

나. 화, 화, 화(8:13)

본격적인 심판은 다섯째 나팔 재앙부터다. 요한계시록 8:13은 그 본격적인 종말 심판의 도래를 다음과 같이 알린다.

내가 또 보고 들으니 공중에 날아가는 독수리가 큰 소리로 이르되 "땅에 사는 자들에게 화, 화, 화가 있으리니 이는 세 천사들이 불어야 할 나팔 소리가 남아 있음이로다" 하더라(계 8:13).

———
하라.

이 구절에는 두 가지 중요한 정보가 담겨 있다. 먼저 제2장에서 요한 계시록의 서사 구조와 함께 언급했듯이, 이 구절은 앞으로 이어질 종말 심판 전체의 진행을 요약하여 보여주는 약도에 해당한다. 앞으로 세 개의 화가 있을 것이다. 그것은 남아 있는 세 천사의 나팔 곧 다섯째, 여섯째, 일곱째 나팔을 따라서 임할 재앙이다. 독자들은 앞으로 복잡하게 전개되는 이야기의 미로에서 이 세 개의 화를 중심으로 주요 지점에 나타날 이정표를 참고하여 길을 찾아가면 된다. 이 약도는 중심 줄거리와 삽입부를 구별하는 중요한 지침이 될 것이다.

일곱 인으로 시작하여 일곱 나팔을 거쳐 일곱 대접으로 나아가는 종말 심판 전체의 그림은 다음과 같이 요약된다.

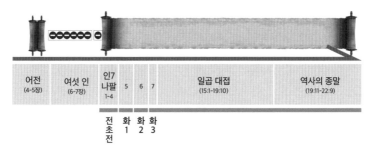

〈그림 29〉 큰 두루마리와 종말 심판

하늘 어전 장면에서 두루마리가 준비된다(4-5장). 그리고 일곱 개의 봉인을 떼는 과정은 종말 심판이 시작되기 전에 독자들이 처한 현실을 보여준다(7장). 어린양이 봉인을 모두 뗀 후 비로소 두루마리의 내용이 공개되면서 종말 심판이 시작된다. 그러나 처음 네 나팔까지는 변죽만 울리는 전초전이다(8장). 진짜 심판에 해당하는 "화, 화, 화!"는 이제부터다. 첫째 화는 다섯째 나팔 재앙이고, 둘째 화는 여섯째 나팔 재앙이다(9장). 일곱째 나팔은 셋째 화를 불러오는데, 일곱 대접 전체가 바로 그 셋째 화다(11:15-19; 15:1-19:10). 그리고 역사의 종말을 다루는 종말 환상 이야기 제2단계(19:11-22:9)는 유보된 여섯째 대접 재앙에 해당한다. 그러므로 세 개의 화에 요한계시록의 종말 심판 전체가 들어 있다고 말할 수 있으며, 비슷한 방식으로 요한계시록 5장의 큰 두루마리가 중심 줄거리 전체를 대표한다고 할 수 있다.[4]

요한계시록 8:13에 담겨 있는 또 하나의 중요한 정보는 종말 심판이 "땅에 거하는 자들"(οἱ κατοικοῦντες ἐπὶ τῆς γῆς)에게 임할 것이라는 사실이다. 우리는 다섯째 인이 떼어질 때 제단 아래에서 탄원하던 순교자의 영혼들로부터 종말 심판이 "땅에 거하는 자들"을 대상으로 한다는 이야기를 이미 들은 바 있다. "땅에 거하는 자들"이란 땅 위에 사는 모든 인류를 중립적으로 가리키는 말이 아니라 사탄에 속한 악한 자들을 가리키는 용어다. 지금까지 처음 네 나팔 재앙이 간접적이었다면, 다섯째 나팔부터는 땅에 거하는 자들인 사탄에 속한 사람들을 향한 본격적이고 직접적인 재앙이 시작된다.

---

4   요한계시록의 서사 구조에 관한 자세한 설명은 제2장을 참조하라.

4. 다섯째 나팔과 이정표 1(9:1-12)

다섯째 천사가 나팔을 분다. 그러자 하늘에서 별이 하나 떨어지고 무
저갱의 열쇠가 그 별에게 주어진다. 그가 무저갱을 연다(9:1-2). 별이
열쇠를 받아서 연다는 서술을 볼 때 여기서 별은 문자 그대로의 별이
라기보다는 어떤 천상의 인물, 아마도 천사를 가리키는 것으로 보인다.

가. 무저갱에서 올라온 메뚜기 떼

우리말 성경에 "무저갱"으로 번역된 단어를 직역하면 "아비소스의
갱" 또는 "아비소스의 웅덩이"(τὸ φρέαρ τῆς ἀβύσσου)다. 신약성경에서
아비소스는 땅 속 깊은 곳에 있는 죽은 자들의 영역이자(롬 10:7) 악한
영들이 갇혀 있는 곳이다(눅 8:31). 요한계시록에서는 짐승이 기원한
곳으로서(계 11:7; 17:8) 사탄이 천년왕국 기간에 갇히게 될 장소다(계
20:1, 3).

    70인역 구약성경에서 아비소스는 히브리어 "테홈"(תְּהוֹם)의 번역
어로 사용된다. 창세기 1:2은 창조 이전의 혼돈을 묘사하면서 "어둠
이 깊음 위에" 있었다고 말하는데, 여기서 "깊음"으로 번역된 단어가
바로 "테홈"이다. 테홈은 땅속 깊은 곳에 있는 물웅덩이다. 그런데 요
한계시록 9:2을 보면, 그 웅덩이에서 큰 화덕의 연기 같은 것이 올라
오고 그로 말미암아 해와 공기가 어두워진다. 여기서는 무저갱이 물웅
덩이가 아니라 불웅덩이로 상정되는 것 같다. 둘 중 어느 것이 맞는지

고심할 필요는 없다. 그보다는 상징에 담긴 의미를 읽어내는 것이 중요하다. 요한계시록에서 무저갱은 사탄과 죽음의 영역이다.

무저갱의 연기 속에서 황충(蝗蟲) 곧 메뚜기들이 땅으로 올라온다. 메뚜기 재앙에 대해서는 구약성경에서 그 전례를 찾아볼 수 있다. 고대로부터 오늘에 이르기까지 메뚜기 떼는 종종 대재앙을 몰고 온다. 하나님께서 모세를 통해 이집트에 내린 열 가지 재앙 중 여덟 번째가 메뚜기 재앙이었다(출 10:1-20). 또 요엘 1-2장에서는 이스라엘의 경작지가 메뚜기 재앙으로 황폐해진 모습이 나온다.

그런데 다섯째 나팔 재앙에 등장하는 메뚜기는 일반적인 메뚜기와 생김새가 다르다. 요한계시록의 메뚜기는 전쟁에 나가는 말처럼 생겼고, 머리에는 금관 같은 것을 썼으며, 얼굴은 사람 같고, 긴 머리털이 있으며, 이빨은 사자의 이빨과 같고, 쇠로 만든 것 같은 가슴막이를 한 채 병거와 기병들이 전쟁으로 달려나가는 듯한 날개 소리를 낸다. 게다가 전갈 같은 꼬리와 침이 있어서 그것으로 사람들을 해한다(계 9:7-10). 메뚜기는 초식 동물이다. 그러나 이 메뚜기들은 땅의 풀이나 푸른 것 또는 각종 수목을 해하지 말고 오직 이마에 하나님의 인 치심을 받지 않은 사람들만 해하라는 지시를 받는다(계 9:4).

나. 인 치심 받지 않은 사람들

오직 이마에 하나님의 인 침을 받지 아니한 사람들만 해하라(계 9:4).

"땅에 거하는 자들"은 하나님의 심판을 받지만, 하나님께서 이마에 인을 쳐서 보호하신 성도들은 심판의 대상이 되지 않는다. 인 치심을 받은 성도들은 심판이 시작될 때 "휴거" 되어 하늘에 있는 것이 아니다. 그들은 여전히 땅에 머물러 있지만 "땅에 거하는 자들"처럼 심판을 받지는 않는다.

이처럼 종말 심판이 시작되고 나면 사람들의 운명은 명확히 둘로 나뉜다. 요한계시록에서 구원과 심판의 중간지대란 없다. 구원에 속해 있던 자가 심판으로 또는 심판에 속해 있던 자가 구원으로 넘어가는 사례도 없다. 모든 운명은 심판이 시작되기 전에 결정된다. 이것이 묵시문학의 냉혹한 이분법이다.

요한계시록의 구조를 통해서도 이 점을 확인할 수 있다. 요한계시록에서 회개의 가능성이 제시되는 곳은 일곱 교회에 보내는 메시지(2-3장)와 삽입부(10-14장)뿐이다. 예수 그리스도는 소아시아 일곱 교회의 성도들에게 반복하여 회개를 촉구하신다. 11:13에서는 큰 지진이 나서 성이 무너지고 칠천 명이 죽을 때 살아남은 자들이 두려워하며 하나님께 영광을 돌린다. 14:6-13에서는 "땅에 거주하는 자들"에게 복음을 선포하며 심판을 예고하고 성도들의 인내를 격려한다. 두 본문의 공통점은 종말이 시작되기 전 독자들이 살던 시대를 배경으로 한다는 점이다. 복음이 선포되고 회개의 가능성이 주어지는 것은 종말 심판이 시작되기 전까지다.

다. 사탄이 사탄을 멸하다

다섯째 나팔 장면에서 우리가 주목할 것 한 가지는 하나님의 인 치심을 받지 않은, 사탄에 속한 자들을 심판하는 메뚜기들이 다름 아닌 사탄의 졸개들이라는 점이다. 이 메뚜기들이 무저갱에서 올라왔다는 사실은 이미 이들의 근원이 악에 있음을 보여준다.

또한 메뚜기들의 우두머리에 대한 서술은 그들의 정체를 더욱 분명히 드러낸다.

> 그들에게 왕이 있으니 무저갱의 사자라. 히브리어로는 그 이름이 "아바돈"이요, 그리스어로는 그 이름이 "아볼루온"이더라(계 9:11).

메뚜기들의 왕은 무저갱의 사자다. 그의 히브리어 이름인 "아바돈"(אֲבַדּוֹן)은 구약성경에서 죽은 자들의 영역을 가리키는 명사로서 "스올"과 짝을 이루어 나오기도 하고(욥 26:6; 잠 15:11), "무덤"의 유사어나(시 88:11) "죽음"의 유사어로 사용되기도 한다(욥 28:22). 우리말로는 대개 "멸망"으로 번역된다. 욥기 26:6과 28:22에서는 아바돈이 의인화되어 나오기도 한다. 70인역 성경은 히브리어 아바돈을 종종 그리스어 "아폴레이아"(ἀπώλεια)로 옮긴다(잠 15:11; 시 88:11). 요한계시록 본문에 그리스어 이름으로 제시된 "아볼루온"(Ἀπολλύων)은 "멸망시키는 자"라는 뜻이다. 요한계시록의 저자 요한은 이 이름을 사용함으로써 청중들이 로마의 신 아폴로(그리스어로는 아폴론, Ἀπόλλων)를 연상하도록 의도했을 수 있다. 로마 신화에서 아폴로는 최고 신 유피테르의 아들이다. 네로와 도미티아누스를 포함한 로마의 황제들은 종종 자신을 아폴로와 동일시했다고 한다. 또한 메뚜기는 아폴로 신의 상징으로 사용되기도 했다.[5]

사탄의 세력에 대한 심판을 수행하는 자들이 사탄의 세력이라는 점은 의미심장하다. 다른 사람들을 죽이고 억압하고 지배함으로써 나라를 세우는 사탄은 결국 자기 세력마저도 스스로 무너뜨릴 수밖에 없다. 이와 반대로 하나님 나라는 죽임당하고 패배당하고 남을 섬기는 십자가의 방법으로써 세워진다. 사탄은 남을 멸망시킬 뿐 아니라 자신을 멸망시키는 자다. 그러나 하나님 나라는 다른 사람들을 세움으로써 세워진다. 하나님 나라와 폭력에 대한 논의는 이 책의 제3장 4절을 참조하라.[6]

라. "첫째 화는 지나갔다": 이정표 1(9:12)

다섯째 나팔 재앙이 끝나고, 요한계시록 8:13의 약도에 따른 첫째 이정표가 나타난다.

첫째 화는 지나갔으나, 보라! 아직도 이후에 화 둘이 이르리로다(계 9:12).

---

5   Mounce, 『요한계시록』, 251; Beale, 『요한계시록(상)』, 832; Aune, 『요한계시록(중)』, 319; Osborne, 『요한계시록』, 482.
6   178-187쪽을 참조하라.

첫째 화가 지나갔다는 선언은 앞에 이루어진 다섯째 나팔 재앙이 곧 첫째 화임을 재확인한다. 그리고 이후에 화 둘이 이른다는 말은 뒤에 이어질 여섯째 나팔과 일곱째 나팔 재앙이 곧 둘째 화와 셋째 화임을 뜻한다.

5. 여섯째 나팔(9:13-21)

이정표 1에 지시된 대로 둘째 화가 바로 시작된다. 여섯째 천사가 나팔을 불 때 하나님 앞 금 제단의 네 뿔에서 한 음성이 들린다(13절). 하늘 제단의 재등장은 다섯째 인 장면에 나온 순교자들의 탄원(6:9-11)과 하늘 제단의 분향 장면(8:3-5)을 환기시킴으로써, 진행되고 있는 종말 심판이 고난받는 성도들의 기도에 대한 응답임을 재확인한다. 이를 통해 요한계시록은 지금 소아시아의 성도들이 드리고 있는 간절한 기도가 반드시 그리고 분명히 응답될 것이며 이로써 하나님께서 곧 역사에 개입하실 것임을 독자들이 확신하게끔 만든다.

가. 유프라테스

제단에서 들려온 음성은 여섯째 나팔 천사에게 큰 강 유프라테스에 결박한 네 천사를 놓아주라고 지시한다. 유프라테스는 이스라엘 사람들과 로마 사람들에게 서로 다르면서도 비슷한 함의를 가진다. 유대인들에게 유프라테스는 이방인들의 영역으로 넘어가는 경계선이었다. 창세기 15:18에서 하나님은 아브람과 언약을 맺으시며 나일강에서 유프라테스강까지의 땅을 그의 자손에게 주시겠다고 약속하셨다. 이스라엘이 보기에 유프라테스 너머에는 이방인들이 살고 있었다. 북이스라엘을 멸망시킨 아시리아와 남유다를 멸망시킨 바벨론이 유프라테스에서 일어났다.

로마인들에게 유프라테스는 제국의 동쪽 경계선에 있었다. 유프라테스 너머에는 파르티아인들이 살고 있었다. 로마 제국은 역사상 최강의 제국이었지만, 오랫동안 파르티아를 정복하지 못했다. 기원전 53년에는 크라수스가 카르헤 전투에서 패배하여 군단기를 잃어버린 적이 있고, 기원후 62년에는 파르티아 왕 볼로가세스에게 치욕적인 항복을 했다. 로마는 기원후 114-16년 트라야누스 황제에 이르러서야 비로소 파르티아를 정복한다. 이런 이유로 파르티아인들은 로마인들에게 오랫동안 두려움의 대상이었다. 본문에 나오는 유프라테스라는 지명은 유대인들과 로마인들이 공유하고 있던 그런 상징성에 기반하여 사용된 것이다.

나. 심판하는 자와 저항하는 자

여섯째 나팔 재앙에서 심판을 수행하는 자들은 "큰 강 유프라테스에 결박되어 있던" 네 천사다(9:14). 네 천사가 결박되어 있었다는 사실은 그들이 사탄의 세력임을 암시한다. 사탄의 세력이 사탄을 심판한다는 주제는 다섯째 나팔 재앙에서 제시된 바 있는데, 일관성을 가지고 여기에 다시 나타나는 것으로 보인다.

네 천사가 이끄는 마병대의 수는 "이만만"(20,000 ×10,000)이다(16 절). 이것은 "1,000"과 함께 엄청나게 많은 숫자를 표현할 때 사용되는 "10,000"을 둘로 곱하고 다시 "10,000"을 곱한 것으로서, 그 수가 셀 수 없이 많음을 표현하는 방식이다. 이는 메뚜기 떼의 수가 많음과 비슷하다. 이어지는 마병대의 묘사도 다섯째 나팔 재앙에서 메뚜기 군대를 묘사하는 방식과 비슷하다(17-19절을 7-10절과 비교해보라). 이것은 다섯째 나팔과 여섯째 나팔 재앙을 수행하는 심판자들이 비슷한 성격의 집단임을 암시한다.

여섯째 나팔 재앙의 뚜렷한 특징 중 하나는 심판을 받는 자들의 반응이 노골적으로 나타나기 시작한다는 점이다.

> 이 재앙에 죽지 않고 남은 사람들은 손으로 행한 일을 회개하지 아니하고 오히려 여러 귀신과 또는 보거나 듣거나 다니거나 하지 못하는 금, 은, 동과 목석의 우상에게 절하고 또 그 살인과 복술과 음행과 도둑질을 회개하지 아니하더라(계 9:20-21).

여섯째 나팔 재앙으로 땅에 거하는 자들 1/3이 죽임을 당한다. 그런데 그 재앙에서 살아남은 자들은 자신들의 잘못을 회개하지 않고 우상숭배를 계속한다. 여섯째 인 장면에서 시작된 "사탄의 세력의 저항"이 여기서 더 분명히 드러나면서 새로운 스토리라인이 두드러지기 시작한다.

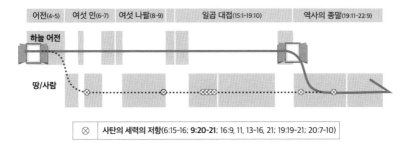

〈그림 30〉 작은 스토리라인: 사탄의 세력의 저항과 소멸

제8장 일곱째 인과 처음 여섯 나팔(8-9장)

제1삽입부(10:1-11:13)와 일곱째 나팔(11:14-19)

1. 두 삽입부(10:1-11:13; 12-14장) 개관

여섯째 나팔 재앙에 관한 서술은 "땅에 거하는 자들"이 심판을 받은 후에도 회개하지 않고 저항하는 장면에서 끝나기 때문에, 독자들은 이야기가 어떻게 전개될지 궁금해질 것이다. 다음에 이어질 심판은 세 개의 화 가운데 마지막에 해당하는 일곱째 나팔 재앙(일곱 대접 재앙 전체)으로서 이야기의 절정을 이루게 된다. 그러나 요한계시록은 절정을 앞두고 독자들의 궁금증을 최고조로 자극해놓은 상태에서 이야기를 다른 방향으로 돌린다. 중심 줄거리에서 벗어나 있는 삽입부가 이 지점에서 시작되는 것이다.

가. 구조적 구별

요한계시록의 구조를 다시 한번 환기해보자. 요한계시록 4장의 하나님의 어전 장면에서 시작된 중심 줄거리(4-9장; 11:14-19; 15:1-22:9)는 지금까지 일곱 인과 여섯 나팔을 거치며 시간순으로 중단 없이 진행되어왔다. 물론 막간극(7:9-17)이 하나 있어 잠시 시간 흐름에서 벗어나기는 했으나, 그 장면은 관련 사건을 해설해주는 역할을 수행함으로써 중심 줄거리에 무리 없이 통합되었다. 그러나 삽입부(10:1-11:13; 12-14장)는 다르다. 중심 줄거리와 전혀 다른 새로운 지류가 삽입부에서 시작되기 때문이다.

요한계시록 10장에서 새로운 이야기가 시작된다는 사실은 이야기 층위의 변화를 통해 분명히 확인된다. 지금까지 아래 층위에서 전개되어오던 이야기가 10장에서 다시 위 층위로 올라가 요한의 자전적 이야기인 소명 이야기로 바뀐다.

그 층위 변화가 부자연스러울 만큼 갑작스럽지는 않다. 10:1은 그동안 아래 층위 이야기를 서술하던 것과 같은 방식으로 "내가 또 보니"(Καὶ εἶδον)라는 도입 문장으로 시작되기 때문에 독자들은 이야기의 층위가 바뀌었음을 눈치채기 어렵다. 그러나 8절에 이르러 하늘의 음성이 요한에게 작은 두루마리를 받으라고 지시하면서부터 이야기가 위 층위에 있음이 분명해지기 시작한다. 요한이 천사의 지시에 따라 작은 두루마리를 받아서 그것을 먹고 난 후(10:9-10) 요한과 교회의 사명에 대한 천사의 긴 대사가 이어진다. 이것이 제1삽입부다

(10:1-11:13). 뒤에 이어질 제2삽입부에서는 이야기가 다시 아래 층위로 내려가 요한이 본 환상 속 이야기가 전개된다(12-14장).

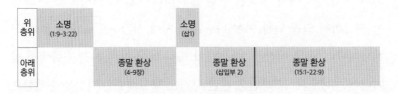

〈그림 31〉 요한계시록 이야기의 층위 구조

나. 삽입부와 교회의 현재

요한계시록의 중심 줄거리가 보편적인 관점에서 역사의 종말에 일어날 일들을 거시적으로 서술하고 있다면, 두 부분으로 구성된 삽입부는 요한과 소아시아 일곱 교회의 현실을 심층적으로 조망하면서 그들에게 인내하며 믿음을 지키라고 권면하고 있다.

이야기의 시간적 범위로 따지면, 삽입부에는 예수 그리스도의 초림부터 재림에 이르는 교회사의 전 기간이 망라되어 있어 중심 줄거리와 크게 다르지 않다. 그러나 내용의 비중으로 보면 중심 줄거리 대부분이 교회의 미래에 일어날 일을 서술하는 반면 삽입부 대부분은 교회의 현재를 해명한다. 심지어 일부지만 과거와 미래에 관한 내용조차 교회의 현실을 설명하는 데 초점을 두고 있으므로, 삽입부의 시점은 교회의 현재라고 말할 수 있다.

삽입부는 교회의 현실을 설명하는 데 초점을 맞추기 때문에, 이야기의 형식을 갖고 있으면서도 권면의 기능을 한다. 바꿔 말하면 삽입부에 이렇게 현재적 성격이 강하게 나타나는 이유는 삽입부의 주목적이 예언적 권면에 있기 때문이다(10:11). "네가…다시 예언하여야 하리라"는 천사의 말은 요한이 감당해야 할 사명을 보여주면서 삽입부 전체의 성격을 한마디로 요약해준다. 삽입부의 기능은 성도들의 믿음을 북돋아주고 소망 가운데 이 고난의 때를 견딜 수 있게 도우며, 많은 백성과 나라와 방언과 임금들이 회개하여 하나님께로 돌이키게 만드는 것이다.

예언적 권면으로서의 삽입부의 성격은 이 단락 전체가 "복음"으로 수미상관을 이룬다는 점에서도 확인된다. 요한계시록에는 복음이라는 단어가 동사와 명사로 세 번 등장하는데, 모두 삽입부의 처음과 마지막 부분에 배치되어 있다.

> "일곱째 천사가 소리 내는 날 그의 나팔을 불려고 할 때에 하나님이 그의 종 선지자들에게 전하신 복음(동사 εὐαγγελίζομαι)과 같이 하나님의 그 비밀이 이루어지리라" 하더라(계 10:7).

> 또 보니 다른 천사가 공중에 날아가는데 땅에 거주하는 자들 곧 모든 민족과 종족과 방언과 백성에게 전할(동사 εὐαγγελίζομαι) 영원한 복음(명사 εὐαγγέλιον)을 가졌더라(계 14:6).

요한계시록에서는 일단 종말 심판이 시작되면 더는 회개의 기회가 주어지지 않기 때문에 복음도 선포되지 않는다. 그러나 삽입부에서는 "모든 민족과 종족과 방언과 백성에게" 복음이 선포된다(14:6). 요한계시록 10:11에는 이와 비슷한 그룹인 "많은 백성과 나라와 방언과 임금"이 예언의 대상으로 언급된다.

그들은 요한계시록 14:6에서 "땅에 거주하는 자들"(οἱ καθημένους ἐπὶ τῆς γῆς)이라 불린다. 이는 땅 위에 사는 모든 사람을 중립적으로 가리키는 어구로서, "땅에 거하는 자들"(οἱ κατοικοῦντες ἐπὶ τῆς γῆς) 곧 사탄에 속한 자들과 구별된다. 삽입부의 시점은 아직 종말 심판이 시작되기 전인 독자들의 시대다. 또한 모든 사람을 향해 회개를 촉구하며 성도들을 격려하고 깨어 있게 하는 것이 삽입부의 목적이다. 그들에게 아직 돌이킬 기회가 남아 있다.

제1삽입부(10:1-11:13)와 제2삽입부(12-14장)는 요한과 청중이 처한 현실을 서로 다른 방향에서 조명한다. 같은 현실을 다루면서도 제1삽입부는 교회에 초점을 맞추고 성서의 선구자들을 모델로 삼아 증인으로서 교회의 사명과 운명을 서술한다. 반면에 제2삽입부는 사탄의 세력에 초점을 맞추고 교회를 박해하는 그들의 실상을 심층적으로 분석한다.

2. 요한의 둘째 소명(10장)

가. 두 삽입부의 도입(10:1-7)

요한계시록 10장은 9장과 극명하게 대조되는 장엄한 장면을 보여주면서 새로운 이야기가 시작됨을 알린다. 9장에 나타났던 흉측한 모습의 심판자들과 그들에 의한 어둡고 끔찍한 살육 장면은 사라지고, 그 대신 찬란한 영광으로 빛나는 거대한 천사의 모습이 화면을 가득 채운다. 그 천사는 구름에 쌓여 하늘에서 내려오는데 머리 위에는 무지개가 있고 얼굴은 해와 같으며 발은 불기둥과 같다(1절). 또 그의 손에는 작은 두루마리가 펴진 채로 놓여 있다(2a절). 그가 오른발로 바다를, 왼발로 땅을 딛고 서 있다는 시각적 묘사는 그 천사의 모습이 얼마나 거대한지를 암시한다(2b절). 거기에 청각적 효과가 더해진다. 사자가 울부짖듯이 큰 소리로 그가 부르짖자 일곱 천둥이 화답한다(3절).

그 천사는 오른손을 하늘로 쳐들고서 하나님께 맹세하며 다음과 같이 말한다.

지체하지 아니하리니 일곱째 천사가 소리 내는 날 그의 나팔을 불려고 할 때에 하나님이 그의 종 선지자들에게 전하신 복음과 같이 하나님의 그 비밀이 이루어지리라(계 10:6-7).

여기서 나팔을 "불려고 할 때"로 번역된 그리스어 "호탄 멜레 살피제인"(ὅταν μέλλῃ σαλπίζειν)은 "불 때"로 옮겨야 요한계시록의 문맥에 더 적합하다.[1] 일곱째 천사가 나팔을 불 때 하나님의 비밀이 이루어질 것이다. 이는 그분이 뜻하신 종말 심판이 완수된다는 뜻이다. 요한계시록의 서사 구조를 파악하고 있으면 이 말의 뜻을 잘 이해할 수 있다. 일곱째 나팔은 일곱 대접 재앙 전체를 이끌어내며, 그것이 셋째 "화"(8:13)이자 "마지막 재앙"이다(15:1). 또 여섯째 대접은 제2단계 심판 전체를 통해 완성된다. 그러므로 일곱째 나팔 이후의 모든 심판이 함께 일곱째 나팔 재앙을 구성한다고 말할 수 있다. 이 모든 일이 일곱째 천사가 나팔을 불 때 이루어질 것이다.

지체하지 않을 것이라는 힘센 천사의 선언은 두 가지 차원의 의미를 지닌다. 한편으로 이 말은 여섯째 나팔 재앙이 지나간 시점에서 곧 일곱째 나팔 재앙이 시작될 것임을 알린다. 이미 여섯 개의 나팔을 불었고 하나의 나팔이 남아 있다. 게다가 여섯째 나팔 장면에서 심판받는 자들의 저항이라는 주제가 두드러지는 것을 본 독자들의 궁금증이 한껏 커져 있다. 이 시점에서 요한은 중심 줄거리 사이에 슬그머니 삽

---

1   그리스어 동사 "멜로"(μέλλω)의 일차적인 의미는 "~하려고 하다"지만, 부정사와 함께 쓰이면 미래 직설법의 의미를 갖기도 한다. 전자는 의도하는 행동을, 후자는 반드시 일어나기로 되어 있는 행동을 가리킨다. 계 10:7 외에 후자에 해당하는 본문은 다음과 같다. 눅 9:44(인자가 장차 사람들의 손에 "넘겨지리라"); 마 16:27(인자가 아버지의 영광으로 그 천사들과 함께 "오리니"); 행 20:38(다시 그 얼굴을 "보지 못하리라"); 롬 8:13(너희가 육신대로 살면 반드시 "죽을 것이로되") 등. E. deW. Burton, *Syntax of the Moods and Tenses in New Testament Greek* (Edinburgh: T&T Clark, 1898), 36.

입부를 끼워 넣어 이야기의 진행을 지체시키면서 독자들의 조바심을 달래고 있다.

다른 한편으로 지체하지 않을 것이라는 말은 요한계시록을 읽는 독자들의 현실에서 볼 때 종말 심판의 도래가 멀지 않았다는 뜻이기도 하다. 그렇게 읽을 수 있는 이유는 삽입부가 독자들을 향한 예언적 권면의 기능을 수행하기 때문이다. 이야기가 절정 직전에 도달한 이 지점에서 저자 요한은 다시 독자들의 믿음을 일깨우고 그들이 스스로 성찰하여 종말에 대처하는 자세를 가다듬도록 촉구하는 것이다. 이 같은 예언적 권면은 지체하지 않을 것이라는 천사의 선언과 함께 시작된다.

지체하지 않는다는 선언의 두 차원 중 첫 번째는 아래 층위 이야기인 요한이 본 환상 속 이야기와 관련되며, 두 번째는 위 층위 이야기인 요한의 자전적 이야기와 관련된다. 선언은 이런 방식을 사용하여 삽입부와 중심 줄거리를 단절 없이 자연스럽게 연결해주며, 이에 따라 독자들은 중심 줄거리에서 형성된 기대를 유지한 채 삽입부의 이야기 속으로 안내된다.

나. 요한의 둘째 소명(10:8-11)

요한계시록 10장에는 힘센 천사 외에도 다른 천상의 존재 하나가 음성으로만 등장한다. 힘센 천사의 우렁찬 외침에 일곱 우레가 화답할 때 요한이 그 내용을 기록하려 하자 그 음성은 "일곱 우레가 말한 것을 인봉하고 기록하지 말라"고 만류한다(4절). 일곱 우레가 말한 내용이 무엇인지 궁금한 이들이 많겠지만, 요한계시록에 그 내용과 분명히 관련되는 다른 구절은 없다. 이 부분은 독자들의 신비감을 증폭시키기 위해 묵시문학에 종종 등장하는 장면으로 이해하고 넘어가는 것이 좋을 듯하다.

요한의 둘째 소명이 시작되는 8절에서 그 음성은 요한에게 힘센 천사로부터 작은 두루마리를 받으라고 말한다. 요한이 천사에게 나아가 두루마리를 달라고 하자 천사는 그것을 주며 먹어버리라고 말한다. 천사의 말대로 그 두루마리는 요한의 입에는 꿀같이 달았으나 먹은 후 배에서는 쓰게 되었다. 그것이 입에서 달았던 이유는 아마도 하나님의 말씀이었기 때문일 것이고, 배에서 썼던 까닭은 거기에 교회의 고난을 동반한 내용이 담겨 있었기 때문일 것이다. 어쩌면 이것은 고난과 보호가 공존하는 교회 시대의 두 측면을 함께 보여주는 것일지도 모른다.

요한의 첫 소명 장면은 요한계시록 1장에 나왔다. 거기서 그는 자신이 본 환상의 내용을 기록하여 소아시아 일곱 교회에 보냄으로써 성도들의 신앙을 일깨우고 종말에 대비하도록 하는 사명을 받았다. 둘째 소명 장면은 요한의 첫 소명을 재확인하며 강화한다. 나아가 첫째 소명 장면이 요한계시록 이야기 전체의 도입부로 기능하듯이, 둘째 소명 장면은 삽입부 전체를 이끄는 역할을 한다.

요한의 소명은 그가 11절에서 들은 말에 담겨 있다. 이 부분의 3

인칭 복수 동사는 주어가 없는 상태로 쓰여서 누가 말하는지 정확히 파악할 수 없다. 힘센 천사와 하늘의 음성이 함께 말한 것일 수도 있다. 그러나 11:1에서 말하는 이가 3인칭 단수로 바뀌는 것을 보면 이 것은 그리 만족스러운 설명이 될 수 없다. 이 구문은 아마도 히브리어 와 아람어에서 3인칭 단수 수동태의 대용으로 부정의 복수를 사용하 는 어법에 해당되는 것으로 보인다.[2] 문맥으로 판단하건대 10:9에서 말하던 힘센 천사가 10:11과 11장에서 계속 말하는 것으로 생각하면 가장 자연스럽다.

요한의 사명은 "많은 백성과 나라와 방언과 임금들에게 다시 예언"하는 것이다. 그 "예언"이 삽입부 전체의 내용을 대변하기 때문에 삽입부 전체를 "예언의 책"으로 규정할 수 있다. 그리고 그 사명 장면 에 함께 등장하는, 요한이 천사에게 받아서 먹은 작은 두루마리가 바 로 그 "예언의 책"이라 할 수 있겠다.[3]

---

2 히브리어와 아람어의 해당 문법에 대한 해설은 Aune, 『요한계시록(중)』, 381에 인용된 책들을 참조하라.
3 여기서 삽입부를 가리키는 "예언의 책"은 요한계시록 전체를 가리키는 "예언의 말 씀"(1:3; 22:10, 18, 19)과는 구별되는 용어다.

3. 두 증인: 증언하는 교회(11:1-13)

요한계시록 11장은 10장에서부터 단절 없이 이어진다. 요한은 지팡이와 같은 측량자 하나를 받으면서 누군가의 음성을 듣는다. 누가 주면서 말하는 것인지는 명시되지 않으나 10:11의 경우와 같이 힘센 천사의 말과 행동이 계속되는 것으로 보는 것이 자연스럽다. 1절에서 시작된 천사의 말은 13절까지 계속된다. 11:1-13은 고난받으며 보호받는 증인으로서의 요한과 교회의 운명을 그린다.

가. 성전 측량(11:1-2)

요한은 하나님의 성전을 측량하라는 음성을 듣는다(1절). 예루살렘 성전은 이미 기원후 70년에 로마 군대에 의해 파괴된 상태로서 요한계시록이 저술된 기원후 90년대 중반에 예루살렘 성전은 존재하지 않았다. 그러므로 여기서 성전은 문자적인 예루살렘 성전을 가리키지 않는다. 신약성경 시대의 그리스도인들에게 성전은 교회를 가리키는 상징적 의미로 사용되었다(고전 3:16-17; 고후 6:16; 엡 2:20-22; 벧전 2:5).

요한이 들은 음성은 그에게 성소(ναός)와 제단을 측량하고 그곳에서 예배하는 자들을 헤아리되 성전의 바깥 뜰은 측량하지 말고 내버려 두라고 말한다. 왜냐하면 성전 바깥 뜰은 이방인들에게 주어졌고, 그들이 그 거룩한 도성을 마흔두 달 동안 짓밟을 것이기 때문이다(계 11:1-2). 성전에 대한 측량이 이방인들의 짓밟음과 대조되고 있는 것을 보면 측량은 곧 보호를 상징함을 알 수 있다(겔 40-48장; 렘 31:38-40; 슥 1:16).

예루살렘 성전은 성소 건물을 중심으로 바깥을 향해 제사장의 뜰, 유대인의 뜰, 여인의 뜰, 이방인의 뜰이 순서대로 배치되어 있었다. 그 전체를 가리켜 성전(ἱερόν)이라 한다. 우리말 성경의 요한계시록에서 "성전"으로 번역된 말은 모두 "나오스"(ναός)로서 "성소"를 가리킨다. 본문에서 "성전 바깥 뜰"이란 이방인의 뜰을 가리키는 것으로 추측된다. 그러나 그 경계선이 어디냐라는 문제보다 이 서술에 담긴 메시지가 더 중요한데, 그것은 바로 성전에 보호받는 구역과 보호받지 못하는 구역이 있다는 사실이다. 이는 고난과 보호가 공존하는 교회의 상황을 보여준다. 교회의 고난이 "마흔두 달" 동안 계속될 것이지만 그 기간에 하나님의 보호가 함께 있을 것이다. "마흔두 달" 및 이와 관련된 기간이 삽입부에 반복하여 나타난다. 이에 대해서는 관련된 용례들을 모두 관찰한 후 종합하여 다루기로 한다. 일단 이 기간이 고난과 보호가 공존하는 교회의 때를 가리킨다는 점을 기억해두자.

나. 증인으로서의 요한과 교회(11:3-13)

요한계시록 11:3b에 나오는 "두 증인"은 고난받으면서도 보호받는 교회를 나타낸다. 요한계시록은 "증인"(μάρτυς), "증언"(μαρτυρία), "증언하다"(μαρτυρέω)와 같은 어휘들을 여러 등장인물에게 적용한다. 먼저 예수 그리스도 자신이 신실하고 참된 증인이시다(1:5; 3:14; 22:20). 요한도 증인이다. 그는 예수 그리스도의 증인으로서 요한계시록을 저술하고 있다(1:2, 9; 19:10). 나아가 요한계시록은 성도들에게도 증인이라는 명칭을 적용한다. 그중에는 버가모 교회의 순교자이자 예수 그리스도의 신실한 증인인 안디바가 있으며(2:13), 증언으로 인해 순교한 성도들 곧 다섯째 인을 뗄 때 하늘 제단 아래에서 탄원하던 이들도 있다(6:9). 그 외 여러 곳에서 성도들이 증인으로 불린다(12:11, 17; 17:6; 19:10; 20:4). 그 증인들 가운데는 천사도 있다(19:10; 22:16). 요한계시록 19:10은 천사와 요한과 성도들을 증인으로 언급한다. 이런 용례에 기초하여 본문의 맥락 속에서 살펴보면 요한계시록 11장에 등장하는 "두 증인"은 요한을 포함하는 교회를 상징한다고 할 수 있다.

증인이란 법정에서 증언하는 사람을 가리킨다. 법정과 증인이 필요한 이유는 어떤 사실의 진위를 놓고 질문이 제기되고 있기 때문이다. 그것은 바로 "누가 주님인가?"라는 질문이다. 로마 황제가 주님 행세를 하는 현실에서 요한계시록의 증인들은 오직 하나님만이 우리의 주님이심을 증언한다. 그러나 그 증언에는 고난이라는 대가가 따른다. 요한계시록 11장은 그 고난을 무릅쓰고 하나님의 주 되심을 증언하는 교회의 모습을 보여준다.

1) 두 증인: 구약의 모델(11:3-6)

요한계시록 11장은 그 증인들의 운명을 구약성경과 신약성경에 제시된 선구자들의 모델을 따라 비유적으로 서술한다. 구약의 모델로는 모세와 엘리야가 있다. 그리고 신약의 모델은 예수 그리스도다. 교회는 그 선구자들의 길을 따라 능력 있게 하나님의 주 되심을 증언하면서도 그에 따르는 고난을 능히 견뎌낸다. 결국 그들에게는 그리스도의 부활을 따르는 종말의 승리가 주어질 것이다.

구약의 모델을 사용한 3-6절의 서술은 주로 능력 있는 증언에 초점을 맞춘다. 요한계시록은 그들의 증언을 예언과 동일시한다(3절). 구약 예언자들의 핵심적인 메시지는 회개의 촉구였다. 그 회개의 촉구는 두 증인이 입고 예언하는 "굵은 베옷"을 통해서도 암시된다. 또한 그들이 예언하는 기간인 "천이백육십 일"은 "마흔두 달"과 같은 기간으로서 교회의 때를 가리키는 표현이다.

두 증인은 먼저 "이 땅의 주 앞에 서 있는 두 감람나무와 두 촛대"로 비유된다. 스가랴 3-4장에서는 이와 비슷한 어구가 총독 스룹바벨과 대제사장 여호수아를 가리킨다. 이들은 포로 귀환 후 어려운 환경 속에서 성전의 재건을 이루어낸 인물들이다. 스가랴서에서 측량은 곧 성전 건축을 상징한다(슥 1:16). 따라서 요한계시록 11:1-2에서 교회의 보호를 성전의 측량으로 상징하면서, 두 증인을 스가랴서의 두 인물로 비유한 것이 아닐까 짐작된다.

이어지는 5-6절에서는 두 증인이 모세와 엘리야에 비유된다.

만일 누구든지 그들을 해하고자 하면 그들의 입에서 불이 나와서 그들의 원수를 삼켜 버릴 것이요, 누구든지 그들을 해하고자 하면 반드시 그와 같이 죽임을 당하리라. 그들이 권능을 가지고 하늘을 닫아 그 예언을 하는 날 동안 비가 오지 못하게 하고 또 권능을 가지고 물을 피로 변하게 하고 아무 때든지 원하는 대로 여러 가지 재앙으로 땅을 치리로다(계 11:5-6).

권능을 가지고 하늘을 닫아 예언하는 날 동안 비가 오지 못하게 한다는 서술은 바알 신앙에 휘둘리던 아합과 대결하던 엘리야의 모습을 떠오르게 한다. 5절의 내용도 엘리야와 연결할 수 있다. 열왕기하 1:10을 보면, 아합의 아들 아하시야가 보낸 오십부장과 군사 오십 명을 엘리야가 하늘로부터 불을 내려 사른다. 그런가 하면 "권능을 가지고 물을 피로 변하게 하고 아무 때든지 원하는 대로 여러 가지 재앙으로 땅을 치"는 모습은 모세가 이집트에 내린 열 가지 재앙을 연상시킨다.

모세와 엘리야는 구약 전통을 대변하는 인물들이다. 그리고 이집트의 열 가지 재앙과 갈멜산의 대결은 각각 두 인물의 능력을 대표하는 사건이다. 모세는 이집트 제국의 파라오와 대결했다는 점에서 로마 제국과 대결하고 있는 요한계시록의 교회의 선구자가 될 만하다. 이스라엘을 위협하던 바알 종교와 싸웠던 엘리야 역시 황제 숭배를 거부하고 있던 소아시아 일곱 교회의 모델이 될 만하다. 버가모 교회와 두아디라 교회에서 황제 숭배를 조장하던 자들은 발람과 이세벨로 상징되었다. 두 인물은 각각 구약성경에서 모세와 엘리야의 상대자들이었다.

구약 예언자들을 대표하는 엘리야가 증인의 모델이 된 것은 자연스러운 발상이다. 그럼 모세는 어떨까? 이스라엘 전통에서 모세는 예언자로 여겨졌다. 모세는 백성들을 향해 하나님께서 "나와 같은 선지자" 하나를 일으키실 것이라 예고했다(신 18:15). 또한 모세와 같은 예언자는 메시아의 표상이 되기도 했다(행 7:37). 구약의 예언자들이 능력 있게 말씀을 선포하게 하신 하나님은 이제 요한과 교회에도 능력을 주셔서 담대하게 그분의 주 되심을 증언하게 하신다.

2) 두 증인: 신약의 모델(11:7-13)

그러나 증언에는 고난이 따른다. 교회는 3-6절에서 구약 예언자들의 모델을 따라 능력 있는 증인으로 묘사되고, 7-10절에서는 예수 그리스도의 모델을 따라 고난받는 증인으로 나타난다. 7절은 그들 곧 두 증인이 "그 증언을 마칠 때에"라는 말로 시작하기 때문에 3-6절과 7-10절이 서로 다른 기간에 일어나는 일을 서술하는 것으로 오해하기 쉽다. 그러나 삽입부의 목적은 미래의 일을 예고하는 것이 아니라 교회의 현재를 해명하고 예언적인 권면을 하는 것임을 기억할 필요가 있다. 능력 있는 증언의 기간과 고난의 기간은 분리되지 않고 동시대에 이루어진다. 성전이 짓밟히는 마흔두 달의 기간은 교회가 보호받는 기간이기도 하다(11:1-2). 두 본문은 각각 능력 있는 증언과 그에 따르는 고난이라는 점에서 증인인 교회의 양면적인 운명을 서술하는 것이다.

증인들은 무저갱에서 올라온 짐승에게 죽임당하고 그들의 시체는 "사흘 반" 동안 "그 큰 성"의 대로 위에 방치된다. "땅에 거하는 자들"은 증인들의 죽음을 즐거워하고 기뻐하며 서로 선물을 보낸다(10절). 이 "사흘 반"이라는 기간은 예수께서 무덤에 계시던 기간인 사흘과 교회의 때를 가리키는 "3년 반"을 조합한 상징적인 기간이라고 생각된다.

그 성은 "영적으로 하면 소돔이라 하고 애굽이라고도 하니 곧 그들의 주께서 십자가에 못 박히신 곳"이다(8절). 이 구절은 독자들이 예수께서 죽임당하신 예루살렘을 떠올리게끔 작성되었을 것이다. 왜냐하면 증인들은 예수 그리스도의 길을 따르는 사람들로 서술되기 때문이다. 그러나 요한계시록의 다른 본문에서 "그 큰 성"은 항상 로마를 가리키기 때문에 그것을 근거로 여기서도 로마를 뜻한다고 보는 해석도 있다. 예수를 죽인 것은 로마의 군인들이므로 예수께서 로마에서 십자가에 못 박혔다는 상징적 서술도 가능할 것이다. 그러나 이 성이 로마든 예루살렘이든 그것이 본문의 의미를 좌우하지는 않는다. 본문의 핵심은 장소가 아니라 예수 그리스도께 있다.

예수 그리스도는 십자가에 죽임당하여 무덤에 묻히셨으나 다시 살아나셨다. 예수의 증인들도 예수를 따라 다시 살아날 것이다. "사흘 반" 후에 하나님의 생기가 두 증인의 시체에 들어가자 그들은 발로 일어나서 이리로 올라오라는 하늘의 음성을 따라 구름을 타고 하늘로 올라간다. 그것을 보는 "원수들"은 크게 두려워한다(11-12절). 그때 큰 지진이 나서 성의 1/10이 무너지고 칠천 명이 죽는다(13절). 요한계시록에서 지진은 종말 심판의 시작을 알리는 현상 가운데 하나다(6:12).

이처럼 삽입부는 종말이 시작될 때까지 교회의 기간에 일어나는 일들에 관해 말하고 있다.

제1삽입부 마지막 절의 끝 문장은 삽입부의 시점이 종말이 시작되기 전의 교회의 때를 나타냄을 다시 확인해준다.

그 남은 자들이 두려워하여 영광을 하늘의 하나님께 돌리더라(계 11:13).

이것은 종말 환상 이야기에서 사람들이 회개하는 모습으로 해석될 수 있는 유일한 장면이다. 일단 종말 심판이 시작되고 나면 더는 회개의 기회가 주어지지 않는다.

4. 이정표 2와 일곱째 나팔(11:14-19)

가. 이정표 2(11:14)

요한계시록 10장의 초반부에 등장하는 힘센 천사는 남은 심판의 집행을 지체하지 않을 것이라고 선언했다(10:6-7). 그러나 중심 줄거리는 15장에 가서야 재개되며, 독자들은 무려 다섯 장(10-14장)에 걸쳐 있는 삽입부를 지나야 한다. 이건 아무래도 너무 길다. 이러다가는 독자들이 삽입부에서 목표를 잃어버릴지도 모른다. 그래서 요한은 제1삽입부에서 제2삽입부로 넘어가기 전에 둘째 이정표를 배치해놓았다.

둘째 화는 지나갔으나, 보라! 셋째 화가 속히 이르는도다(계 11:14).

"둘째 화"란 여섯째 나팔 재앙을 가리킨다. 따라서 이 이정표는 본래 여섯째 나팔 재앙이 끝나는 9:21 다음에 나올 것으로 기대되었다. 그런데 그곳이 아닌 여기 11:14에 놓여 있다. 이는 지금까지 살펴본 것처럼 요한계시록 10:1-11:13에 제1삽입부가 배치되어 있기 때문이다. 제1삽입부를 빼고 보면 중심 줄거리가 9:21에서 11:14로 자연스럽게 연결된다.

나. 일곱째 나팔(11:15-19)

이정표 2는 둘째 화가 끝났음을 알리면서 이제 곧 셋째 화가 시작될 것을 예고한다. 그 예고대로 일곱째 천사가 나팔을 불며 셋째 화의 시작을 알린다. 나팔을 불자 하늘에서 큰 음성이 들린다.

세상 나라가 우리 주와 그의 그리스도의 나라가 되어 그가 세세토록 왕 노릇 하시리로다(계 11:15).

이것은 헨델이 작곡한 오라토리오 『메시아』 중 "할렐루야" 합창 가사의 일부이기도 하다. "할렐루야"는 요한계시록의 본문 중 19:6, 11:15, 19:16, 이렇게 세 곳의 킹제임스(KJV) 영어 성경의 본문을 가사로 사용한다. 11:15을 사용한 가사는 다음과 같다.

The kingdom of this world is become the kingdom of our LORD and of His Christ; and He shall reigneth for ever and ever.

이런 큰 음성과 함께 하늘 어전의 스물네 장로가 보좌에서 일어나 하나님 앞에 엎드려(16절) 부르는 찬양 소리도 들린다.

감사하옵나니 옛적에도 계셨고 지금도 계신 주 하나님 곧 전능하신 이여, 친히 큰 권능을 잡으시고 왕 노릇 하시도다. 이방들이 분노하매 주의 진노가 내려 죽은 자를 심판하시며 종 선지자들과 성도들과 또 작은 자든지 큰 자든지 주의 이름을 경외하는 자들에게 상 주시며 또 땅을 망하게 하는 자들을 멸망시키실 때로소이다(계 11:17-18).

셋째 화는 종말 환상 이야기의 절정이다. 절정부의 시작에 놓인 이 찬양에는 이야기의 궁극적인 목표가 그려져 있다. 그 핵심은 바로 "하나님의 주 되심"이다. 하나님과 그리스도가 영원히 다스리신다(15절). 하나님께서 권능을 잡으시고 왕 노릇 하신다. 하나님의 주 되심은 그분을 경외하는 성도들의 구원과 땅을 망하게 하는 자들에 대한 심판으로 나타날 것이다(17-18절). 그와 함께 하나님의 현현을 알리는 테마곡이 세 번째로 등장해서 하늘 성소와 언약궤를 배경으로 우렁차게 울려 퍼진다(19절).

이에 하늘에 있는 하나님의 성전이 열리니 성전 안에 하나님의 언약궤가

보이며 또 번개와 음성들과 우레와 지진과 큰 우박이 있더라(계 11:19).

제2부 본문 해설

제10장

제2삽입부(12-14장)

1. 제2삽입부(12-14장) 개관

일곱째 나팔은 셋째 화가 내린다는 신호다. 독자들은 일곱째 천사가 나팔을 부는 것을 보며 다시 심판이 시작될 것을 기대한다. 일곱째 나팔의 역할은 일곱 대접을 열어주는 것이기 때문에 이번 재앙은 일곱 대접 전체가 될 것이다. 그러나 요한계시록의 중심 줄거리는 여기서 잠시 진행을 멈추고 제2삽입부(12-14장)의 이야기를 풀기 시작한다.

제2삽입부를 시작하는 요한계시록 12장은 두 개의 이야기가 따로 진행되다가 하나로 합류하는 구조를 이룬다. 먼저 1-6절에는 땅을 배경으로 여자와 아기와 용의 이야기가 서술되고, 7절부터는 이야기의 배경이 하늘로 올라가 천사와 용의 싸움이 서술된다(7-12절). 그리고 두 이야기가 13절에서 합류한다.

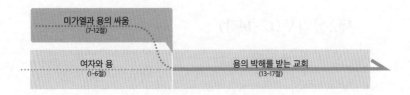

《그림 32》 두 이야기가 만나다(1): 요한계시록 12장

이것은 중심 줄거리와 삽입부가 따로 전개되다가 15:1에서 만나는 요한계시록 전체 이야기 구조의 축소판이라 할 수 있다. 또한 독자들이 요한계시록 12장을 읽으면서 요한계시록 전체의 구조를 가늠할 수 있도록 저자가 배치해놓은 하나의 약도다. 주의 깊은 독자들은 나중에 15:1에서 중심 줄거리가 재개되는 것을 보면서 12장에 미리 예시된 두 이야기의 합류 구조를 떠올릴 수 있을 것이다.

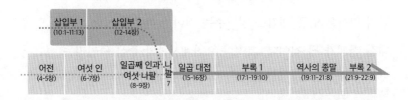

《그림 33》 두 이야기가 만나다(1): 중심 줄거리와 삽입부

제2삽입부는 (1) 12-13장, (2) 14장 전반부, (3) 14장 후반부의 세 부분으로 나눌 수 있다. 12-13장은 교회가 처한 현실을 심층적으

로 해설해준다. 제1삽입부가 고난을 무릅쓰고 증언하는 교회에 초점을 맞췄다면, 제2삽입부의 12-13장은 카메라를 돌려 교회를 박해하는 사탄의 세력에 초점을 맞추고 동일한 현실을 서술한다. 14장 전반부(1-13절)는 그런 현실을 살아가는 사람들에게 종말이 임박했음을 예고하며 성도들에게 인내하고 믿음을 지키라고 격려한다. 제2삽입부의 끝에 놓여 있는 14장 후반부(14-20절)는 삽입부를 중심 줄거리와 연결해주는 이행부다.

2. 여자와 용(12장)

가. 여자와 아기와 용(12:1-6)

제2삽입부 역시 영광스러운 한 장면으로 시작된다. 제1삽입부가 웅장한 한 천사의 모습을 비추면서 시작했다면, 제2삽입부는 한 여자가 해와 달과 열두 별로 둘러싸인 찬란한 모습으로 등장하면서 시작된다. 그 여자는 아기를 낳을 때가 되어 진통하며 울고 있다(1-2절). 대부분의 해석자들은 이 아기가 예수 그리스도라는 데 동의한다. 이 장면이 예수 탄생의 진통을 묘사하는 까닭은 아마도 성탄절 밤에 일어난 일을 단순히 서술하는 데 그치지 않고 예수의 오심이 가지는 구속사적 의의를 강조하려 하기 때문이다. 왜냐하면 예수의 탄생은 사탄과의 결정적 싸움을 예고하는 신호탄이었기 때문이다. 여자의 진통은 그 싸움을 상징적으로 보여준다.

이런 서술 방식은 이어지는 장면에서도 계속된다. 머리가 일곱이고 뿔이 열이며 각 머리에 일곱 왕관을 쓴 크고 난폭한 붉은 용 하나가 나타나서는 꼬리로 하늘의 별 1/3을 쓸어서 땅으로 내던진다. 그는 곧 태어날 아기를 집어삼킬 요량으로 여자 앞에서 해산을 기다리고 있다(3-4절). 사탄이 예수의 탄생을 막으려 하는 이유는 그의 탄생이 사탄의 세력을 멸하는 구속사의 주요 사건이 되기 때문이다. 이 역시 예수의 생애가 가지는 구속사적 의의를 보여주기 위해 의도된 상징적 장면이다. 즉 예수의 탄생뿐 아니라 인류 구원을 위한 십자가 고난이 이 탄생 장면에 압축되어 있다.

드디어 여자가 아들을 낳는다. 5절은 그가 "장차 철장으로 만국을 다스릴 남자"라고 설명함으로써 그 아기가 예수 그리스도임을 확인해준다(참조. 19:15). 그런데 아기는 태어나자마자 하나님의 보좌 앞으로 낚아채 올려진다(5절). 죽음의 위기를 벗어남은 부활을 상징하고, 하늘로 올려짐은 승천을 의미한다. 이처럼 요한계시록 12:1-5에는 탄생, 고난, 죽음, 부활, 승천을 포함하는 예수 그리스도의 전 생애가 요약되어 있다.

아기를 낳은 여자는 광야로 도망한다. 거기에는 하나님께서 천이백육십 일 동안 그녀를 양육하기 위해 준비해두신 장소가 있다. "천이백육십 일"은 고난과 보호가 공존하는 교회의 때를 가리킨다. 여기까지가 이야기의 한 흐름이다. 이제 7절부터 다른 이야기가 시작되어

12절까지 이어지다가 13절에서 다시 6절과 만나게 될 것이다.

나. 미가엘과 용의 싸움(12:7-12)

12:7-12에 담긴 둘째 이야기는 앞서 설명한 첫째 이야기의 다른 버전이다. 첫 이야기의 배경이 땅이었다면, 둘째 이야기는 동일한 구속 사건을 하늘을 배경으로 서술한다. 사람이 되신 예수 그리스도의 구속 사건이 하늘에서는 미가엘이 이끄는 하나님의 천사들과 용의 세력 간의 영적 전쟁으로 서술된다. 용은 천사장 미가엘에게 패하여 하늘에서 쫓겨난다(7-8절). 이어지는 9절은 그 큰 용이 곧 사탄이라고 설명한다.

> 큰 용이 내쫓기니 옛 뱀 곧 마귀라고도 하고 사탄이라고도 하며 온 천하를 꾀는 자라. 그가 땅으로 내쫓기니 그의 사자들도 그와 함께 내쫓기니라(계 12:9).

그리고 지금까지 서술된 사건들의 의미를 하늘 합창 장면이 다시 해설해준다.

> 이제 우리 하나님의 구원과 능력과 나라와 또 그의 그리스도의 권세가 나타났으니 우리 형제들을 참소하던 자(κατήγωρ) 곧 우리 하나님 앞에서 밤낮 참소하던 자(κατηγορῶν)가 쫓겨났고, 또 우리 형제들이 어린양의 피와

자기들이 증언하는 말씀으로써 그를 이겼으니 그들은 죽기까지 자기들
의 생명을 아끼지 아니하였도다(계 12:10-11).

사탄은 예수 그리스도의 구속 사건을 통해 결정적인 패배를 당하고 하
늘에서 쫓겨났다. 히브리어에서 "사탄"(שָׂטָן)은 "참소자"(κατήγωρ) 또는
"참소하는 자"(κατηγορῶν)라는 뜻이다. 즉 본문은 히브리어 사탄을 그
리스어로 풀어서 쓰고 있다.

여기서 한 가지 주목할 것은 성도들의 순교를 무릅쓴 증언이 그
리스도의 구속 사건과 함께 서술되고 있다는 점이다. 예수 그리스도는
십자가에서 죽으시고 다시 살아나심으로써 사탄의 권세를 무너뜨리
시고 하나님의 주 되심을 확인하셨다. 성도들은 죽기까지 자기 생명을
아끼지 않고 예수 그리스도의 주 되심을 증언함으로써 그리스도의 남
은 싸움에 동참한다. 요한계시록에서 성도의 고난은 구원의 효과를 지
닌다. 다섯째 인 장면에서 순교자들의 탄원에 응답하는 하늘의 음성,
즉 "잠시 동안 쉬되 그들의 동무 종들과 형제들도 자기처럼 죽임을 당
하여 그 수가 차기까지 하라"는 말의 의미가 바로 그것이다.

하늘의 음성은 그리스도의 구속 사건과 성도의 고난의 의미를 설
명해줄 뿐 아니라 성도들이 처한 시간의 의미를 가르쳐주기도 한다.

그러므로 하늘과 그 가운데에 거하는 자들은 즐거워하라. 그러나 땅과 바
다는 화 있을진저 이는 마귀가 자기의 때가 얼마 남지 않은 줄을 알므로

크게 분내어 너희에게 내려갔음이라(계 12:12).

성도들이 살아가고 있는 교회의 때는 예수 그리스도의 십자가와 부활을 통해 사탄이 결정적인 패배를 당하고 하늘에서 쫓겨난 후 최종적으로 소멸되기까지 얼마 남지 않은 기간에 해당한다. 이 때는 예수 그리스도의 구속 사건과 함께 하나님 나라가 "이미" 시작되었으나 사탄이 "아직" 살아서 활동하고 있는 기간이다. 그러나 사탄은 결정적으로 패하여 독침 곧 그의 쏘는 것을 제거당했고(고전 15:55-56) 이제 완전한 패망을 향해 달려가고 있다.

다. 용의 박해와 여자의 보호(12:13-17)

용은 자기가 땅으로 내쫓긴 것을 보고 남자를 낳은 여자를 박해하는지라 (계 12:13).

둘째 이야기는 요한계시록 12:13에서 첫째 이야기와 합류한다. 첫째 이야기(1-6절)의 끄트머리에서 여자는 용의 박해를 피해 광야로 도망했는데, 미가엘과의 싸움에서 패하여 땅으로 내쫓긴 용이 그 여자를 박해한다. 그리스어에서 "박해하다"로 번역되는 "디오코"(διώκω)는 "뒤쫓는다"는 의미도 가지고 있다. 6절에서 여자가 도망하고, 13절에서 사탄이 그녀를 뒤쫓는다.

이렇게 합류한 두 이야기는 사탄의 박해로 인해 고난받고 있는 교회의 모습을 서술한다. 여자는 큰 독수리의 두 날개를 받고 그녀를 위해 준비된 광야의 장소로 날아가서 그곳에서 "한 때와 두 때와 반 때"를 양육받는다(14절). "한 때+두 때+반 때"는 더하면 총 "세 때 반"이 되는데 이는 교회의 때를 가리키는 또 하나의 표현이다.

이어지는 15-17절은 사탄이 교회를 박해하는 모습을 비유적으로 서술한다. 뱀 곧 용은 입에서 물을 강같이 토해냄으로써 여자를 물에 떠내려 보내고자 한다. 그러나 땅이 그 물을 삼켜 여자를 돕는다. 이처럼 요한계시록에서 자연은 하나님의 심판 대상이 아니라 심판의 도구나 조력자로 나타난다(15-16절).[1] 여자를 죽이는 데 실패한 용은 분노하여 여자의 남은 자손인 교회와의 대결을 준비한다(17-18절).[2]

라. 여자는 누구일까?

요한계시록 12장의 여자는 누구일까? 1절에서 여자는 열두 별의 관을 쓰고 있는데, 성경에서 "12"는 이스라엘을 상징하는 숫자다. 예수 그리스도는 이스라엘 백성 가운데서 나오셨으므로, 이스라엘이 메시

---

[1] 이에 대한 더 자세한 논의는 제3장 3절("종말과 창조세계")을 참조하라.
[2] 개역개정과 새번역의 계 12장 마지막 절을 비교해보면 절 구분이 다름을 알 수 있다. 새번역에 18절로 분류된 "그때에 그 용이 바닷가 모래 위에 섰습니다"는 구절은 개역개정의 17절 끝부분에 붙어 있다. 이 구절이 13:1에 덧붙여진 번역본들도 있다. 이것은 번역에 사용한 저본의 차이로 인한 것이다. 새번역은 가장 최근의 사본 연구를 반영하는 그리스어 성경 네슬레-알란트(Nestle-Aland) 제28판의 절 분류를 따르고 있다.

아를 낳았다고 말할 수 있다. 그런데 신약성경의 다른 책들과 마찬가지로 요한계시록에서 이스라엘은 문자적인 이스라엘이 아닌 참 하나님의 백성 곧 교회를 상징한다. 그러므로 요한계시록 12장의 여자는 참 이스라엘로서의 교회 또는 고난받으며 보호받는 교회를 대표한다고 말할 수 있다.

3. 두 짐승(13장)

요한계시록 12장의 마지막 절은 13장에서 벌어질 사건들의 무대를 미리 준비한다. 이제 짐승을 따르는 사탄의 세력과 성도들의 대결이 벌어지며 성도들은 그 대결에서 짐승을 이기고 벗어날 것이다(15:2).

가. 바다에서 올라온 짐승(13:1-10)

용은 성도들과의 싸움에 자신의 두 하수인을 동원한다. 먼저 바다에서 한 짐승이 올라온다. 그 짐승은 12장의 용처럼 뿔이 열이고 머리가 일곱이다. 차이가 있다면 용은 일곱 머리에 일곱 왕관을 쓰고 있는 반면 짐승은 열 뿔에 열 왕관을 쓰고 있다는 것이다. 그 짐승은 표범과 비슷하고 발은 곰의 발 같으며 입은 사자의 입과 같이 생겼다(13:2). 이 짐승의 모습은 다니엘 7장에 나오는 네 짐승의 모습을 합쳐놓은 것과 유사하다. 다니엘이 환상 중에 본 큰 짐승 넷의 모습을 상술하면, 첫째는 사자와 같고 둘째는 곰과 같으며 셋째는 표범과 같고 넷째는 열 뿔을 가지고 있었다(단 7:4-7). 이 넷은 순서대로 (1) 바벨론, (2) 메대, (3) 페르시아, (4) 그리스 제국을 가리킨다.[3] 요한계시록의 로마는 이 넷을 합친 모습을 띤 강하고 포악한 제국이다.

요한은 용이 짐승에게 권세를 주었다고 말함으로써 바다에서 올라온 짐승을 12장의 붉은 용과 연결한다(13:4). 짐승은 용의 하수인이다. 그런데 짐승은 일곱 머리 중 하나에 치명상을 입었다가 살아남으로써 사람들의 경탄을 자아내고 급기야 용의 권세를 이용하여 사람들의 경배를 받기에 이른다. 이는 황제 숭배가 제정되었음을 나타낸다. 사람들은 용과 짐승에게 경배를 올리며 오직 하나님만이 받으셔야 할 찬양의 어구로 그들을 숭배한다.

누가 이 짐승과 같으며 누가 능히 이와 더불어 싸우리요?(계 13:4)

---

3   세대주의자들은 여기서 메대와 페르시아를 동시대의 제국으로 간주하여 하나로 연결하고 로마를 더하여 네 제국을 구성한다. (1) 바벨론, (2) 메대-페르시아, (3) 그리스, (4) 로마 순으로 말이다. 그들은 넷째 제국이 열 뿔로 상징된다는 점에 주목하고 이를 오늘날의 유럽 연합과 연결하려 한다. 이 순서는 Lindsey의 책들과 같은 세대주의 정치 시나리오의 기초가 된다. 그러나 세대주의 해석과 달리 다니엘서는 메대와 페르시아를 서로 다른 시대의 제국들로 분리하여 다룬다. 메대의 왕 다리오의 시대가 끝난 후에 페르시아 왕 고레스의 시대가 시작되는 것으로 말이다(단 5:31-6:28). 다니엘서의 상징들은 다니엘서가 제시하는 방식대로 읽는 것이 옳다. 다니엘서는 그리스 제국의 멸망을 예고하는 책으로서 넷째 제국은 그리스를 가리킨다. 계 13장에서 로마 제국은 넷째 제국의 특징인 열 뿔을 가지고 있을뿐더러 앞의 세 제국의 특징인 표범과 곰과 사자의 특징을 함께 가지고 있음에 유의하라. 로마는 다니엘의 넷째 제국이 아니라 네 제국을 특징을 함께 가지고 있는 새로운 제국이다.

게다가 짐승 자신이 신성모독을 행하면서 하나님의 이름과 하늘에 사는 자들을 비방하는데(5-6절) 그 행위는 마흔두 달에 걸쳐 이어진다(5절).

요한계시록이 이 지점에서 짐승이 성도들에게 하는 행동을 "싸움"으로 간주하는 것을 주목하라. 짐승은 각 족속과 백성과 방언과 나라를 다스리는 권세를 받았으나(7b절) 성도들을 다스리지는 못한다. 단지 성도들과 싸울 뿐이다. 하지만 권력을 가지고 있으므로 성도들과 싸워 이긴다(7b절). 짐승은 성도들을 죽이고 사로잡아가고 고난을 안김으로써 이기는 것처럼 보이지만 그것은 표면적인 현상일 뿐이다. 왜냐하면 성도는 죽임당하고 고난 받음으로써 이기기 때문이다. 사로잡힐 자는 사로잡혀갈 것이요, 칼에 죽을 자는 칼에 죽을 것이다(10절). 그것이 바로 성도들이 짐승과 대결하는 방법이다. 결국 인내와 믿음으로 싸운 성도들이 이길 것이다.

나. 땅에서 올라온 짐승(13:11-18)

앞에 서술된 모습은 로마 제국이 강요하던 황제 숭배를 비유적으로 보여준다. 황제 숭배는 황제의 의지만으로는 실행되기 어렵고 그를 떠받들어 주는 사람들이 있어야 가능하다. 요한계시록은 황제 숭배를 제정하고 시행 기구를 만들어 그 제도를 유지하던 사람들을 땅에서 올라온 짐승으로 비유한다.

땅에서 올라온 짐승은 어린양 같은 두 뿔이 있고 용처럼 말을 한다. 그리고 바다에서 올라온 짐승의 모든 권세를 그 앞에서 행한다 (11-12절). 구체적으로 무엇을 한 것인지 알기 어렵지만, 이 서술의 핵심은 그가 용과 바다에서 올라온 짐승의 하수인이라는 점이다. 그는 땅과 "땅에 거하는 자들"을 바다에서 올라온 짐승에게 경배하게 한다. 심지어 사람들 앞에서 불이 하늘로부터 땅에 내려오는 이적을 행함으로써 "땅에 거하는 자들"을 미혹하며(13-14절), 짐승의 우상을 만들고 그 우상에게 생기를 주어 말하게 한다(15절). 이는 아마도 당시의 마술사들이 트릭을 행하면서 사람들을 미혹하던 행동을 가리키는 것으로 보인다.

4. 짐승의 이름의 수 "666"

땅에서 올라온 짐승은 황제 숭배를 조장하기 위해 이런 마술을 부려 사람들을 미혹하는 데 그치지 않고 강제적인 수단을 쓰기도 한다. 짐승의 우상에게 경배하지 않는 자는 몇이든지 다 죽이고(15절) 그들의 경제 활동을 제약하는 것이다. 그는 모든 사람이 오른손이나 이마에 표를 받게 하고 이 표가 없는 사람은 매매하지 못하게 한다. 그 표는 짐승의 이름이나 그 이름의 수를 나타내는데(17절) 그 수는 "666"이다 (18절).

요한계시록 13장에서 "666"이라는 표를 받는다는 것은 짐승에게 경배함을 비유적으로 가리킨다. 이것은 그 사람이 누구를 주님으로 섬기는지 보여주는 일종의 소유권 표시로서, 십사만 사천 명이 받은 인과 대조된다. 십사만 사천 명이 받은 인은 어린양의 이름과 하나님의 이름이다(14:1). 이를 풀어 설명하면 이렇다. 종말에 사람들은 둘로 나뉘는데, 한편에는 하나님의 이름과 예수 그리스도의 이름을 받은 사람들이 있고 다른 한편에는 짐승의 이름을 받은 사람들이 있다. 한쪽은 하나님을 주님으로 섬기는 사람들이고 반대쪽은 짐승에게 경배하는 사람들이다.

가. 게마트리아

이 숫자가 무엇일까? 요한계시록은 이것을 가리켜 "사람의 수"(ἀριθμὸς ἀνθρώπου)라 한다(13:18). 그리스어에는 부정관사가 없으므로 관사가 없는 명사는 부정관사가 붙은 것으로 간주한다. 이 규칙에 따르면 이 어구는 "한 사람의 수"로 번역할 수 있다. 그 "한 사람"은 누구일까? 이에 대해 역사적으로 수많은 후보가 제시되었다. 대부분의 해석자들은 자신이 적그리스도로 지목한 인물을 이 수와 연결하는 경향이 있다. 특히 미래주의 관점으로 요한계시록을 해석할 경우 적그리스도는 해석자와 동시대의 인물이 되기 때문에 역사상 수많은 인물이 "666"으로 지목되었다.[4]

4　시대에 따라 달라진 적그리스도와 "666"의 해석사에 대해서는 Koester, 『요한계시록

이 숫자를 해석하는 방법은 여러 가지다. 먼저 6은 7에서 하나가 모자란 불완전한 숫자이기 때문에, 이 불완전한 숫자 셋을 조합하여 "666"을 만들었다는 해석이 있다. 그런가 하면 요한계시록 17:11에서 짐승이 여덟째 왕과 동일시되는 점을 반영하여 1에서부터 8까지의 숫자를 합하면 36이 나오고, 다시 1에서부터 이 36까지의 숫자를 더하면 666이 나온다는 설명도 있다.

그러나 많은 학자들은 요한계시록이 말하는 "이름의 수"(13:17)가 게마트리아(gematria)를 뜻할 가능성이 높다고 본다. 히브리어와 그리스어의 알파벳은 글자마다 소릿값과 함께 숫자 값을 갖는다. 예를 들어 그리스어 알파벳의 첫 글자인 "알파"(α)는 1, 둘째 글자인 "베타"(β)는 2, 셋째 글자인 "감마"(γ)는 3이다. 이런 순서대로 각 알파벳이 숫자 값을 가지며, 10 다음에는 20, 30의 순서대로 배정이 된다. 어떤 이름이든지 이에 따라 그 단어에 정해진 알파벳의 숫자 값을 더하면 하나의 숫자가 나온다. 이런 방식을 써서 이름을 숫자로 바꾸는 것을 가리켜 게마트리아라 한다.[5] 참고로 유대인들이 사용하던 히브리어 알파벳의 숫자 값은 다음과 같다.

II』, 992-1002을 참조하라.

5 그 사람들은 왜 아라비아 숫자를 사용하지 않고 알파벳을 숫자로 대용했을까? 아라비아 숫자는 인도에서 고안된 후 기원후 8세기경 아라비아로 넘어가 사용되었고, 12세기에 들어서야 유럽에 알려지게 된다. 그래서 유럽 사람들은 이것을 "아라비아 숫자"라 불렀다. 그리스 세계와 이스라엘에는 아라비아 숫자와 같은 숫자 체계가 없었다. 그래서 알파벳을 대신 사용한 것이다.

ו 6	ה 5	ד 4	ג 3	ב 2	א 1
	כ 20	י 10	ט 9	ח 8	ז 7
פ 80	ע 70	ס 60	נן 50	מ 40	ל 30
	ת 400	שׁ 300	ר 200	ק 100	צ 90

〈표 24〉 히브리어 알파벳의 숫자 값

요한계시록 13:17에 의하면 "666"은 짐승의 이름의 수다. "짐승"을 뜻하는 그리스어 "θηρίον"을 히브리어로 음역하면 "תריון"이 되고, 그 히브리어 알파벳들의 숫자를 더해 보면(400+200+10+6+50) 666이 된다. 그러나 이것이 이 수의 의미라면 너무 싱겁다. 이 숫자가 짐승의 정체를 밝히는 데 아무런 도움이 되지 않기 때문이다. 많은 요한계시록 해석자들은 여기서 한 걸음 더 나아가 이 숫자가 짐승의 정체에 관해 중요한 정보를 제공할 가능성이 높다고 본다.

나. 로마 황제들 가운데서 666 찾기

그런 주장을 지지하는 해석자들은 황제 숭배의 대상이 된 로마 황제 중 이름의 수가 666인 사람을 찾았고, 후보로 등장한 여러 명의 황제 중 특히 네로가 주목을 받았다. 그리스어로 "네로 황제"를 뜻하는 "Νερον Καισαρ"를 히브리어로 음역하는 몇 가지 방법 중에

"נרון קסר"를 택하면 이름의 수가 666이 된다. 위의 도표에 나오는 히브리어 알파벳의 숫자 값을 참조하여 각 알파벳의 숫자를 더하면 50+200+6+50+100+60+200가 되어 666이 나오는 것을 볼 수 있다.

그러나 네로가 "666"의 주인공이라 보는 주장에는 문제가 있다. 네로는 황제 숭배의 대상이 아니었기 때문이다. 게다가 네로의 집권 시기는 요한계시록의 저술 시대와도 맞지 않는다. 요한계시록은 로마 제국을 가리켜 "바벨론"이라 부르는데, 이는 기원후 70년의 예루살렘 성전 파괴를 반영한 결과다. 하지만 실제로 네로는 성전이 파괴되기 전인 68년에 죽었고, 요한계시록의 저술 시기는 95년경으로 알려져 있다.

독일 학자 슈타우퍼(Ethelbert Stauffer)는 1947년 한 저널에 발표한 글에서 요한계시록 저술 당시 로마 황제였던 도미티아누스가 "666" 일 가능성을 제안했다. 그는 고고학자들이 발굴한 비문들 가운데 도미티아누스의 이름이 그의 직함과 함께 "통치자 카이사르 도미티아누스 경외로운 게르만 사람"(Αυτοκρατωρ Καισαρ Δομετιανος Σεβαστος Γερμανικος)이라고 표현된 것을 언급하면서, 그 긴 이름이 첫머리 글자 "Α ΚΑΙ ΔΟΜΕΤ ΣΕΒ ΓΕ"로 축약되어 동전에 새겨졌다고 말한다. 그리고 이 그리스어 문자들의 숫자 값을 더하면 666이 된다.[6] 재미있

---

6   Ethelbert Stauffer, "666," *Coniectanea Neotestamentica*, 11(1947), 237-44; idem.,
     Christ and the Caesars: Historical Sketches (tr. K. & R. Gregor Smith; Philadelphia:
     Westminster, 1955), 179.

는 추론이다. 하지만 그의 글에는 그 비문과 동전의 출처가 구체적으로 제시되지 않기 때문에 그 주장의 진위를 가리기 어렵다.

만일 이 숫자가 네로와 도미티아누스를 함께 가리킨다면 둘을 하나로 연결하는 것도 가능하다. 요한계시록에는 짐승이 죽었다가 다시 살아난다는 표현이 반복해서 나온다(13:3; 17:8). 많은 해석자들은 이것이 당시 사람들 사이에 퍼져 있던 네로에 관한 소문을 본문에 활용한 것이라고 본다. 네로는 68년에 원로원에 의해 폐위된 후 자살했다. 그런데 그의 시체와 매장을 목격한 사람이 거의 없어 그의 죽음에 대한 의혹이 제기되었고, 그가 살아서 돌아올 것이라든지(네로의 환생, Nero redivivus) 아니면 파르티아로 도피해 있다가 군대를 이끌고 돌아올 것이라는 음모론(네로의 귀환, Nero redux)이 생겨났다. 실제로 여기저기서 자신이 네로라고 주장하는 사람들이 나타났다고 한다. 요한은 이런 민간 전설을 활용하여 도미티아누스를 되살아난 네로로 서술하고 있는 것은 아닐까?

이상 소개한 추론들은 제각기 장점과 빈틈을 가지고 있고 그에 따른 해석의 문제가 결부되어 있으므로 "666"이 정확히 누군지 확정하긴 어렵다. 그러나 이런 주장들은 이 숫자가 가리키는 대상을 어디에서 찾아야 할지 그 방향을 제시해주고 있다. 우리는 이를 참고하여 요한과 소아시아 일곱 교회가 처해 있던 역사적 현실에서 "666"의 정체를 찾아낼 필요가 있다. 이 숫자는 요한계시록이 로마 제국의 멸망을

예고하는 과정에서 나온 것이기 때문이다.[7]

다. "666"은 부적이 아니다

어떤 사람들은 베리칩(VeriChip)이 "666"이라고 믿는다. 이들의 주장에 따르면 종말에 사탄의 정부가 세워지고 사람들의 몸에 이 숫자를 쓴 베리칩을 심어 신원 확인의 수단으로 삼게 될 것인데, 베리칩을 몸에 심는 순간 그 사람은 사탄의 소유가 된다고 한다. 이것은 "666"을 일종의 부적으로 오해하는 것이다. 예를 들어 종이에 글씨를 써서 문에 붙여놓으면 귀신이 그 집에 들어오지 못한다고 믿는 것과 같다. 부적은 그 부적을 사용하는 사람의 지식이나 믿음과 관계없이 작동한다. 그 사람이 귀신의 존재를 믿든 안 믿든 그리고 부적에 적힌 글씨가 무슨 뜻인지 알든 모르든 부적 자체에 힘이 있어 귀신을 쫓아낸다고 믿는 것이다.

그러나 "666"은 그런 것이 아니다. 이 숫자 자체에 어떤 힘이 있는 것이 아니다. 그렇기 때문에 666번지에 살거나 666호에 산다고 해서 걱정하지 않아도 된다. 이 숫자는 부적이 아니기 때문이다. 이 숫자 자체에 어떤 능력이 있는 것이 아니다. 중요한 것은 누구를 주님으로 섬기느냐다. 하나님을 주님으로 섬기는 믿음이 분명한 사람은 어린양

---

7 "666"에 관한 더 상세한 논의는 다음 글들을 참조하라. Beale, 『요한계시록(하)』, 1210-25; Aune, 『요한계시록(중)』, 694-700; Koester, 『요한계시록 II』, 1108-13; Keener, 『요한계시록』, 448-51 등.

과 하나님의 이름의 인을 받은 십사만 사천에 속한 사람이다. 반면 짐
승의 능력에 경탄하고 짐승이 제시하는 삶의 방식으로 살아가는 사람
은 "666"의 표를 받은 사람이다. 따라서 요한계시록 13장이 주는 메
시지는 분명하다. "오직 하나님만 두려워하고 그분께 경배하라! 하나
님이 아닌 그 어떤 것도 두려워하지 말라!"

5. 3년 반

가. 교회의 때

이제 교회의 때를 가리키는 여러 표현을 정리해보자. 지금까지 3년
반의 기간을 가리키는 다양한 표현을 확인해보았다. "천이백육십 일"
은 두 증인이 예언 활동을 한 기간이며(11:3), 교회를 상징하는 여자
가 고난 중에 양육 받은 기간이기도 하다(12:6). 그 양육 기간은 "한
때 두 때 반 때"로 표현되기도 한다(12:14). "마흔두 달"은 성전이 이
방인들에게 짓밟히는 기간이자(11:2) 짐승이 권세를 행하는 고난의
기간이며(13:5), "사흘 반"은 두 증인이 죽임을 당하고 그 시체가 모욕
을 당하는 기간이다(11:9, 11). 이 표현을 성격에 따라 구별하는 것은
큰 의미가 없다고 생각된다. "사흘 반"을 제외한 나머지는 모두 다양
한 방식으로 동일한 3년 반의 기간을 가리키기 때문이다. "사흘 반"은
예수 그리스도의 모델을 따라 증언하는 두 증인의 고난의 기간이다

(11:9, 11). 아마도 요한계시록은 예수께서 무덤에 계셨던 사흘의 기간을 3년 반과 조화시켜 "사흘 반"이라는 상징적인 표현으로 나타낸 것으로 생각된다. 요한계시록에 "3년 반"이라는 표현이 직접 나오지는 않는다.

다양한 용례를 통해 확인했듯이, 3년 반은 교회가 예수 그리스도의 주 되심을 증언하며 고난과 보호를 받는 기간이다. 요한계시록에서 주목할 만한 것은 이 표현들이 두 삽입부에 속하는 11-13장에만 나온다는 점이다. 삽입부의 시점은 소아시아 일곱 교회의 현실이다. 다시 말해 "3년 반"이란 고난을 이겨내며 예수 그리스도를 증언하고 있는 요한과 소아시아 일곱 교회의 현재 기간을 가리킨다.

세대주의자들은 이 3년 반을 소위 "7년 대환난" 시나리오와 연결한다. 그러나 요한계시록 어디에도 "7년"이라는 기간은 나오지 않는다. 세대주의 시나리오에 의하면 요한계시록 6-10장이 앞의 3년 반이고 11-19장은 뒤의 3년 반에 해당한다. 하지만 이것은 요한계시록 본문에 전혀 부합하지 않는다. 10:1-11:13은 하나로 연결된 장면인데 세대주의자들은 이것을 임의로 둘로 나누었다. 1-3장에서 예수의 말씀을 둘로 나눈 것처럼 말이다. 또한 6-10장에는 "3년 반"이라는 표현이 전혀 나오지 않는다. 11-19장에서도 오직 삽입부에 해당하는 11-13장에만 언급될 뿐이다. 세대주의자들은 중심 줄거리와 구별되는 삽입부의 존재를 인식하지 못하기 때문에 "3년 반"이라는 기간이 삽입부에서 가지는 독특한 의미도 식별해내지 못한다.

나. 모든 교회의 때

3년 반이 소아시아 일곱 교회의 때를 가리킨다면, 요한계시록의 3년 반은 역사 속에서 이미 지나가 버린 기간에 불과한가? 이 문제는 그렇게 단순하지 않다. 요한계시록 12:12은 3년 반에 담긴 깊은 신학적 함의를 잘 보여준다.

> 그러므로 하늘과 그 가운데에 거하는 자들은 즐거워하라. 그러나 땅과 바다는 화 있을진저 이는 마귀가 자기의 때가 얼마 남지 않은 줄을 알므로 크게 분내어 너희에게 내려갔음이라(계 12:12).

여기서 말하는 얼마 남지 않은 마귀의 때가 바로 3년 반이다. 마귀의 때란 예수 그리스도의 십자가와 부활로 인해 "이미" 사탄이 결정적으로 패하고 하나님 나라가 시작되었으나 "아직" 사탄의 횡포가 완전히 끝나지는 않은 기간이다. 그것은 그리스도의 초림과 재림 사이의 기간인 교회의 때로서, 소아시아 일곱 교회의 때일 뿐 아니라 일반적인 의미에서의 교회의 때, 곧 주님이 다시 오실 때까지 존재하는 모든 교회의 때이기도 한 것이다.

"3년 반"이라는 숫자의 함의 중 하나는 "얼마 남지 않았다"는 것이다. 다시 말해 교회의 고난에는 시한이 있다. 3년 반만 인내하며 기다리면 주님께서 역사에 개입하셔서 사탄의 발호를 끝내시고 하나님 나라를 완성하신다는 희망과 격려가 이 표현에 담겨 있다.

3년 반이 일반적으로 모든 교회의 때를 가리킨다는 사실은 "요한 계시록이 예고하는 것이 단지 로마의 멸망뿐인가?"라는 질문과도 연결된다. 요한계시록에서 로마 제국은 음녀 바벨론으로 비유된다. 그런데 이 책의 제3장에서 언급한 것처럼[8] 음녀 바벨론은 짐승이 사람들을 지배하기 위해 취하는 여러 수단 중 하나일 뿐이다. 바벨론은 역사 속에서 다양한 모습으로 반복되며 사람들이 하나님 아닌 다른 것을 주로 섬기게 하고 교회의 정체성을 교란한다. 짐승에 대한 우상숭배는 오늘날에도 다른 모습으로 이어지고 있으며 그것을 거부하는 그리스도인들은 고난을 겪는다. 요한계시록은 이런 교회의 때가 3년 반이라고 말한다. 이것은 상징적인 기간이다. 우리는 여전히 이 "3년 반"인 바벨론의 기간을 살고 있다.

6. 권면과 연결부(14장)

요한계시록은 12-13장에서 붉은 용과 바다에서 올라온 짐승과 땅에서 올라온 짐승이 함께 날뛰고 있는 현실을 심층적으로 해부하여 보여준 후 서서히 삽입부를 마무리하고 중심 줄거리와 합류할 준비를 시작한다. 요한은 먼저 구원받은 사람들이 시온산 위에 서 있게 될 미래의

---

8   제3장 2절("로마의 멸망뿐인가?")을 보라

모습을 미리 보여줌으로써 짐승에게 굴복하지 않은 성도들에게 구원의 희망을 북돋아 주고(14:1-5), 세 천사와 하늘의 음성을 통해 예언적 권면을 전달한 후(14:6-13) 중심 줄거리로 자연스럽게 합류하여 들어간다(14:14-22).

가. 어린양과 십사만 사천(14:1-5)

구원받은 십사만 사천 명이 어린양과 함께 시온산 위에 서 있는 모습을 보여주는 14:1-5은 요한계시록에 두 번째로 나오는 막간극이다. 이 본문을 막간극으로 분류하는 이유는 이 장면이 시간의 흐름을 뛰어넘어 최종적인 구원의 모습을 미리 보여주기 때문이다. 이 장면은 미래의 구원받은 성도들의 모습을 보여줌으로써 현재 고난 속에 있는 성도들을 격려하고자 한다.

구원받은 십사만 사천 명이 서 있는 장소는 시온산이다(1절). 시온산은 보통 예루살렘을 가리키지만 이 장면이 문자적인 예루살렘을 배경으로 삼고 있다고 보기는 어렵다. 11장의 성전을 문자적으로 해석할 수 없듯이 말이다. 그보다는 요한계시록에서 하나님의 어전이 "하늘에 있는 하나님의 성전"과 동일시되고 있음에 유의할 필요가 있다(11:19; 15:5). 하나님의 어전에는 성전처럼 제단 곧 분향단이 있고 언약궤도 있으며(11:19) 바다도 있다(15:2). 그런 점을 고려하면 이 장면의 시온산을 하나님의 어전 또는 어전을 포함하는 하늘을 가리키는 다른 표현으로 이해할 수 있겠다.

요한계시록 7장에서 하나님은 십사만 사천 명의 이마에 인을 쳐서 그들을 보호하셨다. 그 인에는 무슨 내용이 적혀 있었을까? 14:1에서 확인할 수 있다시피 바로 "어린양의 이름과 그 아버지의 이름"이 적혀 있다. 이는 황제 숭배에 참여하고 오른손이나 이마에 "짐승의 이름" 또는 "그 이름의 수" 즉 "666"의 표를 받은 사람들과 대조를 이룬다. 이 장면은 십사만 사천 명이 누구를 주님으로 섬기는지를 보여준다. 하나님이 주님이신가 아니면 로마의 황제가 주님인가? 성도는 오직 하나님을 주님으로 모시고 사는 사람들이다.

이어지는 서술(2-5절)은 십사만 사천에 대한 상세한 묘사다. 그들은 새 노래를 배울 자격이 있는 유일한 사람들로 제시된다. "새 노래"(ᾠδή καινή)는 하나님의 어전에서 네 생물과 스물네 장로가 새 노래를 부르는 장면을 묘사할 때 처음 언급되었다(5:9). 요한계시록 14장에서도 보좌 앞과 네 생물과 장로들 앞에서 새 노래가 불린다(3절). 새 노래가 무엇이며 그 내용이 무엇인지는 설명되지 않지만, 아마도 하나님의 보좌 앞에서 천상의 존재들만 부를 수 있는 노래로서 아무나 배울 수 없는 것으로 보인다. 사람들 가운데서는 오직 땅에서 속량함을 받아 하나님의 어전에서 함께 찬양하게 될 십사만 사천 명만이 그 노래를 배울 수 있다.

십사만 사천은 여자와 더불어 더럽히지 않은 순결한 자들이다(4절 첫 부분). 여기서 성적 순결이라는 주제가 등장하는 이유는 그들이 황제 숭배라는 영적 음행을 거부한 사람들이기 때문이다. 또한 그들은 어린양이 인도하시는 길이 고난의 길일지라도 따라가는 자들이다(4b절). 그들은 사람들 가운데서 속량함을 받아 하나님과 어린양에게 속한 자들이다(4c절). 그들의 이마에 새겨진 인은 그들이 하나님과 어린양께 속해 있음을 보여준다. 또한 그들은 입에 거짓말이 없고 흠이 없는 자들로 인정된다(5절). 거짓말을 하지 않는다는 것은 증인으로서 그들의 사명과 관련된 서술일 것이다. 그들은 오직 진실만을 증언한다.

나. 세 천사와 하늘의 음성들(14:6-13)

요한계시록이 종말 심판을 상세히 예고하는 것은 성도들의 현재의 믿음과 삶을 변화시키기 위함이다. 삽입부가 요한과 청중의 현실을 심층적으로 분석하여 보여주는 이유도 오늘을 사는 사람들에게 회개의 기회를 주고 성도들에게 믿음의 인내를 격려하기 위해서다. 따라서 삽입부의 모든 내용은 이제 나올 예언적 권면을 위한 것이라고 할 수 있다.

1) 첫째 천사의 말(14:6-8)

삽입부의 권면은 공중에 날아가는 세 천사의 말을 통해 전달된다. 첫째 천사는 임박한 심판의 시간에 앞서 우리가 두려워하고 경배해야 할 참 주님이 누구이신지를 재확인해준다.

> 또 보니 다른 천사가 공중에 날아가는데 땅에 거주하는 자들 곧 모든 민족과 종족과 방언과 백성에게 전할 영원한 복음을 가졌더라. 그가 큰 음

성으로 이르되 "하나님을 두려워하며 그에게 영광을 돌리라. 이는 그의 심판의 시간이 이르렀음이니 하늘과 땅과 바다와 물들의 근원을 만드신 이를 경배하라"(계 14:6-7).

먼저 7절부터 살펴보자. 그의 심판의 시간($\dot{\eta}$ $\ddot{\omega}\rho\alpha$ $\tau\hat{\eta}\varsigma$ $\kappa\rho\acute{\iota}\sigma\epsilon\omega\varsigma$ $\alpha\dot{\upsilon}\tau o\hat{\upsilon}$)이 이르렀다는 선언은 심판이 아직 시작되지 않았음을 전제한다. 그러나 요한계시록의 이야기 세계 속에서 심판은 이미 시작되었다. 일곱 나팔과 함께 심판이 시작되어 이미 두 개의 화가 지나갔고 마지막 화를 불러오는 일곱째 나팔까지 다 불어놓은 상태에서 제2삽입부가 들어온 것이다. 그러므로 그의 심판의 시간이 다가왔다는 말은 이야기의 세계가 아닌 요한계시록을 읽는 독자들의 시점에서 이해해야 한다.

요한계시록에는 심판이 이르렀다 또는 심판이 가깝다는 선언이 세 번 나오는데 각기 성격이 다르다. 첫 선언은 여섯째 인을 뗄 때 나왔다(6:17). 이 말은 이야기 세계 속에서 이해해야 한다. 요한계시록의 중심 줄거리 속에서 종말 심판은 일곱째 인을 떼고 일곱 나팔을 불면서 함께 시작된다. 첫 선언은 일곱 나팔과 함께 종말 심판이 시작되기 전 그 심판의 도래를 알린다.

둘째 선언은 제1삽입부를 시작하면서 나왔다(10:6). 이 선언이 구체적으로 지목하는 것은 셋째 화이자 마지막 재앙인 일곱 대접 전부를 불러오는 일곱째 나팔이다(10:7). 이 선언은 이야기 세계와 독자들의 세계 양쪽에 걸쳐 있다. 둘째 선언은 한편으로 이야기 세계 속에서 중심 줄거리의 진행을 잠시 중단하면서 종말 심판이 곧 재개될 것을 알리며, 다른 한편으로는 삽입부의 권면을 시작하며 독자들을 향하여 종말이 가까움을 일깨운다.

제2삽입부 끝부분에 나오는 셋째 선언은 독자들을 향한 권면의 일부다. 이야기 세계 속에서는 심판이 이미 시작되어 막바지에 이르고 있다. 그러므로 심판의 시간이 이르렀다는 말은 이야기 세계가 아닌 독자들의 시점에서 이해해야 한다. 이야기 세계 속에서 종말 심판의 절정 직전에 해당하는 이 시점은 독자들의 관심과 기대가 최고조에 이르러 있어 저자의 권면이 가장 효과적으로 이루어질 수 있는 지점이기도 하다. 그 지점에서 요한은 심판이 가까웠음을 알리며 독자들의 결단을 촉구하는 것이다. 그러나 이 선언을 중심 줄거리 속에서 이해할 경우에 여기 나온 "심판"이란 지금까지 이어져온 모든 심판 과정의 목표인 바벨론의 멸망을 가리킨다고도 볼 수도 있다. 그것은 둘째 천사가 그 큰 성 바벨론이 무너졌다고 외치는 것으로 확인된다 (14:8).

〈그림 34〉 심판이 가깝다는 세 번의 선언

위에서 살펴본 것처럼 세 번의 심판 임박 선언에서 둘째와 셋째 선언은 "예언의 책"으로서의 삽입부의 기능과 밀접하게 관련되어 있다. 이 두 선언은 수미상관을 이루며 삽입부를 여닫는 또 하나의 요소가 된다. 반면 첫째 선언은 오직 중심 줄거리의 진행과 관련된다. 이 첫째 선언이 중심 줄거리 속에서 담당하는 기능은 세 개의 화에 대한 예고(8:13) 그리고 두 개의 이정표(9:12; 11:14)와 연결하여 살펴볼 수 있다. 다음 그림을 보라.

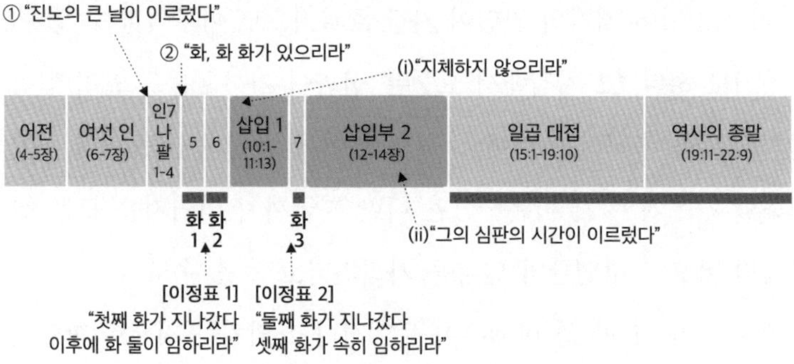

〈그림 35〉 중심 줄거리와 삽입부의 심판 예고들

위 그림을 보면 종말 심판과 관련된 중요한 지점마다 심판에 대한 예고가 나와 이야기의 진행을 안내하는 것을 볼 수 있다. ① 먼저 일곱 나팔과 함께 종말 심판이 시작되기 전에 "진노의 큰 날이 이르렀다"는 첫째 선언이 나온다(6:17). ② 심판의 전초전에 해당하는 처음 네 나팔 재앙이 지나고 나서, 본격적인 심판에 들어서기 직전에 세 개의 화가 예고된다(8:13). ③ 첫째 화가 지나간 후에 이정표 1(9:12)이 나오고, ④ 둘째 화가 지나간 후에는 이정표 2(11:14)가 나온다. 삽입부를 중심 줄거리와 통합하여 함께 살펴볼 경우에는 중심 줄거리와 삽입부를 포함하여 이야기의 모든 길목마다 심판 예고가 배치된 것을 확인할 수 있다.

다시 14장의 권면으로 돌아가서 살펴보자. 삽입부의 권면은 "땅에 거주하는 자들 곧 모든 민족과 종족과 방언과 백성에게 전할 영원한 복음"이다(6절). 여기서 "땅에 거주하는 자들"(καθημένους ἐπὶ τῆς γῆς)은 선악의 구별 없이 이 땅 위에 사는 모든 사람을 가리키는 중립적인 표현이다.[9] 요한계시록에서는 일단 심판이 시작되고 나면 중립 지대가 없다. 중립적으로 모든 사람에게 복음이 전해진다는 것은 삽입부가 독자들의 현재의 시점에서 주어지는 권면임을 확인해주는 근거 중 하나다.

2) 둘째 천사의 말(14:8)

첫째 천사의 뒤를 따라 날아가는 둘째 천사는 바벨론의 멸망을 예고한다.

---

9 사탄에 속한 자들을 가리키는 표현은 "땅에 거하는 자들"(οἱ κατοικοῦντες ἐπὶ τῆς γῆς)이다.

무너졌도다! 무너졌도다! 큰 성 바벨론이여, 모든 나라에게 그의 음행으로 말미암아 진노의 포도주를 먹이던 자로다(계 14:8).

이 예고는 요한계시록의 이야기 세계와 독자들의 현실 세계 안에서 이중의 의미가 있다. 먼저 요한계시록의 이야기 세계 속에서 보면, 중심 줄거리를 기준으로 이제까지 두 개의 화가 지나갔다. 셋째 화가 이미 예고되었고(11:14) 셋째 화를 부르는 일곱째 나팔도 이미 불어졌다(11:15). 삽입부가 중심 줄거리와 합류하고 나면 남아 있는 셋째 화인 일곱 대접 재앙이 시작될 것이다. 일곱 대접 재앙의 귀결은 바벨론의 멸망이다. 그런 점에서 둘째 천사의 예고는 독자들에게 중심 줄거리를 환기함으로써 두 이야기의 만남을 예고하는 역할을 한다. 특히 이 지점에서 요한은 "바벨론"이라는 용어를 요한계시록에서 처음 사용함으로써 삽입부를 중심 줄거리와 연결한다.

그러나 둘째 천사의 예고는 청중의 현실 세계에서 볼 때도 의미가 있다. 왜냐하면 삽입부에 비유적으로 서술되어 있는 황제 숭배의 현실을 주도하는 것이 바로 바벨론이기 때문이다. 그리스도인들은 로마의 황제가 신으로 숭배받는 현실을 보며 무력감과 좌절을 느끼지만, 그 큰 성 바벨론은 하나님의 심판을 받아 무너지고 말 것이다. 그러므로 청중은 의연하게 황제 숭배를 거부하고 믿음을 지킬 수 있다.

3) 셋째 천사의 말(14:9-12)

셋째 천사의 음성은 가장 길다. 그는 황제 숭배에 굴복한 자들이 받을 심판을 예고하면서 성도들의 인내를 촉구한다. 바벨론에 대한 심판은 그와 함께 음행하던 자들에 대한 심판이기도 하다. 그들은 하나님의 진노의 포도주를 마시고 불과 유황으로 밤낮 쉼 없이 고통당할 것이다. 그러므로 성도들은 믿음을 지키며 이 고난의 기간을 견뎌내야 한다.

> 만일 누구든지 짐승과 그의 우상에게 경배하고 이마에나 손에 표를 받으면 그도 하나님의 진노의 포도주를 마시리니 그 진노의 잔에 섞인 것이 없이 부은 포도주라. 거룩한 천사들 앞과 어린양 앞에서 불과 유황으로 고난을 받으리니 그 고난의 연기가 세세토록 올라가리로다. 짐승과 그의 우상에게 경배하고 그의 이름 표를 받는 자는 누구든지 밤낮 쉼을 얻지 못하리라 [하더라].[10] 성도들의 인내가 여기 있나니 그들은 하나님의 계명과 예수에 대한 믿음을 지키는 자니라(계 14:9-12).

4) 하늘에서 들려온 음성과 성령의 말씀(14:13)

연달아 선포된 세 천사의 권면은 하늘에서 들려온 다른 음성과 성령의

---

[10] 개역개정 성경은 11절에서 셋째 천사의 음성이 끝나고 12절에 저자의 해설이 이어지는 것으로 보았다. 그러나 세 천사의 음성을 통해 권면을 전달하는 계 14장의 구조를 볼 때 12절을 셋째 천사의 말에 포함하는 편이 더 적절하다. 그리스어 성경 네슬레-알란트(Nestle-Aland) 제 28판은 12절을 셋째 천사의 말에 포함하고 있다.

확인으로 마무리된다. 여기에는 고난 속에 있는 성도들을 향한 애정 어린 축복과 격려가 담겨 있다.

> 또 내가 들으니 하늘에서 음성이 나서 이르되 "기록하라! 지금 이후로 주 안에서 죽는 자들은 복이 있도다" 하시매 성령이 이르시되 "그러하다! 그들이 수고를 그치고 쉬리니 이는 그들의 행한 일이 따름이라" 하시더라 (계 14:13).

이 축복과 격려는 "죽음", "쉼", "행함"이라는 주제를 통해 다섯째 인을 뗄 때 제단 아래의 순교자들이 받았던 권면과 병행한다. 요한계시록에서 흰 두루마기는 성도의 선한 행위를 상징한다.

> 각각 그들에게 흰 두루마기를 주시며 이르시되 "아직 잠시 동안 쉬되 그들의 동무 종들과 형제들도 자기처럼 죽임을 당하여 그 수가 차기까지 하라" 하시더라(계 6:11).

요한계시록 6장의 권면은 이야기 세계 속의 등장인물들인 순교자의 영혼들에게 주어진 것이다. 그 등장인물들은 고난을 무릅쓰고 하나님의 주 되심을 증언하는 성도들 자신을 대변하고 있으며, 그 시점은 종말 심판이 시작되기 직전이다. 그것은 독자들 자신의 시점이기도 하다. 따라서 다섯째 인의 시점과 삽입부의 시점은 거의 같다. 주제적으로 병행을 이루는 요한계시록 6:11과 14:13의 두 권면은 비슷한 시점, 곧 종말이 시작되기 직전에 있는 성도들에게 주어진 것이다. 이렇게 두 권면을 통해 삽입부의 시간과 중심 줄거리의 시간이 맞춰짐에 따라 두 이야기의 만남이 준비된다.

다. 하나님의 진노의 포도주

요한계시록에서 "진노"(ὀργή)와 "하나님의 분노"(θυμός)는 사탄의 세력을 향한 하나님의 심판을 가리키는 용어다.[11] 우선 "진노"는 어린양(6:16) 또는 하나님("당신의 진노", 11:18)을 수식어로 동반하고, 진노의 대상이 수식어가 되기도 하며("그들의 진노", 6:17), "하나님의 진노의 포도주"(16:19; 19:15) 또는 "하나님의 진노의 잔"(14:10)이라는 표현에 사용되기도 한다. 분노가 하나님의 분노를 나타낼 경우에는 독립적으로 사용되는 예도 있으나(15:1), 대개는 어딘가에 담긴 분노로 표현된다. 예를 들어 "하나님의 분노의 포도주"(14:10; 16:19, 19:15)나 "하나님의 분노의 포도주 틀"(14:19) 또는 일곱 천사의 금 대접에(15:7; 16:1) 하나님의 분노가 가득 담겼다는 식으로 묘사된다. 또한 하나님의 진노와 분노가 함께 사용되어 하나님의 맹렬한 진노를 표현하기도 한다(직역하면 "하나님의 진노의 분노의 포도주", 16:19; 19:15).

---

11 개역개정과 새번역 성경은 두 단어를 정확히 구별하여 옮기지 않았다. 아래 용례들은 그리스어 본문을 따른 것이다

진노(ὀργή)
어린양의 진노(6:16)
하나님의 진노(11:18)
그들의 진노(진노의 대상, 6:17)
하나님의 진노의 잔(14:10)
하나님의 진노의 분노의 포도주(16:19; 19:15)
하나님의 분노(θυμός)
하나님의 분노(15:1)
하나님의 분노의 포도주(14:10)
하나님의 분노의 포도주 틀(14:19)
하나님의 분노의 금 대접(15:7; 16:1)
하나님의 진노의 분노의 포도주(16:19; 19:15)

〈표 25〉 진노와 하나님의 분노 용례

라. 연결부(14:14-20)

삽입부의 끝에는 종말 심판을 추수에 빗대어 상징적으로 묘사하는 장면들이 나온다. 이 단락은 주로 성도들의 현재에 집중되어 있는 삽입부의 시점을 다가올 종말 심판과 연결하고 삽입부를 중심 줄거리와 이어주는 역할을 한다. 연결부는 두 장면으로 구성되는데, 첫 장면(14-16절)에는 인자와 같은 이가 등장하여 곡식을 거두어 들이며, 둘째 장면(17-20절)에서는 천사가 등장하여 포도송이를 거두어 포도주틀에 넣고 밟는다.

첫 장면에는 흰 구름 위에 앉은 인자와 같은 이가 등장한다. 이것은 1:7에서 예고한 예수 그리스도의 재림 장면과 비슷하다.

볼지어다! 그가 구름을 타고 오시리라(계 1:7).

그러나 대부분의 해석자들은 19:11에서 하늘이 열리고 백마를 타신 분이 내려오는 장면을 예수의 재림으로 이해한다. 이 차이를 어떻게 이해해야 할까? "재림"이라 할 때 우리는 대개 예수께서 이 땅에 강림 하시는 한 사건을 떠올린다. 그러나 요한계시록은 예수께서 오셔서 종 말 심판을 수행하시는 전 과정을 "오심"으로 이해하는 것으로 보인다. 그렇다면 14:14-20은 "예수 그리스도의 오심"의 전 과정을 비유적으 로 요약하여 보여주는 것이라 할 수 있다.

곡식을 거두는 첫 장면은 포도를 수확하는 둘째 장면으로 이어진 다. 둘째 장면에서 천사는 포도송이를 거두어 하나님의 진노의 포도주 틀에 던져서 밟는다(19-20절). 이와 비슷한 묘사가 예수 그리스도께 서 백마를 타고 강림하시는 장면(19:15)에도 나온다. 거기에서 예수는 "친히 하나님 곧 전능하신 이의 맹렬한 진노의 포도주 틀을 밟"을 것 이라고 소개된다. 요한계시록에서 이 두 구절에만 나오는 포도주틀 장 면은 예수께서 다시 오셔서 이루시는 종말 심판을 비유적으로 매우 강 렬하게 서술한다.

이 장면에는 직접적인 폭력의 묘사가 나오지 않지만, 하나님을 모 독하며 성도들에게 우상숭배를 강요하고 또 박해하는 사탄의 세력에 대한 하나님의 진노가 분명하게 그리고 섬뜩하게 표현되어 있다. 본문 은 포도주 틀에서 포도즙이 아니라 피가 나왔다고 말한다. 그 피는 말굴레까지 닿을 높이(약 2미터)와 1,600스타디온[12] 길이(약 300킬로미터)의 강이 되어 흐른다. 이 두 장면을 통해 독자들의 관심은 자연스레 종말 심판으로 옮겨지고, 그러는 가운데 삽입부의 지류는 중심 줄거리의 본류로 부드럽게 합류한다.

---

[12] 1스타디온은 약 190미터다.

제11장

일곱 대접(15-16장)

1. 두 이야기가 만나다(15:1-4)

"두 이야기가 만나다"는 이 책의 제목이다. 제목을 그렇게 정한 이유는 이 책과 다른 요한계시록 연구를 구별 짓는 가장 큰 특징이 요한계시록의 서사 구조 이해에 있으며, 그것을 한 마디로 요약하면 "두 이야기의 만남"이라고 표현할 수 있기 때문이다. 여기서 "두 이야기"란 요한계시록의 중심 줄거리와 삽입부를 가리킨다. 두 흐름은 요한계시록 14장과 15장이 만나는 지점에서 합류한다. 이 두물머리에서 요한계시록 저자의 문학적 탁월성이 두드러진다. 요한은 두 이야기의 만남이 갑작스럽지 않고 자연스럽게 이루어지도록 14장 끄트머리의 연결부(14-20절)에서부터 합류의 물꼬를 터놨고 15장 앞부분에서 그 연결

작업이 완성되어 두물머리를 이루게끔 구성하였다.

<그림 36> 두 이야기가 만나다(1): 중심 줄거리와 삽입부

　요한계시록의 두 이야기의 합류에는 흔히 "도브테일링"(dovetailing)
이라 부르는 연결 기법이 사용된다. 도브테일링이란 집을 짓거나 가구
를 만들 때 목재들을 연결하는 방법으로서 못이나 접착제를 사용하지
않고 재료 양쪽에 홈을 파서 서로 튼튼하게 맞물려 놓는 것이다. 이 방
법은 두 편의 글을 서로 연결할 때도 사용된다. 예를 들어 두 권의 책
을 연작으로 저술할 때 첫 번째 책의 끝부분에서 다음 책을 예고하고
두 번째 책의 앞부분에서 먼저 쓴 글을 회상하는 방식으로 두 책을 연
결할 수 있다. 신약성경의 누가복음과 사도행전이 좋은 사례다. 누가
복음 마지막 장에서 부활하신 예수와 제자들의 만남을 서술한 후 오순
절 성령 강림 사건을 예고(눅 24:49)하면서 마무리를 짓고, 사도행전은
1장에서 부활하신 예수와의 만남을 다른 방식으로 다시 서술함으로써
두 책의 이야기가 분리되지 않도록 견고하게 연결한다. 한 책 속에서
장과 장 또는 단락과 단락을 연결할 때도 이와 비슷한 방법을 사용할
수 있다.

이런 도브테일링이 요한계시록의 합류 지점에서도 발견된다. 요한은 삽입부를 마무리하는 14:14-20에서 종말 심판을 예고함으로써 성도의 현재에 집중된 독자들의 관심을 이미 종말의 때로 옮겨 놓았다. 그리고 15:1에서 마지막 일곱 재앙을 가진 일곱 천사의 모습을 묘사함으로써 중심 줄거리를 재개한다. 그러나 요한계시록은 중심 줄거리를 곧바로 이어가지 않고 이 지점에 셋째 막간극(15:2-4)을 배치하는데, 여기에는 삽입부의 중심 등장인물들(짐승 및 그의 우상과 그의 이름의 수를 이기고 벗어난 자들)이 나온다.

> 또 내가 보니 불이 섞인 유리 바다 같은 것이 있고 짐승과 그의 우상과 그의 이름의 수를 이기고 벗어난 자들이 유리 바닷가에 서서 하나님의 거문고를 가지고 하나님의 종 모세의 노래, 어린양의 노래를 불러 이르되 "주 하나님 곧 전능하신 이시여, 하시는 일이 크고 놀라우시도다. 만국의 왕이시여, 주의 길이 의롭고 참되시도다. 주여, 누가 주의 이름을 두려워하지 아니하며 영화롭게 하지 아니하오리이까? 오직 주만 거룩하시니이다. 주의 의로우신 일이 나타났으매 만국이 와서 주께 경배하리이다" 하더라 (계 15:2-4).

요한계시록의 세 번째이자 마지막 막간극에 해당하는 이 장면은 최종적으로 구원받은 성도들의 미래를 미리 보여줌으로써 희망과 격려를 전달하는 막간극 본연의 기능을 담당하며, 다른 한편으로는 중심 줄거리를 삽입부의 황제 숭배 장면과 연결하는 역할을 한다. 독자들은 교회를 상징하는 여자를 죽이기에 실패한 용이 성도들과 싸우려고 바닷가 모래 위에 서 있던 모습을 기억할 것이다(12:18). 그 싸움의 장은 황제 숭배였으며, 짐승은 성도들과 싸워 이길 권세를 받았다(13:7). 그러나 그것은 표면적인 승부에 불과했다. 왜냐하면 성도는 그 싸움에서 짐승에게 짐으로써 이겼기 때문이다. 위에 인용한 막간극 장면(15:2-4)은 짐승과 그의 우상과 그 이름의 수를 "이기고" 벗어난 자들의 모습을 보여준다. 이처럼 요한계시록은 중심 줄거리와 삽입부를 든든하게 서로 교차하여 엮는다. 나아가 삽입부의 등장인물들이 이야기 장면에 포함됨으로써 앞으로 전개되는 내용은 단지 재개된 중심 줄거리에 그치지 않고 두 이야기가 만나서 이루는 더 큰 이야기가 된다.

2. 처음 네 대접(15:1; 15:5-16:9)

가. 일곱 대접 준비(15:1, 5-8)

종말 환상 이야기의 중심 줄거리는 요한계시록 15:1에서 재개된다.

> 또 하늘에 크고 이상한 다른 이적을 보매 일곱 천사가 일곱 재앙을 가졌으니 곧 마지막 재앙이라. 하나님의 진노가 이것으로 마치리로다(계 15:1).

이전까지의 중심 줄거리에서 두 개의 화가 임했고 셋째 화를 시작하는 일곱째 나팔을 이미 분 것을 확인했다. 15:1은 이제 따라올 일곱 대접 재앙은 "마지막 재앙"이 될 것이고 세 개의 화로 구성된 하나님의 진노 곧 종말 심판이 그것으로 마무리될 것이라고 말한다. 그러나 이 말은 좀 이상하다. 일곱 대접을 다 쏟은 후에도 종말 심판 제2단계가 남아 있지 않은가? 그런데 어찌 "마지막" 재앙이라고 할 수 있는가? 그 비밀은 여섯째 대접에 있다. 뒤에서 이에 관해 다룰 때 자세히 살펴보기로 하자.

삽입부가 중심 줄거리에 합류한 후 첫 장면의 무대는 하늘이었다 (1절). 셋째 막간극(2-4절)에 이어지는 5-6절은 그 하늘이 바로 하늘 어전임을 확인해준다. 하늘 증거 장막의 성전이 열리며 일곱 재앙을 가진 일곱 천사가 제사장 복장을 하고 성전으로부터 나온다. 네 생물 중 하나가 그 일곱 천사에게 하나님의 진노를 가득 담은 일곱 개의 금 대접을 준다(7절). 그러자 하나님의 영광과 능력으로 인해 성전에 연기가 가득 차고, 일곱 대접 재앙이 끝날 때 까지는 아무도 성전에 들어갈 수 없게 된다(8절).

나. 처음 네 대접(16:1-9)

처음 네 대접 재앙은 처음 네 나팔처럼 땅, 바다, 강, 천체를 향한다. 첫째 천사가 대접을 땅에 쏟으니 짐승의 표를 받은 사람들, 곧 짐승과 그 우상에게 경배하는 자들에게 악하고 독한 종기가 생긴다(2절). 둘째 대접은 바다에 쏟아진다. 그러자 바다가 죽은 사람의 피같이 되어 모든 바다 생물들이 죽는다(3절). 셋째 대접은 강과 물 근원에 쏟아지고 역시 피가 된다(4-7절). 넷째 대접이 해에 쏟아지자 해가 권세를 받아 불로 사람들을 태운다(8-11절).

처음 네 나팔 재앙과 처음 네 대접 재앙이 함께 이루는 자연 재앙의 스토리라인에 관해서는 이 책의 제2장 5절에서 서사 구조의 개요를 다룰 때 함께 살펴보았다. 여기서 자연은 심판을 받는 대상이 아니라 하나님의 심판의 조력자로 등장한다. 하나님은 종말에 자연 세계를 파괴하시지 않는다. 하나님은 오히려 그의 창조세계를 회복하신다. 이에 대해서는 제3장 3절의 "종말과 창조세계"에 관한 논의를 함께 참조하라.

넷째 대접 재앙은 "사탄의 세력의 저항"이라는 다른 스토리라인의 구성요소가 되기도 한다. 여섯째 인 장면과 여섯째 나팔 재앙에서 이미 시작된 이 스토리라인을 넷째 대접 재앙이 이어받고, 같은 주제가 다섯째, 여섯째, 일곱째 대접으로 계속 이어진다.

넷째 천사가 그 대접을 해에 쏟으매 해가 권세를 받아 불로 사람들을 태우니 사람들이 크게 태움에 태워진지라. 이 재앙들을 행하는 권세를 가지신 하나님의 이름을 비방하며 또 회개하지 아니하고 주께 영광을 돌리지 아니하더라(계 16:8-9).

3. 다섯째 대접: 사탄의 저항(16:10-11)

다섯째, 여섯째, 일곱째 대접에서는 "사탄의 세력의 저항"이라는 모티프가 유독 강조된다. 다섯째 대접은 짐승의 왕좌에 쏟아지는데, 이를 바벨론의 중심부에 드디어 타격이 가해지는 것으로 볼 수 있겠다. 하지만 이 장면에서는 재앙의 양상보다 심판받는 사람들의 저항이 두드러진다.

> 또 다섯째 천사가 그 대접을 짐승의 왕좌에 쏟으니 그 나라가 곧 어두워지며 사람들이 아파서 자기 혀를 깨물고 아픈 것과 종기로 말미암아 하늘의 하나님을 비방하고 그들의 행위를 회개하지 아니하더라(계 16:10-11).

사탄의 저항은 여섯째 대접과 일곱째 대접 재앙 후에도 계속된다. 여섯째 대접이 쏟아지고 유프라테스강이 마르자 사탄의 세력은 이를 저항의 기회로 삼으려 한다. 일곱째 대접이 쏟아진 후 바벨론이 무너지고 심각한 우박 재앙이 내리는데도 사탄에 속한 자들은 여전히 고개를 쳐들고 하나님을 비방한다(16:21). 종말 심판의 제1단계가 끝났음에도 불구하고 사탄의 세력의 저항은 계속된다. 그들은 과연 어떻게 될까? 요한계시록은 하나님의 심판을 받고도 회개하지 않고 악행을 계속하는 사탄의 세력의 모습을 부각시킴으로써 독자들이 종말 환상 이야기의 제2단계를 기대하게 만든다.

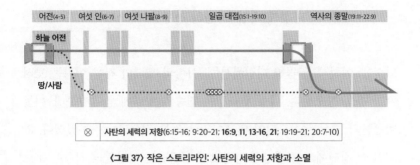

| 어전(4-5) | 여섯 인(6-7) | 여섯 나팔(8-9) | 일곱 대접(15:1-19:10) | 역사의 종말(19:11-22:9) |

| ⊗ | 사탄의 세력의 저항(6:15-16; 9:20-21; **16:9, 11, 13-16, 21**; 19:19-21; 20:7-10) |

〈그림 37〉 작은 스토리라인: 사탄의 세력의 저항과 소멸

4. 여섯째 대접: 재앙의 유보(16:12-16)

가. 여섯째 대접 재앙의 유보

특히 여섯째 대접은 사탄의 저항과 관련하여 매우 중요한 역할을 담당한다. 요한계시록은 여섯째 대접이 쏟아진 후 사탄의 세력에 내려져야 할 재앙을 유보함으로써 종말 환상 이야기 제2단계를 준비한다. 여섯째 천사가 큰 강 유프라테스에 대접을 쏟자 강물이 말라서 벌판이 된다. 그렇게 동방의 왕들이 건너올 수 있는 길이 마련된다. 그와 동시에 용과 짐승과 거짓 선지자에게서 나온 귀신의 영들은 천하의 왕들을 아마겟돈으로 소집하여 하나님께 대항하여 싸울 준비를 한다. 이처럼 사탄의 세력이 총집결하고 있지만, 이 장면에서는 아무런 재앙도 서술되지 않는다.

여기서 "짐승"이란 바다에서 올라온 짐승을 가리키고, "거짓 선지자"란 땅에서 올라온 짐승을 나타낸다. 땅에서 올라온 짐승은 사람들로 하여금 바다에서 올라온 짐승에게 경배하도록 강요하는 역할, 곧 황제 숭배를 제정하고 시행하는 종교적 역할을 했기 때문에 거짓 "선지자"라 부르는 것이다. 사탄의 유사 삼위일체를 이루는 이 셋은 요한계시록 12-13장에 함께 등장했던 자들로서, 예수의 재림 후 함께 처단될 것이다(19:19-20:3; 20:7-10).

유프라테스강이 마름으로 인해 동방에서 오는 왕들이 이동할 수 있는 길이 준비된 후 용과 짐승과 거짓 선지자는 서쪽에 있는 아마겟돈으로 동방의 왕들을 포함한 천하의 모든 왕들을 소집한다. 종합하면 여섯째 대접은 동과 서에 흩어져 있는 사탄의 모든 세력이 한 곳으로 집결할 수 있도록 길을 열어 심판 자리로 유인하는 역할을 하며, 이 같은 방식으로 종말 심판 이야기 제2단계에서 이루어질 최후의 심판을 준비한다. 최후의 심판은 바벨론의 배후에 숨어서 영적 음행을 강요하던 용과 짐승과 거짓 선지자 및 그들을 따르는 사탄의 세력을 향한 것이다. 예수께서는 재림하신 후 이들을 친히 다루실 것이다(19:19-21).

천년왕국 후에도 비슷한 일이 한 번 더 일어난다. 천년이 지나고 무저갱에서 풀려난 사탄은 득달같이 뛰어나가 땅의 사방 민족들을 규합하고 하나님께 대항한다. 어찌 보면 이것은 사탄에 대한 관리가 허술하여 그를 놓친 것처럼 보일 수도 있다. 그러나 이 모든 일은 사탄의 잔당들이 스스로 함께 모여 심판을 받으러 나오게 만드신 하나님의 계획에 따라 이루어지는 것이다(20:7-10). 하나님을 거역하고 대항하는 악한 시도를 허용하시는 것은 하나님께서 사탄을 심판하시는 한 방법이다.

이처럼 여섯째 대접 재앙은 종말 심판 제2단계를 위해 유보된다. 즉 종말 환상 이야기 제2단계 전체가 여섯째 대접 재앙을 완성하는 것이다. 그럼으로써 두 단계로 구성된 종말 환상 이야기의 중심 줄거리 전체가 하나의 큰 두루마리(5장)로 통합된다.

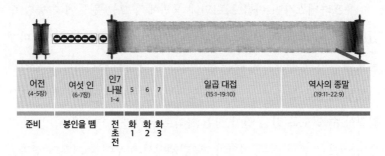

어전 (4-5장)	여섯 인 (6-7장)	인7 나팔 1-4	5	6	7	일곱 대접 (15:1-19:10)	역사의 종말 (19:11-22:9)
준비	봉인을 뗌	전 초 전	화 1	화 2	화 3		

〈그림 38〉 중심 줄거리와 큰 두루마리

나. 유프라테스와 아마겟돈

요한계시록 저술 당시 로마인들에게 "동방"이란 유프라테스강 동쪽을 의미했는데, 그들은 그곳을 파르티아인들이 사는 위험한 지역으로 인식하고 있었다. 여섯째 대접 장면은 로마인들이 파르티아에 대해 가지고 있는 이런 두려움을 활용하여 종말 심판의 공포를 서술한다. 유프라테스 너머의 동방의 왕들이 건너올 수 있도록 여섯째 대접이 길을 닦는 것으로 말이다(12절).

동방에서 오는 왕들의 길이 준비된 후에는 용과 짐승과 거짓 선지자의 입에서 나온 개구리 같은 세 더러운 귀신의 영들이 온 천하 왕들을 아마겟돈으로 소집한다. 그들은 그렇게 "하나님 곧 전능하신 이의 큰 날에" 전쟁을 벌일 준비를 한다(14절).

여기서 14절의 번역과 관련된 문제 한 가지를 논의하고 지나가자. 14절은 귀신의 영들이 천하 왕들을 소집한 목적을 언급하는데, 개역개정 성경은 이를 "하나님 곧 전능하신 이의 큰 날에 있을 전쟁을 위하여"라고 옮겼고 새번역은 "전능하신 하나님의 큰 날에 일어날 전쟁에 대비하여"라고 번역했다. 그렇게 읽을 경우 요한계시록의 이야기에서 마치 하나님의 군대와 사탄의 군대 사이에 소위 "아마겟돈 전쟁"이 일어나도록 예정되어 있는 것처럼 오해될 수 있다. 그러나 제3장 5절에서 확인한 것처럼 그런 전쟁은 일어나지 않는다. 사탄의 세력은 하나님께 대항하여 싸우려고 모이지만 싸움이 시작되기도 전에 처단된다. 이 어구는 "하나님 곧 전능하신 이의 큰 날에 전쟁을 벌이려고"로 옮기는 것이 더 적절하다.

아마겟돈의 그리스어 원문을 정확히 읽으면 "하르마겟돈"(Ἀρμαγεδών)이다. 많은 해석자는 이것을 "하르"와 "마겟돈"의 합성어로 이해하는데, "하르"는 히브리어로 "산"이라는 뜻이고 "마겟돈"은 므깃도를 가리킨다. 그러므로 아마겟돈은 "므깃도의 산"이라는 뜻이다. 어떤 사람은 "성"을 가리키는 히브리어 "이르"와의 합성어로 보고 이를 "므깃도의 성읍"이라고 해석하기도 한다.

두 경우 모두 므깃도라는 지명과 연결되는데, 아마도 므깃도가 전략상 요충지로서 이스라엘 역사상 중요한 전투들이 벌어진 곳이며(삿 5:19; 왕하 23:29-30; 대하 35:20-25) 솔로몬(왕상 9:15)과 아합이 요새를 세운 곳이라는 상징성을 갖고 있기 때문에 그 이름이 사용되었을 것이다. 그러나 요한계시록에 등장하는 지명을 문자적으로 이해하기보다는 그것이 갖는 상징성을 잘 읽어내야 한다.

5. 일곱째 대접(16:17-21)

이제 드디어 세 개의 7중주 가운데 마지막으로 일곱째 대접이 쏟아진다. 일곱째 천사가 대접을 공중에 쏟자 성전에 있는 하나님의 보좌로부터 "되었다!"라는 음성이 들린다. 이 종료 선언에는 그리스어 동사 "기노마이"(γίνομαι)의 3인칭 단수 완료형(γέγονεν)이 사용되었다. 요한계시록 21:6에 나오는 둘째 종료 선언은 같은 동사의 3인칭 복수 완료형(γέγοναν)이다. 이 두 종료 선언은 두 개의 열린 하늘 장면과 함께 요한계시록의 종말 환상 이야기를 두 단계로 구성한다.

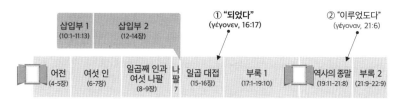

〈그림 39〉 첫 종료 선언

종료 선언 후에는 하나님의 테마곡이 들려온다. 번개와 음성과 우렛소리가 들리면서 사람이 땅 위에 살아온 이래 아무도 겪어보지 못했던 큰 지진이 일어난다. 설상가상으로 한 달란트(약 60킬로그램)나 되는 우박이 하늘에서 떨어진다. 이 부분은 요한계시록에서 하나님의 테마곡이 들려오는 마지막 장면이다.

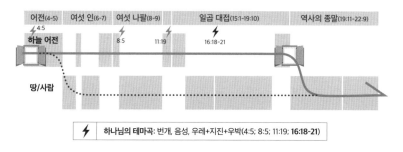

〈그림 40〉 하나님의 테마곡

이런 소리와 함께 그 큰 성 바벨론이 세 갈래로 갈라지고 바벨론의 지배를 뒷받침해온 만국의 성들도 함께 무너진다. 그 큰 바벨론은 하나님의 "진노의 분노의 포도주잔"을 받아 모든 섬이 소멸되고 산도 발견할 수 없게 된다(19-20절). 이에 더해 무게가 한 달란트(약 60킬로그램)에 육박하는 우박이 하늘에서 떨어진다(21절).

바벨론의 멸망(17:1-19:10)

1. 두 부록(17:1-19:10; 21:9-22:9)의 개요

일곱째 대접 재앙에 관한 서술은 의외로 간단하게 끝났다. 종말 환상의 전체가 바벨론의 멸망을 향해 달려가고 있는 상황에서 일곱째 대접이 이야기의 절정이 될 것을 기대하는 독자의 입장에서는 이렇게 이야기가 짧게 끝나는 것이 의외라고 생각될 수도 있다. 하지만 여기에는 두 가지 이유가 있다. 첫째로는 앞서 본 것처럼 아직 유보된 여섯째 대접 재앙이 남아 있기 때문이며, 둘째로는 바로 뒤에 부가적 서술이 따르기 때문이다.

가. 앞 장면의 부가적 서술

요한계시록 17:1-19:10은 일곱째 대접 재앙에 해당하는 바벨론의 멸망을 부가적으로 서술하는 긴 부록이다. 요한은 일곱 대접을 가진 일곱 천사 중 하나가 이 환상을 보여주었다고 말함으로써 부록을 마지막 대접 재앙과 연결한다.

이 부록은 뒤에 나오는 또 다른 부록과 병행을 이루고 있다. 첫째 부록(17:1-19:10)은 일곱째 대접 재앙을 서술한 후 그 재앙의 내용인 바벨론의 멸망을 상세히 이야기하며, 둘째 부록(21:9-22:9)은 예수의 재림 후 일어날 일들을 새 예루살렘의 강림까지 서술한 후 그 새 예루살렘의 모습을 상세히 묘사한다. 정리하면 바벨론 부록이 제1단계 이야기(바벨론의 멸망)를, 새 예루살렘 부록이 제2단계 이야기(역사의 종말)를 마무리한다.

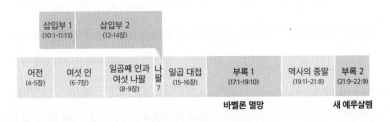

〈그림 41〉 두 개의 부록

나. 두 부록의 병행 구조

두 부록은 여러 가지 점에서 짝을 이룬다. 먼저 두 부록은 바벨론과 새 예루살렘이라는 두 도시를 보여주면서 각 도시를 큰 음녀와 그리스도의 신부라는 두 여성에 비유한다. 여기서 바벨론과 새 예루살렘은 각각 심판받을 사람들과 구원받을 사람들을 가리킨다.

두 부록은 동일한 형식의 도입부와 귀결부를 가지고 있다. 두 부록 모두 일곱 대접을 가진 일곱 천사 중 하나가 보여준 환상의 이야기를 다루며, 천사는 "오라, 네게 ~을 보이리라"는 말로 요한을 초대한 후 성령으로 그를 데리고 장소를 이동한다. 이어서 요한이 환상을 보았다는 도입 문장과 함께 각각의 환상을 소개한다. 두 부록의 마무리 방식도 서로 동일하다. 천사는 환상을 보여준 후 그것이 하나님의 참된 말씀임을 확인한다. 천사는 자신의 발 앞에 엎드려 경배하려 하는 요한을 만류하며 자신도 하나님의 종으로서 요한과 성도들의 동료임을 강조하고 그분께 경배하라고 말한다.

바벨론의 멸망(17:1-19:10)	새 예루살렘(21:9-22:9)
17:1 일곱 대접을 가진 일곱 천사 중 하나가 와서 내게 말했다. "오라, 네게 ~을 보이리라."	21:9 일곱 대접을 가진 일곱 천사 중 하나가 와서 내게 말했다. "오라, 네게 ~을 보이리라."
17:3 성령으로 나를 데리고 광야로 갔다. 그리고 내가 보았다.	21:10 성령으로 나를 데리고 크고 높은 산으로 갔다. 그리고 내게 보여주었다.
환상: 바벨론(큰 음녀)	환상: 새 예루살렘(그리스도의 신부)
19:9b 그리고 그가 내게 말했다. "이것은 하나님의 참된 말씀이라."	22:6 그리고 그가 내게 말했다. "이 말씀은 신실하고 참되다."

제12장 바벨론의 멸망(17:1-19:10)

19:10 그 발 앞에 엎드려 경배하려 하자 그가 말했다. "그러지 말라. 나는 너와 예수의 증언을 간직한 너의 형제들의 동료 종이라. 하나님께 경배하라"	22:8b-9 그 천사의 발 앞에 엎드려 경배하려 하자 그가 말했다. "그러지 말라. 나는 너와 네 형제 예언자들과 이 책의 말씀들을 지키는 자들의 동료 종이라. 하나님께 경배하라."

〈표 26〉 두 부록의 병행 구조: 두 도시, 두 여성, 심판과 구원

다. 장면 묘사

두 삽입부를 특징짓는 문학적 요소 중 하나는 "묘사"다. 서사에서 묘사가 이루어지는 동안 담론 시간은 계속되지만 이야기 시간은 정지한다. 담론이란 화자가 이야기를 전달하는 행위를 가리키는데, 그것은 독자가 책을 읽는 행위와 같다. 책을 읽는 동안 담론이 진행되는 것이다. 그리고 독자가 책을 읽는 담론 행위를 통해 책 속에 있는 이야기가 살아난다. 독자가 요한계시록 17:3b-6a을 읽고 있다고 가정해보자. 책을 읽고 있으므로 담론 시간은 진행되고 있다. 그러나 본문의 이야기 세계 속에서는 시간이 멈추어 있다. 아무 사건도 일어나지 않은 채 오직 짐승을 탄 음녀의 모습이 설명되고 있기 때문이다. 그것을 가리켜 "묘사"라 한다.[1]

요한계시록 17장에서는 짧은 묘사가 나온 후 천사의 긴 해설이

---

[1] 담론 시간과 이야기 시간의 구분 및 묘사에 관한 상세한 설명은 다음 책을 참조하라. Seymour B. Chatman, 한용환 역, 『이야기와 담론: 영화와 소설의 서사 구조』(서울: 푸른사상사, 2003), 76-99, 246-51.

따라온다. 그러나 부록 2에서는 훨씬 더 긴 묘사가 나온다. 즉 도입부 (21:9-10)와 귀결부(22:6-9)를 제외하고 환상부의 대부분이 묘사로 이루어져 있다. 서사에서 묘사가 이루어지는 동안 이야기 시간은 멈춘다. 이야기의 흐름을 잠시 멈추고 앞 장면을 길게 부가적으로 서술하는 두 부록에 묘사라는 문학 기법을 사용하여 이야기 시간을 정지시키는 것은 요한계시록 저자의 문학적 탁월성을 보여주는 또 다른 일면이다.

2. 부록 1의 도입부(17:1-3a)

일곱 대접을 가진 일곱 천사 중 하나가 요한에게 와서 다음과 같이 말한다.

> 오라, 많은 물 위에 앉은 큰 음녀가 받을 심판을 네게 보이리라(계17:1).

이 말에는 부록 1 전체의 주제가 담겨 있다. 그것은 바로 "큰 음녀가 받을 심판"이다.

이 주제는 다시 두 개의 환상으로 나뉘어 전개된다. 첫째 환상에서는 바벨론과 짐승의 정체가 밝혀지고(17:3b-18), 둘째 환상에서는 큰 음녀인 바벨론이 심판을 받는 장면을 상세히 서술된다(18장). 이어서 구원하시고 심판하시는 하나님의 주 되심을 찬양하는 하늘 어전

의 합창이 나온다(19:1-8). 이를 종합하면 도입부(17:1-3a)와 귀결부
(19:9-10)를 제외한 부록 1의 환상부는 다음과 같이 크게 셋으로 나뉠
수 있다.

> **부록 1(바벨론의 멸망)에 담긴 세 가지 환상**
> (1) 바벨론과 짐승의 정체(17:3b-18)
> (2) 바벨론의 멸망을 상세히 서술(18장)
> (3) 하늘 어전의 합창(19:1-8)

〈표 27〉 부록 1 환상부(17:3b-19:8)의 구조

부록 1은 거의 모든 내용이 등장인물의 대사로 이루어진다. 17장
은 짐승을 탄 음녀에 대한 묘사가 담긴 3-6절을 제외한 거의 모든 내
용이 천사의 대사이며, 18장 역시 거의 모든 내용이 세 등장인물의 대
사로 구성되어 있다. 19:1-10도 대부분 하늘 어전에서 부르는 찬양
이다. 이와 같은 구성은 바벨론의 멸망을 부연하여 해설하는 이 단락
의 성격에 잘 어울린다.

3. 바벨론과 짐승의 정체(17:3b-18)

가. 짐승 위에 앉아 있는 여자(17:3b-6)

천사가 요한을 광야로 이끌고 가서 처음 보여준 장면은 이렇다. 한 여

자가 일곱 머리와 열 뿔이 있는 붉은빛 짐승을 타고 앉아 있는데 그 짐 승의 몸에는 하나님을 모독하는 이름들이 가득하다(3절). 그런데 이것 을 13:1과 비교해보면 차이가 있다. 13장에서는 짐승의 머리에 이름 들이 있는 반면 17장에서는 몸에 있다고 말한다. 그 이유를 이렇게 설 명해볼 수 있다. 17장에서는 여자가 짐승의 머리 위에 앉아 있기 때문 에 머리에 기록된 이름들이 잘 보이지 않았을 것이다. 반면에 13장에 서는 짐승이 바다에서 올라왔기 때문에 요한의 눈에 머리가 유독 두드 러져 보였을 수 있다.

그 여자는 자줏빛과 붉은빛 옷을 입고 있다(4절). 당시 자줏빛 (πορφυροῦς) 옷이 왕의 신분을 나타내는 수단이라는 점과 이 여자가 로마 제국을 상징하고 있다는 점을 생각하면 잘 어울리는 복장이다. 이 여자는 제국의 권력을 휘둘러 성도들과 예수의 증인들이 피를 흘리 게 만들었고, 여기서도 그 피에 취해 있는 것으로 묘사된다(6절).

또한 여자의 복장은 그녀의 음란함을 드러낸다. 당시 인기 있는 창녀들은 화려하고 눈에 띄는 옷을 입고 다녔고 음행을 통해 큰 부자 가 될 수 있었다.[2] 환상의 도입부에서 이미 이 여자는 음녀로 소개되었 다(1절). 땅의 임금들이 그와 더불어 음행하였고 "땅에 거하는 자들" 은 그 음행의 포도주에 취했다(2절). 음행과 관련된 묘사는 계속 이어

---

[2]   Aune, 『요한계시록(하)』, 115-116; Beale, 『요한계시록(하)』, 1428-29; Koester, 『요한 계시록 II』, 1256.

진다. 그녀의 손에 들려 있는 금잔에는 가증한 물건과 음행의 더러운 것이 가득하고(4절) 그녀의 이마에 이름이 기록되어 있는데 그 이름은 큰 바벨론이며 "땅의 음녀들과 가증한 것들의 어미"다(5절).

나. 여자와 짐승의 비밀(17:7-18)

요한계시록 17장의 환상에는 요한계시록 전체에서 유일하게 해설이 함께 따라 나온다. 요한계시록에는 천사가 보여주는 많은 환상이 등장하지만 환상을 보여주면서 해설까지 해주는 장면은 17장이 유일하다. 이를 보면 요한계시록이 이 장면을 특별히 중요하게 다루고 있음을 알 수 있다. 따라서 독자는 이 장면에 더욱 주의를 기울여야 한다.

우리는 이미 이 책의 제1장 2절에서 요한계시록 17장을 자세히 살펴보면서, 여기에 비유적으로 서술된 음녀 바벨론이 곧 로마 제국임을 확인한 바 있다. 그러나 바벨론이 로마임을 드러내는 것이 17장의 주목적은 아니다. 이 장의 세밀한 의도는 천사가 이 장면을 해설해주는 말 속에 담겨 있다.

천사가 이르되 "왜 놀랍게 여기느냐? 내가 여자와 그가 탄 일곱 머리와 열 뿔 가진 짐승의 비밀을 네게 이르리라"(계 17:7).

이 환상을 보여주는 목적은 "여자와 그가 탄…짐승의 비밀"을 알려주기 위함이다. 여기에 짐승을 수식하는 "일곱 머리"와 "열 뿔"이 부가된다. 따라서 요한계시록 17장을 이해하는 관건은 여자와 짐승과 일곱 머리와 열 뿔이 각각 무엇인지 알고 그들의 관계를 파악하는 데 있다.

1) 음녀와 짐승

무엇보다 음녀와 짐승을 구별하는 것이 중요하다. 요한계시록 13장에서 짐승은 황제 숭배의 대상이었다. 그 장면에서는 짐승이 곧 로마 황제인 것처럼 보였다. 그러나 17장으로 오면 이야기가 달라진다. 음녀 바벨론인 로마 제국과 짐승이 별개의 존재로 등장하기 때문이다. 이는 음녀가 짐승을 타고 앉은 채로 나타나는 장면에서 드러나기 시작하며 (17:3), 짐승이 음녀를 죽이는 장면에서 분명히 확인된다.

> 네가 본 바 이 열 뿔과 짐승은 음녀를 미워하여 망하게 하고 벌거벗게 하고 그의 살을 먹고 불로 아주 사르리라(계 17:16).

바벨론이 멸망한 후에도 짐승은 살아 있다. 그 짐승은 예수께서 재림하신 후에도 용과 거짓 선지자와 함께 땅의 임금들을 동원하여 대항하려 하다가 최후를 맞이한다(19:19-21).

요한계시록 13장의 짐승은 눈에 보이는 어떤 현실적 존재인 것 같았다. 그러나 짐승은 그보다 더 영적인 존재다. 짐승에 대한 다음 해설을 보라.

네가 본 짐승은 전에 있었다가 지금은 없으나 장차 무저갱으로부터 올라
와 멸망으로 들어갈 자니 땅에 사는 자들로서 창세 이후로 그 이름이 생
명책에 기록되지 못한 자들이 이전에 있었다가 지금은 없으나 장차 나올
짐승을 보고 놀랍게 여기리라(계 17:8).

짐승은 장차 무저갱으로부터 올라올 것이다(참조. 11:7). 이 무저갱이
악한 영들의 영역이라는 점을 생각하면 그가 사람과 다른 영적 존재임
을 알 수 있다.

　요한계시록에 등장하는 짐승은 악한 영인 사탄과 인간 제국 바벨
론 사이를 매개하는 존재로서 영적이며 현실적인 양면성을 갖고 있다.
황제 숭배를 서술하는 13장에서 짐승은 붉은 용(사탄)과 구별된 별개
의 존재로서 로마 황제들 중 한 사람인 것처럼 보였다. 그러나 무저갱
에 관련된 언급(11:7; 17:8)에 의하면 짐승은 사탄과 같은 영적 존재다.
요한계시록은 이로써 사탄과 인간의 양면성을 가진 어떤 존재, 어쩌면
완전한 인간이자 완전한 하나님이신 예수 그리스도를 어설프게 모방
한 존재를 그려내려고 한 것이 아닐까?

2) 일곱 머리

17장에서 환상을 해설해주는 천사는 음녀와 짐승 외에도 일곱 머리와
열 뿔에 관한 비밀을 보여주고자 한다. 일곱 머리는 짐승의 지체로 비
유되었음에도 불구하고 음녀와의 일체성을 더 강하게 나타낸다. 먼저

일곱 머리는 여자가 앉은 일곱 산이다(9절). 이는 일곱 머리가 음녀 곧 로마 제국과 밀접하게 연결됨을 보여준다. 로마는 일곱 언덕 위에 세워진 나라다. 제1장에서 살펴본 베스파시아누스의 동전은 그것을 여신 로마가 일곱 산 위에 앉아있는 모습으로 묘사한다.

또한 일곱 머리는 일곱 왕이기도 하다(10절). 천사의 해설에 따르면 그 일곱 왕 가운데 다섯은 이미 죽었고 하나는 지금 있으며 다른 하나는 아직 오지 않았는데 그는 와서 반드시 잠깐 머물러야 한다.

> [그 일곱 머리는] 또 일곱 왕이라. 다섯은 망하였고 하나는 있고 다른 하나는 아직 이르지 아니하였으나 이르면 반드시 잠시 동안 머무르리라(계 17:10).

여기서 일곱 왕이 순서대로 일어난다는 서술로 미뤄 짐작건대 그들은 모두 한 나라의 왕들일 것이다. 같은 구절에서 일곱 머리가 로마의 일곱 산을 상징하므로, 일곱 왕은 로마의 황제들을 가리킨다고 보는 것이 적절하다. 많은 해석자들은 이 언급이 요한계시록 저술 당시의 황제가 누구인지를 알려주는 열쇠가 될 것이라고 기대해왔다. 하지만 그 일곱을 식별하려는 다양한 시도들 중 어떤 것도 충분한 설득력을 갖지 못했다.[3]

---

3   학자들의 자세한 추론에 대해서는 다음 글을 참조하라. Beale, 『요한계시록(하)』, 1457-

비록 그들의 정체를 정확히 밝혀내지 못해도, 일곱 왕이 로마의 황제들을 가리킨다는 사실을 확인하는 것만으로도 요한계시록의 나머지 이야기들을 읽어 나가기에 충분하다. 그리고 일곱 왕과 짐승의 관계를 설명하는 11절에 그보다 더 큰 비밀이 감춰져 있다.

> 전에 있었다가 지금 없어진 짐승은 여덟째 왕이니 일곱 중에 속한 자라. 그가 멸망으로 들어가리라(계 17:11).

이 해설에서 천사는 짐승을 두 왕과 동일시한다. 짐승은 일곱 왕 중 하나이자 여덟째 왕이다. 왕들은 보통 죽음과 함께 통치를 끝내기 때문에 죽은 왕이 다시 그 나라의 왕이 될 수 없다. 그러나 짐승은 일곱 왕 중에 한 사람을 움직여 왕 노릇 하다가 그가 죽은 후에 다시 다른 왕으로 둔갑하여 나타날 수 있다. 이처럼 일곱 왕과 로마 제국은 짐승이 사람들을 계속 지배하기 위해 갈아입고 나타나는 옷 중 하나에 불과하다.

3) 열 뿔

요한계시록 17장의 비밀에는 "열 뿔"에 관한 것도 포함된다. 열 뿔과 짐승에 관한 다음 서술을 보라.

---

82. Aune, 『요한계시록(하)』, 132-37; Koester, 『요한계시록 I』, 124-27.

네가 보던 열 뿔은 열 왕이니 아직 나라를 얻지 못하였으나 다만 짐승과 더불어 임금처럼 한동안 권세를 받으리라. 그들이 한 뜻을 가지고 자기의 능력과 권세를 짐승에게 주더라(계 17:12-13).

열 뿔이 한뜻으로 자기의 능력과 권세를 짐승에게 준다는 서술은 열 뿔과 짐승이 별개의 존재임을 보여준다. 열 뿔은 열 명의 왕인데, 일곱 왕과 달리 동시에 함께 나타나 활동한다. 이를 통해 열 뿔은 같은 시대에 서로 다른 나라를 다스리는 왕들임을 알 수 있다. 그 왕들은 누구일까?

열 뿔이 누구인지 알기 위해서는 먼저 요한계시록에 자주 등장하는 "땅의 왕들"(οἱ βασιλεῖς τῆς γῆς)이 누구인지 살펴볼 필요가 있다. 해설 천사는 음녀가 "땅의 왕들을 다스리는 큰 성"이라고 설명한다 (17:18). 즉 땅의 왕들이란 바벨론의 지배를 받는 속국의 왕들이다. 또 땅의 왕들은 바벨론과 더불어 음행한 자들이다(17:2;[4] 18:3). 이는 그 왕들이 제국의 상에서 떨어지는 부스러기를 얻어먹으며 로마에 부역한 자들임을 보여준다. 땅의 왕들은 바벨론이 불타는 모습을 보면서 가슴을 치며 애통한다(18:9). 그리고 바벨론이 멸망한 후에는 짐승을 따라 예수 그리스도의 군대에 대항하다가 최후를 맞이한다(19:19-21).

---

4 개역개정 성경에 나오는 "땅의 왕들"(17:18; 18:3, 9; 21:24)과 "땅의 임금들"(1:5; 6:15; 17:2; 19:19)은 같은 그리스어 단어를 다르게 번역한 것이다.

그럼 열 뿔은 누구이며 "땅의 왕들"과는 어떤 관계인가? 해설하는 천사가 요한에게 17장의 환상을 보여주던 시점에서, 땅의 왕들은 이미 바벨론의 지배를 받고 있었지만 열 뿔은 아직 나라를 얻지 못했다(17:12). 짐승의 열 뿔로 비유되는 열 왕은 나중에 짐승과 더불어 한동안 권세를 받고 한뜻으로 자기의 능력과 권세를 짐승에게 줄 자들로서 철저히 짐승에 속한 존재다(17:12-13). 이들은 어린양과 성도들에 맞설 사탄의 세력이다(17:14). 그렇지만 바벨론의 편은 아니다. 왜냐하면 열 뿔이 바벨론을 미워하여 짐승의 지휘를 따라 바벨론을 멸망시킬 것이기 때문이다(17:16).

그러나 요한계시록에서 "땅의 왕들"은 사탄을 추종하는 모든 왕을 포괄할 때 사용되기도 하므로, 열 뿔과 땅의 왕들을 분명히 구별하기는 어렵다. 요한계시록 19:19은 용과 짐승과 거짓 선지자의 지휘를 따라 총집결하여 예수 그리스도께 대항하는 사탄의 추종자들을 "땅의 왕들과 그들의 군대들"로 통일하여 부르는데, 여기에는 아마겟돈으로 소집된 "동방의 왕들"(16:12), "온 천하 왕들"(16:14) 외에도 여기 언급되지 않은 "열 뿔"도 포함되는 것으로 읽힌다. 즉 요한계시록이 로마 제국 외에 사탄의 세력에 포함된 다른 나라와 왕들을 그 성격에 따라 정확히 구별하여 언급하는 것으로 보이지는 않는다.

이처럼 요한계시록에 나오는 열 뿔의 정체를 완벽하게 규명하기는 어렵지만 어느 정도 희미한 그림을 그려볼 수 있다. 우리가 요한계시록에 주어진 정보를 통해 알 수 있는 것은 열 뿔이 짐승의 사주를 받는 사탄의 세력의 일원으로서 음녀 바벨론 곧 로마 제국과는 구별되는 다른 나라의 왕들이며 로마 제국의 멸망에 이바지하는 존재라는 것이다. 아마도 열 뿔은 짐승의 다른 추종자들과 함께 예수 그리스도께 대항하다가 최후를 맞이하게 될 것이다. 짐승과 열 뿔과 바벨론의 관계에 관한 서술은 사탄의 세력이 자중지란으로 멸망한다는 요한계시록의 주제를 한층 심화시킨다.

4. 현실 제국 바벨론의 멸망(18장)

18장에는 제1삽입부(17:1-19:10)의 주제인 "많은 물 위에 앉은 음녀가 받을 심판"이 구체적으로 서술된다. 17장이 상징적이고 비유적인 언어를 사용하여 바벨론 배후의 영적 존재인 짐승과 바벨론 간의 관계를 세밀하게 보여주었다면, 18장은 비교적 사실적인 언어를 동원하여 멸망하는 현실 제국 바벨론과 그에 반응하는 사람들의 모습을 실감 나게 그려낸다.

가. 요한계시록 18장 개요

18장은 세 등장인물의 대사로 주로 이루어져 있다. 첫 단락에서는 한 천사가 힘찬 음성으로 바벨론의 멸망을 알린다(1-3절). 이어서 하늘에서 들려온 다른 큰 음성이 둘째 단락을 구성하는데, 이 음성은 먼저 독자들에게 바벨론에서 나오라고 촉구한 후(4-8절) 바벨론의 멸망을 슬퍼하는 세 그룹에 속한 사람들의 탄식을 들려준다. 그들은 땅의 왕들(9-10절)과 땅의 상인들(11-17a절)과 뱃사람들과 선객들이다(17b-20절). 셋째 단락에서는 힘센 천사가 큰 맷돌을 들어 바다에 던지는 상징적인 행동을 하면서 바벨론의 멸망을 선언한다. 이를 요약하면 다음과 같다.

요한계시록 18장의 구조: 세 등장인물의 대사

(1) 하늘에서 내려온 천사의 선언: "무너졌도다, 바벨론!"(1-3)
(2) 하늘에서 들려온 다른 음성(4-20)
  (i) 권면: "그 도시에서 나오라!"(4-8)
  (ii) 땅의 왕들의 탄식(9-10)
  (iii) 땅의 상인들의 탄식(11-17a)
  (iv) 뱃사람과 선객들의 탄식(17b-20)
(3) 힘센 천사의 상징 행위와 선언(21-24)

〈표 28〉 요한계시록 18장의 구조

앞서 확인한 바와 같이 요한계시록에서 종말 사건의 서술은 주로 환상 보도를 통해 진행되었고, 그 사건들에 대한 해설은 주로 하늘 합창 장면에서 이루어졌다. 그리고 권면은 일곱 메시지와 삽입부(예언의 책)에 집중되었다. 그러나 요한계시록 18장에는 이 모든 것이 함께 나온다.

나. 바벨론이 멸망한 이유: 음행과 사치, 성도의 박해

첫째 단락과 셋째 단락은 바벨론이 멸망한 이유를 보여준다. 그들은 음행과 사치를 일삼고(3, 22-23절) 성도들을 박해했기 때문에 망했다(24절). 여기서 음행과 사치와 박해는 하나로 연결되어 있다. 3절에서는 그들의 음행과 사치가 다음과 같이 서술된다.

> 그 음행의 진노의 포도주로 말미암아 만국이 무너졌으며 또 땅의 왕들이 그와 더불어 음행하였으며 땅의 상인들도 그 사치의 세력으로 치부하였도다 하더라(계 18:3).

여기서 땅의 왕들은 음행한 자들로 묘사되고 땅의 상인들은 사치와 치부한 자들로 표현되지만, 두 그룹의 역할이 분리된 것은 아니다. 9절은 땅의 왕들이 바벨론과 함께 "음행하고 사치"했다고 말한다. 음행이란 우상숭배이며 요한계시록에서는 그것이 황제 숭배로 나타나는데, 우리는 이미 13장에서 땅에서 올라온 짐승이 경제 활동을 제재함으로써 황제 숭배를 강요하는 것을 살펴보았다. 이처럼 우상숭배와 경제 활동은 밀접하게 관련되어 있다. 성도들이 황제 숭배를 거부한 대가로 경제 활동의 제재를 받았다면, 그 대척점에 있는 땅의 왕들은 사치하고 치부하기 위해 바벨론의 우상숭배를 지원했을 것이다.

땅의 왕들은 바벨론이 불타는 연기를 보며 다음과 같이 탄식한다.

화 있도다! 화 있도다! 큰 성, 견고한 성 바벨론이여 한 시간에 네 심판이
이르렀다(계 18:10).

땅의 왕들에게 바벨론은 "큰 성"이자 "견고한 성"으로서 거대한 권력
의 집합체다. 땅의 왕들은 그것을 등에 업고 호가호위해 오던 사람들
이다. 그러나 영원할 것 같던 그 강성한 권력도 하루아침에 일장춘몽
으로 사라져버리고 말 것이다.

그들의 사치의 목록은 바벨론의 멸망을 슬퍼하는 둘째 그룹인
"땅의 상인들"의 탄식을 통해 나열된다. 제국에서는 활발한 경제적 교
역이 이루어지고, 제국은 지배하는 백성들로부터 엄청난 액수의 세금
을 거둬들인다. 그렇게 거둔 돈으로 피지배국의 상품을 사들인다. 물
론 제국 밖의 나라들과도 활발한 무역 활동을 하며, 그 일에 관여하는
상인들은 큰돈을 벌게 된다. "땅의 상인"들은 그 무역을 통해 치부한
사람들이다. 하지만 이제 바벨론이 무너지면 그들은 더 이상 돈을 벌
수 없게 된다.

12-13절에는 이들이 거래하던 상품 목록이 나열된다.

그 상품은 금과 은과 보석과 진주와 세마포와 자주 옷감과 비단과 붉은
옷감이요, 각종 향목과 각종 상아 그릇이요, 값진 나무와 구리와 철과 대
리석으로 만든 각종 그릇이요, 계피와 향료와 향과 향유와 유향과 포도주
와 감람유와 고운 밀가루와 밀이요, 소와 양과 말과 수레와 종들과 사람

의 영혼들이라(계 18:12-13).

사치품을 거래하는 데 여념이 없던 바벨론은 이로 인해 하나님의 심판을 받았다. 여기서 한 가지 질문이 생길 수 있다. 사치가 나쁘다 치더라도 그로 인해 종말 심판을 받는다는 것은 심하지 않은가? 우리는 상품 목록 끝부분에서 이에 대한 답을 찾을 수 있다. "종들과 사람의 영혼들"로 번역된 그리스어를 직역하면 "사람들의 몸들과 영혼들"(σωμάτα καὶ ψυχαὶ ἀνθρώπων)이다. 바벨론의 사치는 무고한 사람들의 몸과 영혼을 희생시킨 대가로 이루어지고 있었다. 탐욕에 지배당하는 사람들은 다른 사람들의 목숨을 희생시키면서까지 부와 사치를 이루고자 한다. 그 탐욕으로 인해 바벨론이 멸망했으며 동일한 탐욕을 이용한 짐승의 지배는 오늘날에도 계속된다.

다. 선장과 선객들과 선원들

바벨론의 멸망을 슬퍼하고 탄식하는 셋째 그룹은 선장과 선원 및 선객들이다. 이들은 해상 무역에 종사하는 사람들로 보인다. 그렇다면 그냥 상인들이라고 해도 될 것 같은데, 왜 독립시켜 셋째 그룹으로 분류한 것일까? 대부분의 주석서가 이를 설명하지 않고 지나가기 때문에 이 책에서라도 짤막하게나마 언급하는 것이 좋을 듯하다.

로마 제국의 전성기에는 활발한 무역이 이루어졌다. 제정 이전의 공화정 시기에도 아라비아의 향신료, 동아프리카의 상아, 인도의 후

추, 중국의 비단 등이 수입되었으나 소량에 그쳤다. 그러나 스페인에서부터 시리아에 이르기까지 제국 전체가 경제적으로 통일되고 정복 과정에서 얻은 부의 증대로 구매력이 급증하면서, 무역량이 전과 비교할 수 없이 늘어나기 시작했다. 로마는 제국 내외의 교역에 방해가 되는 물리적, 제도적 요소들을 제거함으로써 무역을 활성화하고 그를 통해 막대한 관세 수입을 올렸다.[5]

로마는 제국 내 국가들 외에 인도와 중국과 같이 먼 거리에 있는 국가들과도 무역 활동을 펼쳤다. 이 과정에서 비단길을 포함한 육로와 해로를 함께 사용했는데, 해로를 통해 선박을 이용할 경우에는 파르티아와 같은 적대국을 통과하는 위험을 피할 수 있었고 수송 비용도 훨씬 저렴한 이점이 있었다.[6] 어떤 자료에 의하면 해상 수송 비용이 육상 수송의 1/60에 불과했다고 한다.[7] 고대부터 르네상스 시대에 이르기까지 난파를 당해 지중해 바닥에 가라앉은 선박들을 조사해보면 기원후 1세기를 전후한 로마 제국의 전성기에 침몰한 배들의 수가 가장 많고 선박의 규모도 매우 큰 편이라고 하는데, 이는 로마의 해상 무역

---

5   J. Thorley, "The Development of Trade Between the Roman Empire and the East Under Augustus," *Greece and Rome* 16.1 (1969), 209.

6   Julian Whitewright, "How Fast is Fast? Technology, Trade, and Speed under Sail in the Roman Red Sea," Janet Starkey, et al. eds., *Natural Resources and Cultural Connections of the Red Sea* (Oxford, Eng.: Archaeo Press, 2007), 86.

7   차영길, "로마 해상 무역에서 노예 대리인(mercator)의 역할," 『중앙사론』 32 (2010), 308.

이 얼마나 활발했는지를 보여주는 한 단면이라 할 수 있겠다.[8]

이런 해상 무역에서 중심 역할을 하는 선박들은 기원후 첫 이백 년 어간에는 일종의 개인 기업으로서 운영되었다고 한다. 선박 소유자와 화물 소유자는 구별되어 있었고, 선박 소유자는 대개 두 명의 간부 직원을 임명하여 운송을 맡겼다. 하나는 라틴어로 "구베르나테르"(gubernater)라 불리는 선장이고, 다른 하나는 "마기스테르"(magister)라 불리는 사무장이었다.[9] 라틴어 "구베르나테르"를 그리스어로 하면 "퀴베르네테스"(κυβερνήτης)인데, 요한계시록 18:17에서 선장으로 번역된 단어가 바로 이것이다.

> …모든 선장과 각처를 다니는 선객들과 선원들과 바다에서 일하는 자들이 멀리 서서 그가 불타는 연기를 보고 외쳐 이르되 "이 큰 성과 같은 성이 어디 있느냐" 하며 티끌을 자기 머리에 뿌리고 울며 애통하여 외쳐 이르되 "화 있도다! 화 있도다! 이 큰 성이여, 바다에서 배 부리는 모든 자들이 너의 보배로운 상품으로 치부하였더니 한 시간에 망하였도다"(계 18:17-19).

---

8 Ibid.
9 최재수, "로마 제국의 해상 무역," http://www.seahistory.or.kr/Menu05/Menu05Sub03_1_4.htm.

라. 그 도시에서 나오라!

요한은 현실 제국 바벨론이 멸망하는 모습을 구체적으로 서술하는 이 장면들을 활용하여 독자들의 신앙을 일깨우는 마지막 기회로 삼는다. 요한계시록 18장의 둘째 단락은 하늘로부터 들려온 다음과 같은 권면 으로 시작된다.

> 또 내가 들으니 하늘로부터 다른 음성이 나서 이르되 "내 백성아, 거기서 나와 그의 죄에 참여하지 말고 그가 받을 재앙들을 받지 말라. 그의 죄는 하늘에 사무쳤으며 하나님은 그의 불의한 일을 기억하신지라. 그가 준 그 대로 그에게 주고 그의 행위대로 갑절을 갚아 주고 그가 섞은 잔에도 갑 절이나 섞어 그에게 주라. 그가 얼마나 자기를 영화롭게 하였으며 사치하 였든지 그만큼 고통과 애통함으로 갚아 주라. 그가 마음에 말하기를 '나 는 여왕으로 앉은 자요, 과부가 아니라, 결단코 애통함을 당하지 아니하 리라' [하니]¹⁰ 그러므로 하루 동안에 그 재앙들이 이르리니 곧 사망과 애 통함과 흉년이라. 그가 또한 불에 살라지리니 그를 심판하시는 주 하나님 은 강하신 자이심이라"(계 18:4-8).

권면의 요지는 그 도시 곧 바벨론에서 나오라는 것이다. 여기서 나오

---

10 개역개정 성경은 하늘로부터 들려온 음성이 7절에서 끝나고 8절에는 저자의 해설이 더해진 것으로 간주했다. 그러나 세 등장인물의 대사로 구성된 18장의 구조를 볼 때 이 음성은 8절까지 이어지는 것으로 보는 것이 적절하다.

라는 말은 물리적으로 바벨론 곧 로마 제국을 떠나라는 뜻이 아니라 로마 제국의 가치와 신앙과 삶의 방식을 떠나라는 뜻이다.

권면에 이어지는 세 그룹의 사람들, 곧 땅의 왕들과 땅의 상인들 및 선박 운영자들은 그 도시에서 떠나지 못하는 사람들을 대변한다. 그들이 바벨론을 떠나지 못하는 핵심적인 이유는 경제적 이익 때문이다. 그들은 바벨론으로 인해 돈을 벌어 지위를 얻고 영화를 누리고 있다. 세상의 종말을 의미하는 바벨론의 멸망을 목도하는 순간에도 그들은 오로지 "내 돈! 내 돈!"을 부르짖고 있다. 세상이 멸망하는 그 순간에 도대체 돈이 그들에게 무슨 도움이 될 수 있단 말인가?

5. 하늘 어전의 합창(19:1-10)

19:1-8은 바벨론을 심판하시고 성도들을 구원하신 하나님을 향한 찬양과 구원받은 성도들을 위한 축복의 말씀이다. 1-8절에서 하늘 어전의 합창이 울려 퍼지고 9a절에서 어린양의 혼인 잔치에 초대받은 이들에 대한 축복이 선포된 후 부록 1이 마무리된다(19:9b-10).

가. 할렐루야!(19:1-8)

하늘 어전의 찬양은 일곱 인, 일곱 나팔, 일곱 대접으로 긴박하게 이어져 온 요한계시록의 종말 환상 이야기 제1단계를 감동적으로 마무리한다. 이 찬양은 하늘의 무리의 큰 음성에 의해 시작되고 스물네 장로와 네 생물에 의해 화답 된다.

먼저 하늘의 허다한 무리의 큰 음성 같은 것이 들려온다.

할렐루야! 구원과 영광과 능력이 우리 하나님께 있도다. 그의 심판은 참되고 의로운지라. 음행으로 땅을 더럽게 한 큰 음녀를 심판하사 자기 종들의 피를 그 음녀의 손에 갚으셨도다(계 19:1-2).

이어서 두 번째 소리가 들린다.

할렐루야! 그 연기가 세세토록 올라가는구나![11](계 19:3 사역)

그러자 이번에는 이십사 장로와 네 생물이 하나님께 경배하며 화답한다.

아멘, 할렐루야!(계 19:4)

---

[11] 개역개정 성경은 3b절을 저자의 해설로 이해하여 다음과 같이 번역했다. "두 번째로 할렐루야 하니 그 연기가 세세토록 올라가더라." 그러나 본문 전체가 하늘 어전을 배경으로 하여 등장인물들의 찬양을 중심으로 서술되고 있기 때문에, 이 문장은 찬양 내용의 일부로 이해하는 것이 더 자연스럽다. 새번역은 그리스어 성경 네슬레-알란트 제28판의 문단 구성에 따라 3b절을 그렇게 이해하여 옮겼다.

그리고 보좌에서 음성이 들려온다.

> 하나님의 종들 곧 그를 경외하는 너희들아, 작은 자나 큰 자나 다 우리 하
> 나님께 찬송하라(계 19:5).

그러자 다시 허다한 무리의 음성과도 같고 많은 물소리와도 같고 큰
우렛소리와도 같은 찬양이 들려온다.

> 할렐루야! 주 우리 하나님 곧 전능하신 이가 통치하시도다! 우리가 즐거
> 워하고 크게 기뻐하며 그에게 영광을 돌리세. 어린양의 혼인 기약이 이르
> 렀고 그의 아내가 자신을 준비하였으므로 그에게 빛나고 깨끗한 세마포
> 옷을 입도록 허락하셨으니 이 세마포 옷은 성도들의 옳은 행실이로다(계
> 19:6-8).

나. 어린양의 혼인 잔치(9a절)

위 찬양은 7-8절에서 어린양의 혼인 잔치를 예고하며 마무리된다. 그
리고 9절에서 천사는 어린양의 혼인 잔치에 초대된 자들을 축복한다.
여기서 혼인 잔치에 초대된 자들은 손님이 아니라 신부다. 어린양의
아내는 새 예루살렘이다(21:2, 9). 위에 인용한 찬양 가운데 8절은 어
린양의 아내가 입게 될 빛나고 깨끗한 세마포 옷이 성도들의 옳은 행

실이라고 설명함으로써 어린양의 아내가 곧 성도들임을 암시한다. 신약성경은 종종 성도들의 구원을 예수 그리스도의 신부가 되어 결혼하는 것에 비유한다. "열 처녀의 비유"(마 25:1-13)가 그에 해당한다. 또한 예수는 자신을 신랑에 비유하셨다(막 2:20). 바울도 고린도 교회를 정결한 처녀로 여기고 한 남편인 그리스도께 드리려고 중매한다고 말한다(고후 11:2).

바벨론의 멸망 부록 마지막 장면에서 새 예루살렘의 강림이 예고되는 것에는 두 가지 의미가 있다. 첫째, 이것은 구원과 심판이 동전의 양면임을 잘 보여준다. 바벨론에 대한 심판은 그 자체가 목적이 아니라 성도의 구원을 위한 필수적인 과정이다. 다시 말해 하나님은 바벨론을 심판하심으로써 성도들을 구원하신다.

둘째, 이 예고는 요한계시록의 제1단계 이야기가 제2단계를 예비하고 있음을 잘 보여준다. 앞으로 제2단계 이야기에서 전개될 사탄의 세력에 대한 심판은 제1단계에서 유보된 여섯째 대접 재앙이다. 모든 심판이 완료되고 새 하늘과 새 땅이 이루어진 후 강림하는 새 예루살렘의 환상을 요한에게 보여줄 이는 일곱 대접을 가진 일곱 천사 중 하나일 것이다(21:9). 이처럼 바벨론의 멸망은 새 예루살렘의 강림의 전제 조건이 된다.

제13장

역사의 종말(19:11-21:8)

1. 종말 환상 이야기 제2단계

요한계시록 19:11에서 종말 환상 이야기 제2단계가 시작된다. 제2단계도 제1단계와 마찬가지로 하늘이 열려 있는 모습으로 시작해서 (19:11) 종료 선언으로 마무리된다(21:6).

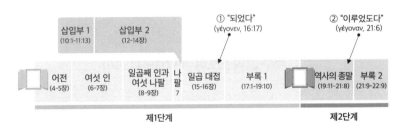

〈그림 42〉 종말 환상 이야기 제2단계

종말 환상 이야기 제1단계(4:1-19:10)가 현실 제국 바벨론의 멸망을 다룬다면 제2단계(19:11-22:9)는 인류 역사 전체의 종말을 그린다. 요한계시록은 이 둘을 별개의 과정으로 보지 않고, 제1단계 이야기에서는 눈에 보이는 바벨론 제국의 종말을, 제2단계 이야기에서는 그 배후에서 제국을 움직이고 있던 짐승의 세력의 종말을 보여준다. 이야기의 흐름으로 보면 제2단계 이야기 전체는 유보된 여섯째 대접 재앙에 해당된다. 천사가 여섯째 대접을 쏟을 때 아마겟돈에 집결했던 사탄의 세력은 제2단계 이야기에서 완전히 소탕되고 이제 새 하늘과 새 땅이 이루어진다.

줄거리의 흐름으로 보면 요한계시록 6장에서 하늘과 땅으로 나뉘었던 두 이야기가 요한계시록 19:11에 이르러서는 땅에서 만난다. 이 책의 제목인 "두 이야기가 만나다"의 둘째 함의가 바로 이 지점에서 이루어진다. 첫째 함의는 중심 줄거리와 삽입부가 15:1에서 만나는 것이고, 둘째 함의는 하늘의 이야기와 땅의 이야기가 19:11에서 만나는 것이다.

2. 예수 그리스도의 재림(19:11-16)

하나님의 어전에서 두루마리의 일곱 봉인을 떼신 분은 어린양 예수 그리스도셨다. 그 어린양은 8:1에서 일곱째 인을 떼신 후 19:11에 이르기까지 등장인물로 출현하지 않는다. 그러나 우리는 일곱 봉인을 떼고 두루마리의 내용이 실현되는 동안 어린양이 줄곧 그 두루마리를 갖고 하늘 어전에 계셨음을 짐작할 수 있다. 이후에 일어난 일곱 나팔과 일곱 대접이 모두 그 두루마리와 관련된 내용이기 때문이다. 또한 19:11 이후의 내용인 종말 환상 이야기 제2단계도 그 두루마리와 관련된다. 제2단계 이야기가 유보된 여섯째 대접 재앙에 해당하기 때문이다. 예수 그리스도는 이 유보된 여섯째 대접 재앙을 완결하기 위해 친히 이 땅에 내려오신다. 이것이 바로 요한계시록 19:11-16이 서술하는 예수 그리스도의 재림 장면이다.

요한은 하늘이 열린 것을 본다. 그 사이로 백마와 그것을 타신 분이 나타난다(11절). 이 모습은 독자들이 예상하던 재림의 모습과는 좀 다르다. 왜냐하면 편지 서두에서 요한은 예수께서 구름을 타고 오실 것이라고 예고했기 때문이다(1:7). 아마도 요한이 말하는 예수의 "오심"이란 "오셔서 심판하심으로써 그분의 주 되심을 이루심"을 의미하는 것 같다. 다시 말해 요한계시록에서 인자 같은 이가 구름을 타고 오심은 단지 19:11의 강림 장면에 그치지 않고 종말 심판 전체를 의미하는 것이다. 그런 견지에서 보자면 14:14-16에 그려진 구름을 타신 인자 같은 이의 모습이 예수 그리스도의 "오심" 곧 종말 심판 전체를 상징적으로 요약하여 보여주는 것일 수 있다. 19:11-16의 재림 장면은 인자가 구름을 타고 오시는 사건의 일부일 뿐이다.

19장에서 그분을 수식하는 어휘들이 요한계시록의 다른 곳에서 예수 그리스도를 수식할 때 사용된 사실에 근거하면 우리는 백마를 타신 분이 예수 그리스도이심을 분명히 확인할 수 있다. 먼저 그의 이름을 보자(11절). 개역개정에서 "충신"과 "진실"로 번역된 단어는 "신실하다"(πιστός)와 "진실하다"(ἀληθινός)라는 뜻의 두 형용사다. 그러므로 "신실하신 분"과 "참되신 분"으로 옮기는 것이 더 정확하다. 두 형용사는 라오디게아 교회에 주시는 메시지에서 예수 그리스도를 수식할 때 함께 사용되었고(3:14), 역사의 종말 장면에서 예수의 말씀을 수식할 때 같이 쓰였다(21:5; 22:6). 예수그리스도는 1:5에서도 "신실한" 증인으로 묘사된다.

이외에도 백마 타신 분을 수식하는 "불꽃 같은 눈"은 요한이 소명을 받으면서 본 예수 그리스도의 모습이다(1:14). 그의 머리에 쓰인 이름을 예수 자신밖에는 아는 자가 없다는 서술(19:12)은 일곱 메시지에서 버가모 교회와 빌라델비아 교회의 이기는 자에게 주신 상을 떠올리게 한다(2:17; 3:12). 그의 입에서 검이 나온다는 서술 역시 요한계시록에서 자주 발견된다(1:16; 2:16; 19:21; 참조. 2:12[1]).

그분이 예수 그리스도이심을 확인시켜 주는 가장 분명한 서술은 19:16에 담겨 있다. 그분은 "만왕의 왕"(king of kings)이요 "만주의 주"(lord of lords)시다. 그는 독자들이 기다려오던 모습대로 "철장으로 다스리며"(2:27; 12:5) "친히 하나님 곧 전능하신 이의 맹렬한 진노의

---

1   2:12은 예수 그리스도를 "좌우에 날선 검을 가지신 이"로 묘사한다.

포도주 틀"(진노의 분노의 포도주 틀)을 밟으실 것이고(16:19), 공의로 심판하며 싸우심으로써 자신의 주 되심을 최종적으로 확인하실 것이다(19:11).

그러나 그의 싸우심은 폭력적이지 않다. 그를 따르는 하늘의 군대는 "희고 깨끗한 세마포 옷"을 입고 있는데(19:14) 이는 전투 복장이 아니다. 이 장면에서 싸우시는 이는 예수 그리스도뿐이다. 그의 복장을 자세히 보자. 개역개정 성경의 13절에 "피 뿌린 옷"으로 번역된 어구는 직역하면 "피에 담근 옷"이다. 이는 그분의 십자가 죽음을 가리킨다. 즉 그분은 죽임당하신 분으로서 싸우신다. 본문에서 폭력적으로 보일 수 있는 장면들은 비유적으로 표현되어 있다(15절). 하나님 나라와 폭력에 관한 더 상세한 논의는 이 책의 제3장 4절을 참조하라.

3. 짐승, 거짓 선지자, 사탄의 결박(19:17-20:3)

여섯째 대접 장면에서 용과 짐승과 거짓 선지자의 입에서 나온 귀신의 영들은 "하나님 곧 전능하신 이의 큰 날에" 전쟁을 벌이려고 천하 왕들을 아마겟돈으로 소집했다(16:12-16). 그리고 드디어 그날이 되자 짐승과 땅의 왕들의 군대는 재림하신 그리스도와 전쟁을 벌이려고 벼른다.

개역개정 성경은 19:19을 전쟁이 일어난 것처럼 번역했으나 원문은 그렇지 않다. 사탄의 군대는 그저 예수께 대항하여 전쟁을 일으키려고 의도했을 뿐이다. 이 점에서는 새번역 성경이 원문에 더 가깝다.

> 또 나는 짐승과 세상의 왕들과 그 군대들이, 흰 말을 타신 분과 그의 군대에 대항해서 싸우려고 모여 있는 것을 보았습니다(계 19:19 새번역).

그들은 예수의 군대에 대항하여 싸우고자 했으나 싸움은 일어나지 않는다. 이 일은 본래 하나님께서 의도하신 것이다. 하나님은 사탄의 세력을 일거에 심판하시기 위해 여섯째 대접 재앙을 유보하시고 그들이 한곳에 모이도록 유인하셨다. 하나님은 그들의 싸우고자 하는 의도를 이용하여 그들을 불러 모아 심판하실 뿐 그들과 전쟁을 벌이시지 않는다.

먼저 한 천사가 공중의 모든 새를 불러 모은다(17-18절). 그리고 하나님은 애초에 의도하신 대로 모여 있는 짐승의 세력을 처단하신다.

> 또 내가 보매 그 짐승과 땅의 임금들과 그들의 군대들이 모여 그 말 탄 자와 그의 군대와 더불어 전쟁을 일으키[려 하]다가 짐승이 잡히고 그 앞에서 표적을 행하던 거짓 선지자도 함께 잡혔으니 이는 짐승의 표를 받고 그의 우상에게 경배하던 자들을 표적으로 미혹하던 자라. 이 둘이 산 채로 유황불 붙는 못에 던져지고 그 나머지는 말 탄 자의 입으로부터 나오는 검에 죽으매 모든 새가 그들의 살로 배불리더라(계 19:20-21).

짐승과 거짓 선지자는 이렇게 최후를 맞이한다. 이제 모든 세력의 괴수인 용 곧 사탄만 남았다. 천사가 무저갱의 열쇠와 큰 쇠사슬을 손에 들고 하늘로부터 내려와서 용을 사로잡는다. 용은 "옛 뱀이요 마귀요 사탄"이다(참조. 12:9). 천사는 사탄을 무저갱에 투옥한 후 잠그고 봉인하여 누구도 천 년 동안 그곳을 열지 못하게 한다(20:1-3). 요한계시록은 여기에 "그러나 그 후에는 반드시 잠깐 놓이리라"는 서술을 첨가한다. 이는 이후에 일어날 곡과 마곡의 전쟁 역시 유보된 여섯째 대접 재앙의 일부로서 하나님께서 계획하신 것임을 미리 보여준다(20:3).

4. 천년왕국과 사탄의 최후(20:4-15)

가. 사탄의 감금

오늘날 감옥은 중요한 형벌 수단으로 사용된다. 범죄를 저지른 사람은 죄과에 해당하는 징역형을 선고받고 그 기간만큼 감옥에서 수감 생활을 함으로써 죗값을 치르는 것이다. 징역형의 의도는 수감자가 반성하고 새사람이 되기를 기대하는 것이다. 그래서 오늘날에는 감옥을 "교도소" 또는 "교정시설"이라 부른다.

그러나 고대 로마의 형법에서 감옥은 형벌의 수단이 아니었다. 로마 초기(기원전 753-200, 고법시대)에는 사형, 채찍형, 벌금형 등이 주요 형벌로 규정되어 있었고, 공화정 후기로 오면서 사형이 추방형으로 대체되는 경우도 있었다. 그러나 로마 형법에 징역형은 존재하지 않았다. 감옥은 주로 피의자를 재판할 때까지 또는 죄수를 처형할 때까지 가두어 두는 장소였다.[2] 사탄을 무저갱에 가두는 것도 이와 비슷한 견지에서 이해할 수 있다. 즉 예수께 대항하던 사탄을 잡아 처형하기에 앞서 지하 감옥인 무저갱에 가두고 성도들은 구원의 기쁨을 누리는 것이다.

그런데 천 년이 지난 후에도 사탄은 바로 처형되지 않는다. 요한계시록 이야기에서 이 천 년은 고난을 견뎌낸 성도들을 치하하고 구원의 기쁨을 누리게 하는 기간이며, 저항하는 사탄의 세력을 완전히 소멸시키기 위한 결정적인 계기가 된다. 사탄은 무저갱에 갇혀 있는 동안에도 전혀 뉘우치지 않고 천년이 지나 옥에서 놓이자마자 다시 뛰쳐나간다. 그리고는 곡과 마곡으로 대변되는 사방의 민족들을 미혹하여 하나님께 대항한다. 사탄의 이러한 도모로 인해 곳곳에 숨어 있던 사탄의 잔당들이 모조리 제 발로 걸어 나와 한자리에 모이게 되고 급기

---

2 피의자의 신분에 따라서는 감옥 대신 가택 연금을 허용하기도 했다. 행 28장을 보면, 바울은 로마 시민으로서 재판을 기다리는 두 해 동안 집세를 내고 "셋집"에 머무르며 찾아오는 손님들을 맞이한다. 로마의 형법에 관해서는 다음 글들을 참조하라. *조규창, "로마형법의 발전 과정(I)," 『법학논집』 31(1995), 183-203; "로마형법의 발전 과정(II)," 『법학논집』 32(1996), 265-300. 징역형의 부재에 관한 명시적 언급은 300쪽 마지막 문단에 있다.

야 전부 하나님의 심판을 받게 된다. 그들을 미혹하던 사탄은 이미 짐 승과 거짓 선지자가 최후를 맞이했던 유황불 못에 던져져 끝을 보게 된다.

나. 두 번의 부활

요한계시록을 문자적으로 이해하면 천년왕국 전후에 각각 의인과 악 인의 부활이 일어나는 것으로 보인다. 먼저 의인의 부활을 살펴보자. 천년이 시작될 때 "예수를 증언함과 하나님의 말씀 때문에 목 베임을 당한 자들의 영혼들" 곧 "짐승과 그의 우상에게 경배하지 아니하고 그 들의 이마와 손에 그의 표를 받지 아니한 자들"이 살아나서 천 년 동 안 예수 그리스도와 함께 왕 노릇을 한다(4절).

다섯째 인을 뗄 때 제단 아래에서 탄원하던 순교자들의 영혼과 마 찬가지로 이 본문에서도 모든 성도는 순교자로 간주된다. 여기서 "목 베임을 당한"으로 번역된 그리스어 "페펠레키스메논"(πεπελεκισμένων) 은 도끼(πέλεκυς)로 참수되었다는 뜻이다. 로마 제국의 사법 관행에서 도끼를 사용하는 참수형은 상류층 로마 시민들을 위한 것이었다. 기록 에 의하면 그리스도인들은 대개 화형이나 들짐승의 밥이 되는 방식으 로 순교를 당했다. 그리스도인들이 도끼로 참수형을 당한 사례는 흔치 않다.[3] 따라서 이것은 비록 끔찍한 표현이긴 하지만 그리스도인들의

---

3   Aune, 『요한계시록(하)』, 368-69; Koester, 『요한계시록 II』, 1446-47.

죽음을 명예롭게 서술한 것일 수 있다.

악인의 부활은 천년왕국이 끝난 후에 일어난다. 사탄이 최종적으로 소멸한 후 악인들이 다시 살아나 소위 "백보좌 심판"을 받는다.

> 또 내가 보니 죽은 자들이 큰 자나 작은 자나 그 보좌 앞에 서 있는데 책들이 펴 있고 또 다른 책이 펴졌으니 곧 생명책이라. 죽은 자들이 자기 행위를 따라 책들에 기록된 대로 심판을 받으니 바다가 그 가운데에서 죽은 자들을 내주고 또 사망과 음부도 그 가운데에서 죽은 자들을 내주매 각 사람이 자기의 행위대로 심판을 받고 사망과 음부도 불못에 던져지니 이것은 둘째 사망 곧 불못이라. 누구든지 생명책에 기록되지 못한 자는 불못에 던져지더라(계 20:12-15).

요한계시록은 천년왕국 후에 일어나는 부활을 "둘째 부활"이라 부르지 않고 "둘째 사망"이라 부름으로써 성도들의 부활과 구별한다.

천년왕국 전후에 두 번의 부활이 있다는 서술은 성경의 다른 본문이 말하는 내용과 문자적으로 조화시키기 어렵다. 종말에 의인과 악인의 부활이 있다는 언급은 성경 여러 곳에서 찾아볼 수 있다(단 12:2; 요 5:28-29; 행 24:15). 그러나 이것은 "마지막 날"에 함께 일어나는 것이지 요한계시록에 그려진 대로 천년의 시간 간격을 두고 일어나는 것은 아니다(요 6:39, 40, 44, 54; 11:24). 그러므로 요한계시록 종말 환상 이야기의 다른 내용을 문자적으로 해석할 수 없는 것처럼 천년왕국에 관한 서술도 문자적으로 읽으면 안 된다.

다. 천년왕국의 해석

천년왕국에 대한 해석은 기독교 종말론을 몇 가지로 나누는 기준이 되어 왔다. 예를 들어 전천년설(premillennialism), 무천년설(amillennialism), 후천년설(postmillennialism)과 같은 입장들이 있다. 여기서 "전"과 "후"라는 용어는 천년왕국을 기준으로 예수의 재림이 언제 일어나는지를 구분하는 것이다. 다시 말해 천년왕국이 시작되기 전에 예수께서 재림하신다고 보는 것이 전천년설이고, 천년왕국이 끝난 후에 예수께서 오신다는 것이 후천년설이다. 후천년설은 인간의 혁명적인 노력으로 하나님 나라가 이루어진 후 예수께서 오신다는 주장으로 대변되기 때문에 한국에 이를 지지하는 사람들은 많지 않다. 따라서 여기서는 전천년설과 무천년설에 관해서만 간략히 언급하고자 한다.

전천년설은 요한계시록에 기록된 사건들이 역사의 종말에 문자적인 순서대로 일어난다고 보는 것이다. 기독교 초기 몇 세기 동안에는 전천년설이 우세했다. 바벨론 곧 로마 제국이 지배하는 시기를 살고 있던 많은 그리스도인은 요한계시록에 기록된 대로 어서 빨리 바벨론이 멸망하고(16:17-19:10) 예수께서 다시 오셔서(19:11-20:3) 천년왕국을 세우시기를(20:4-6) 고대하고 있었다. 그러다 로마가 4세기 초에 기독교를 공인하고 급기야 4세기 말에는 기독교 국가가 되자 많은 신학자는 이 사건을 이교도 제국 로마의 멸망, 곧 요한계시록에 기록된 바벨론의 멸망으로 이해했다. 그렇다면 이제 예수께서 재림하시고 천년왕국이 이루어져야 할 일이 남았는데, 아무리 기다려도 예수의 재림은 일어나지 않았다.

이를 경험한 대다수의 신학자는 요한계시록에 대한 문자적 해석을 포기하고 영적 해석을 선택하게 되었다. 알레고리적 삼중 해석으로 유명한 오리게네스(Origenes)는 바벨론이 현실 제국이 아닌 영적 실재라고 해석했으며, 천년왕국을 포함한 종말 사건들이 그리스도의 십자가와 부활 사건 속에서 이미 영적으로 이루어졌다고 주장했다. 한때 전천년설을 따르던 아우구스티누스(Augustinus)도 요한계시록의 문자적 해석을 포기하고 오리게네스의 영적 해석을 받아들인다. 그는 사탄이 예수의 초림과 교회의 설립을 통해 결박되어 많은 불경건한 사람들 속에 갇히게 되었다고 해석함으로써 교회의 시대를 천년왕국으로 이해할 수 있는 초석을 놓는다.[4] 아우구스티누스의 이런 해석을 가리켜 "무천년설"이라고 부른다. 정리하면 무천년설은 천년왕국 자체를 부정하는 것이 아니라 요한계시록의 천년왕국에 대한 문자적 해석을 거부하는 것이다.

---

4   Christopher C. Rowland, "The Book of Revelation: Introduction, Commentary, and Reflections," pages 531-34 in *The New Interpreter's Bible: A Commentary in Twelve Volumes* v.12 (Leander Keck et al. eds; Nashville: Abingdon, 1998), 531-534.

5. 새 하늘과 새 땅, 새 예루살렘(21:1-8)

가. 새롭다는 말은 무슨 뜻일까?

이제 사탄의 세력은 완전히 소멸하고 악이 더 이상 존재하지 않게 되었다. 그 결과로 맞게 된 것이 새 하늘과 새 땅이다(21:1). 여기서 새 하늘과 새 땅을 수식하는 "새롭다"는 말은 무슨 뜻일까?

많은 사람들은 이 말을 물리적인 새로움에 빗대어 이해한다. 마치 여러 물건을 사용하다가 낡으면 폐기해버리고 새 물건을 사듯이 하나님께서 낡은 지구를 파괴하시고 새로운 삶의 터전을 창조하신다고 생각하는 것이다. 물리적인 새로움은 시간적으로 뒤에 오는 것에 있다. 어제 것보다는 오늘 것이 새롭고 오늘 것보다는 내일 것이 새롭다. 그러나 하루가 지나면 내일은 오늘이 되고 오늘은 다시 옛것이 되고 만다. 그래서 해 아래엔 새것이 없다. 하지만 새 하늘과 새 땅의 새로움은 그런 새로움이 아니다.

뿐만 아니라 하나님의 창조세계는 낡지 않는다. 겨울이 지나면 다시 새싹이 돋고 꽃이 피며 열매가 맺는 것이 하나님이 지으신 창조세계의 모습이다. 지진으로 무너진 곳이나 불타버린 숲의 폐허 속에서도 시간이 지나면 다시 생명이 돋아나고 울창한 숲이 조성된다. 사람이 만든 것은 시간이 지나면 소멸하지만 하나님의 창조세계는 그렇지 않다. 그러므로 새 하늘과 새 땅을 사람의 방식으로 이해하려고 하면 안

된다.

하나님이 창조세계를 파괴하신다는 것은 더욱 말이 되지 않는다. 앞서 함께 확인한 것처럼 요한계시록의 종말 심판은 창조세계의 파괴가 아니다. 그것은 사탄의 세력에 대한 심판을 상징적으로 서술한 것으로서 문자적으로 이해하면 안 된다. 종말 심판이 자연의 파괴가 아니라는 말은 지금의 자연환경이 종말 심판에서 파괴되지 않고 보전된다는 뜻이다. 그렇다면 새 하늘과 새 땅은 무엇일까?

그리스어 성경에서 요한계시록 21:1은 세 문장으로 구성되는데, 첫 문장과 둘째 문장은 "왜냐하면"이라는 접속사로 연결되어 있다. 그것을 직역하면 다음과 같다.

그리고 내가 새 하늘과 새 땅을 보았습니다. 왜냐하면 처음 하늘과 처음 땅이 없어졌기 때문입니다.

새 하늘과 새 땅이 새로운 이유는 처음 하늘과 처음 땅이 없어졌기 때문이다. 처음 하늘과 처음 땅이 없어졌다는 말은 요한계시록 20장까지의 내용을 한마디로 요약한 것이다. 요한계시록 20장까지 진행되고 완성된 종말 심판의 결과로 처음 하늘과 처음 땅이 없어졌고 그렇게 하늘과 땅이 새로워졌다는 뜻이다. 요한계시록 21:4은 그것을 다시 서술하여 "처음 것들이 다 지나갔다"고 말한다. 그리고 5절에서 하나님은 그것을 이어받아 "보라, 내가 만물을 새롭게 하노라!"고 선언하신다.

새 하늘과 새 땅에서 새로움의 핵심은 하나님의 완전한 통치에 있다. 때가 얼마 남지 않은 사탄이 날뛰고 그에 속한 자들이 땅을 망하게 하던(11:18) "처음 하늘과 처음 땅"이 지나가고, 하나님께서 온전히 다스리시는 하늘과 땅, 창조의 샬롬이 가득한 하나님 나라가 오는 것이다. 그것이 곧 새 하늘과 새 땅이다. 그래서 새 하늘과 새 땅에는 눈물과 죽음과 애통과 아픔이 없다(4절).

그리고 새 하늘과 새 땅에는 바다가 존재하지 않는다. 해물 요리를 좋아하는 독자들은 이 사실에 실망할지도 모르겠다. 하지만 이것을 문자적으로 읽으면 안 된다. 고대 근동 세계에서 바다는 악의 상징이었다. 11:7에서 짐승이 무저갱으로부터 올라온다는 예고에 이어 13장에서 짐승이 바다에서 올라오는 모습을 서술하는 것을 보면 요한계시록은 바다와 무저갱을 연결하고 있음을 알 수 있다. 새 하늘과 새 땅에 바다가 없다는 말은 거기에 악이 전혀 존재하지 않는다는 뜻이다.

요한계시록은 새 하늘과 새 땅을 다시 "새 예루살렘"으로 표현한다. 새 예루살렘은 구원받은 성도들을 가리키는 비유다. 또한 새 예루살렘이 하늘에서 내려오는 모습은 신부가 남편을 위해 단장한 것 같은 아름다운 모습으로 묘사된다(21:2). 새 예루살렘의 본질은 하나님께서 사람들과 함께 거하시는 것이다(21:3). 이 말이 의미하는 바가 무엇인지에 대해서는 바로 이어지는 새 예루살렘 부록(21:9~22:9)에서 자세히 확인할 수 있다.

나. 종말 환상 이야기 종료

드디어 우리는 요한계시록의 종말 환상 이야기 스토리라인의 마지막 지점에 도착했다. 부록 2(21:9-22:9)가 뒤에 이어지지만, 이것은 새 예루살렘이 내려오는 21:2-4의 시점에 머물러 있고 부록 2는 거의 묘사로 구성되어 있으므로 이야기 시간이 더 진행되지 않는다. 이 지점에서 요한계시록은 종말 환상 이야기 전체의 종료를 선언한다. "이루었도다!"(21:6) 이 문장에는 첫째 종료 선언(16:17)과 동일한 동사 "기노마이"(γίνομαι)의 3인칭 복수 완료형이 사용되었다.

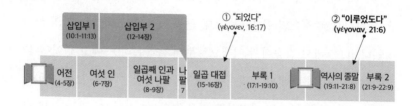

〈그림 43〉 둘째 종료 선언

제14장

새 예루살렘과 대단원(21:9-22:21)

1. 부록 2(새 예루살렘, 21:9-22:9)의 개요

부록 2(새 예루살렘)는 부록 1(바벨론의 멸망)과 거의 동일한 방식으로 단락을 시작하고 맺는다. 일곱 대접을 가진 일곱 천사 중 하나가 요한에게 와서 "오라, 내가 신부 곧 어린양의 아내를 네게 보이리라"고 말한다(21:9). 그 천사는 성령으로 요한을 데리고 크고 높은 산으로 올라가 새 예루살렘을 보여준다(21:10). 새 예루살렘의 환상을 보여준 후 천사는 "이 말씀이 신실하고 참되다"고 말한다(22:6). 요한이 천사의 발 앞에 엎드려 경배하려 하자 천사는 자신이 성도들의 동료 종이라고 말하면서 자신이 아닌 하나님께 경배하라고 말한다(22:9).

바벨론의 멸망 부록과 마찬가지로, 일곱 대접을 가진 일곱 천사 중 한 명이 요한에게 새 예루살렘 부록의 환상을 보여준다. 그런데 둘째 부록은 그 일곱 대접에 "마지막 일곱 재앙이 담겨 있음"(τῶν γεμόντων τῶν ἑπτὰ πληγῶν τῶν ἐσχάτων)을 강조한다(21:9).

또 일곱 대접을 가진 일곱 천사 중 하나가 와서 내게 말하여 이르되(계 17:1).

일곱 대접을 가지고 마지막 일곱 대접 재앙을 담은 일곱 천사 중 하나가 나아와서 내게 말하여 이르되(계 21:9).

첫째 부록에 이 어구가 들어가지 않은 이유는 그 환상을 보여주던 시점에 아직 유보된 여섯째 대접 재앙이 남아 있었기 때문일 것이다. 그러나 이제는 모든 심판이 완료되었다. 부록 2는 일곱 대접 재앙이 마지막 재앙이었음을 환기함으로써 모든 종말 심판이 완료되었음을 재확인하고 모든 심판의 궁극적인 목표가 무엇인지를 드러낸다. 새 예루살렘이 바로 그 목표다. 다시 말해 종말 심판은 그 자체가 궁극적인 목적이 아니다. 요한계시록이 그리는 종말의 본질은 완성될 하나님 나라, 곧 새 하늘과 새 땅, 새 예루살렘이다.

2. 새 예루살렘의 환상(21:10b-22:5)

가. 모양과 규격(21:11-21)

요한은 그가 본 새 예루살렘 성의 모습을 상세히 묘사한다. 먼저 21:11-21은 성의 모양과 규격을 그린다. 그 성은 하나님의 영광으로 빛나고 있으며(11절) 크고 높은 성곽이 있고 동서남북으로 세 개씩 열두 문이 있는데 문 앞에 열두 천사가 있고 이스라엘 열두 지파의 이름이 각 문에 기록되어 있다. 성을 둘러싸고 있는 성곽에 놓인 열두 기초석 위에는 어린양의 열두 사도의 이름이 있다(12-14절). 이스라엘 열두 지파와 어린양의 열두 사도의 이름이 함께 기록된 모습은 구약의 이스라엘과 신약의 그리스도 교회를 하나님의 구원 계획 속에 함께 포괄하려 하는 것으로 보인다. 즉 교회가 참 이스라엘이라는 의미다. 하나님의 보좌 앞에 있는 장로들의 수가 "24"인 것도 아마 이와 관련될 것이다.

천사는 새 예루살렘의 규격을 측량하여 보여준다. 그 성은 길이와 너비와 높이가 같은 정육면체로서 각 변의 길이는 12,000스타디온[1]이다(15-16절). 성곽은 144규빗[2]이다(17절). 그런데 성의 높이가 약

---

[1] 1스타디온은 약 190미터다. 12,000스타디온은 약 2,300킬로미터다.
[2] 1규빗은 약 45센티미터다. 144규빗은 약 65미터다.

2,300킬로미터인데 그 주위로 높이 약 65미터의 성곽이 둘러 있다는 것은 어색해 보인다. 어떤 해석자들은 이를 근거로 144규빗이 높이가 아니라 성곽의 두께라고 해석하기도 한다. 그러나 바로 앞에서 모든 규격은 길이를 말하는 것이었기 때문에 이런 해석에는 무리가 있다. 요한은 그러한 혼란을 예상했는지 그것이 "사람의 측량 곧 천사의 측량"이라고 설명한다(17절). 무슨 뜻일까? 말해줘도 모를 테니 그냥 지나가라는 뜻이 아닐까?

이어지는 18-21절은 성과 성곽의 재료들을 나열한다. 성곽은 벽옥으로 싸였고 성은 유리 같은 순금으로 되어 있다. 그리고 성곽의 열두 기초석은 서로 다른 열두 보석으로 꾸며져 있다. 아마도 이는 그 시대에 구할 수 있었던 최고의 보석들이었을 것이다. 놀라운 점은 열두 문이 각각 한 개의 진주로 만들어져 있다는 것이다. 진주는 진주조개에서 나오는 것인데 거대한 성문 크기만 한 진주를 얻기 위해서는 도대체 얼마나 큰 진주조개가 있어야 하는가?

이상에 서술된 성전의 모양과 규격을 문자적으로 이해하는 독자들은 없으리라 생각한다. 새 예루살렘은 정육면체 모양을 하고 있으며 각 규격을 이루는 숫자는 모두 12의 배수들이다(12×1,000=12,000스타디온, 12×12=144규빗). 12는 완전수이며 이스라엘을 상징하는 수이기도 하다. 성전의 모양과 숫자는 성의 본질이 하나님의 백성 됨에 있음을 보여주며 새 예루살렘의 완전성과 우주적 규모를 상징적으로 드러낸다. 성의 건축에 사용된 갖가지 보석들 역시 하나님 나라의 아름다움과 고귀함을 상징한다.

위의 규격과 관련하여 주목할 것 한 가지는 정육면체가 솔로몬 성
전의 지성소 모양과 같다는 점이다(왕상 6:20). 지성소는 하나님의 공
간으로서 사람이 들어갈 수 없는 곳이다. 예외적으로 일 년에 단 한 번
대속죄일에만 대제사장이 그곳에 들어갈 수 있다. 그런데 새 예루살렘
이 정육면체라는 사실은 그곳이 성도의 공간이자 하나님의 공간임을
보여준다.

보라! 하나님의 장막이 사람들과 함께 있으매 하나님이 그들과 함께 계
시리니 그들은 하나님의 백성이 되고 하나님은 친히 그들과 함께 계셔서
(계 21:3).

즉 하나님과 성도들이 함께 거하는 것이다. 뒤에 이어지는 22절 이하
의 내용은 이를 잘 드러낸다.

나. 새 예루살렘에 없는 것(21:22-22:5)

새 예루살렘에는 없는 것이 몇 가지 있다. 먼저 새 예루살렘에는 성전
이 없다. 성전이란 하늘에 계신 하나님을 지상에서 매개하는 장소인
데, 새 예루살렘에서는 전능하신 주 하나님과 어린양이 성도들과 함께
거하신다. 하나님이 사람들과 함께 거하시고(21:3) 사람들이 하나님의
보좌 앞에 거하는데(22:1, 3) 무슨 매개물이 더 필요하겠는가? 이처럼

새 예루살렘에서는 우리가 아무런 중개자 없이 하나님의 얼굴을 직접 대면하며 뵙게 될 것이다(22:4).

또 새 예루살렘에는 밤이 없다(21:25). 늘 하나님의 영광이 비치고 어린양이 등불이 되시기 때문에 해나 달이나 등불이 필요 없다(21:23; 22:5). 그리고 다시는 저주가 없다(22:3). 눈물도 없고 사망도 없으며 애통하는 것이나 곡하는 것이나 아픈 것이 더 이상 존재하지 않는다(21:4). 바다도 없다(21:1). 어떤 악한 것도 새 예루살렘에는 남아 있을 수 없다. 거기에는 질병도 없다. 하나님의 보좌로부터 생명수의 강이 흐르고 그 강가에서 자라는 생명 나무의 열두 가지가 달마다 열매를 맺고 그 나무 잎사귀들이 만국을 치료하기 때문이다(22:1-2).

새 예루살렘의 묘사에 대해 몇 가지 질문을 제기할 수 있다. 새 예루살렘의 성문을 통해 만국의 사람들이 들어온다고 하는데, 그럼 새 예루살렘 성안에 사는 사람과 밖에 사는 사람이 구별되는 걸까? 생명수 강가의 생명 나무 열매가 치료에 쓰인다면 새 예루살렘에도 질병이 있다는 것일까?

이런 서술들은 비유의 특성에서 기인한다고 생각하는 편이 좋다. 성이라는 것은 본래 성벽을 쌓아 내부에 있는 사람과 재산을 외부로부터 보호하기 위해 만들어진 건축물이기 때문에 성의 비유를 사용하면 자연스럽게 안팎의 구분이 떠오르게 된다. 그러나 이것은 비유가 전달하려는 메시지가 아니다. 요한계시록은 새 예루살렘의 성문이 항상 열려 있는 것으로 묘사함으로써 그 한계를 어느 정도 극복하고자 한다

(21:25). 요한계시록 21:27에 의하면 "무엇이든지 속된 것이나 가증한 일 또는 거짓말하는 자"는 성 밖에 있다. 그러나 요한계시록의 이야기에서 그런 자들은 이미 심판을 받아 소멸되고 더 이상 존재하지 않는다. 그것을 새 예루살렘 성에는 외부가 존재하지 않는다는 뜻으로 읽을 수도 있다. 생명수와 생명나무도 마찬가지다. 생명은 죽음의 반대말이지만 새 예루살렘에는 죽음이 없다. 마찬가지로 치료제는 질병을 전제하지만 새 예루살렘에는 질병이 없다. 하나님의 영광이 비치고 어린양이 등불이 되신다는 묘사도 밤의 존재를 전제하는 것이 아니다.

다. 초월과 내재의 공존: 두 이야기의 만남

많은 사람이 새 예루살렘을 천국의 모형으로 생각한다. 그러나 우리가 천국에 대해 가지고 있는 고정관념들은 오히려 요한계시록의 새 예루살렘을 정확히 이해하는 데 걸림돌이 된다. 둘 사이에 관련성이 전혀 없다고 할 수는 없지만, 새 예루살렘과 천국은 다르다. 우리는 천국에 "간다"고 말한다. 그러나 새 예루살렘은 하늘에서 "내려오"지 않는가? 천국은 저기에 이루어지지만, 새 예루살렘은 여기에 이루어진다.

이외에도 우리의 공간 관념이 새 예루살렘에 대한 바른 이해를 가로막는다. 예루살렘은 팔레스타인의 한 공간을 가리키는 단어이므로 요한계시록에서 새 예루살렘을 묘사하는 용어의 대부분은 공간적이다. 그러나 새 예루살렘은 성도들이 가는 어떤 장소가 아니다. 성도들 자신이 새 예루살렘이다. 새 예루살렘이 하늘에서 내려온다는 것은 하나님께서 우리 가운데 오셔서 우리와 함께 거하심을 비유적으로 표현한 것이다. 이는 성도들이 곧 성전이라는 신약성서의 가르침과도 일치한다. 유대교의 성전은 건물이지만 기독교의 교회는 성도다. 새 예루살렘은 이 개념을 확장한 것이다.

새 예루살렘의 본질은 성도들이 하나님과 맺는 관계 곧 샬롬의 관계에 있다. 사탄의 영향력이 완전히 소멸되어 그로 인한 악이나 어둠이나 고난이 없는 상태, 따라서 하나님과 온전한 관계가 이루어지고 사람들과 창조세계 사이에도 온전한 관계가 이루어진 샬롬, 그것이 바로 새 예루살렘이다. "예루살렘"이라는 히브리어 단어에서 "살렘"의 어원이 "평화"를 뜻하는 "샬롬"이라는 점을 생각해보면, 새 예루살렘은 그 이름이 진정으로 성취된 상태임을 알 수 있다.

그 샬롬은 하나님이 사람과 함께 거하심으로써 이루어진다(21:3). 과거에 이스라엘 백성은 성전에 가야만 하나님을 만날 수 있었다. 성전에 가기에 앞서 모든 부정을 제거하도록 마련된 율법이 정결법이다. 다만 그들은 성전에 가더라도 유대인의 뜰이나 여인의 뜰에만 머물러야 했으며 더 이상 안쪽으로 들어갈 수 없었다. 제단이 놓여 있는 제사장의 뜰이나 성소 내부는 오직 당번을 맡은 제사장들만 출입할 수 있었다. 지성소는 오직 대제사장만이 일 년에 단 한 번 출입할 수 있었다. 또한 지성소에 들어간 대제사장일지라 하더라도 거룩의 규정을 조금이라고 위반할 경우에는 살아서 그곳을 나올 수 없었다. 그러나 새 예루살렘은 다르다. 그곳에서는 하나님이 사람과 함께 거하시고 우리는 하나님과 얼굴을 마주한 채 만나게 된다(22:4).

신학 용어로 표현하면 새 예루살렘에서는 초월과 내재가 구별되지 않는다. 오늘날 우리는 하나님을 볼 수도 만질 수도 없다. 하나님은 우리의 감각을 초월해 계신 분이기 때문이다. 우리는 하나님을 정확히 알 수 없다. 하나님은 사람의 인식을 초월해 계신 분이시기 때문이다. 이렇게 우리의 감각과 인식의 한계 너머에 있는 것을 가리켜 "초월"이라 하고, 그 한계 내에 있는 것을 가리켜 "내재"라 한다. 오늘 우리는 내재의 한계 속에 살고 있다. 그러나 천국은 초월의 영역에 있다. 그렇기 때문에 오늘 우리는 천국에 "간다"고 표현할 수밖에 없다. 이 초월과 내재를 매개하는 것이 성전이고 교회이므로 우리는 교회를 통해 간접적으로 초월을 경험한다.

그러나 그날이 오면 상황이 전혀 달라진다.

성 안에서 내가 성전을 보지 못하였으니 이는 주 하나님 곧 전능하신 이와 및 어린양이 그 성전이심이라(계 21:22).

새 예루살렘에는 성전이 없다. 왜냐하면 새 예루살렘에서는 사람들이 하나님을 직접 대면하여 만나기 때문이다. 앞서 확인한 것처럼 새 예루살렘은 정육면체로 되어 있다. 정육면체는 지성소의 모양이고, 지성소는 하나님이 계신 곳이다. 성도들 곧 사람들을 상징하는 새 예루살렘이 하나님의 초월을 상징하는 지성소의 모양을 하고 있다. 즉 사

람이 하나님의 초월 속에 사는 것이며, 초월과 내재가 하나가 되는 것
이다.

　이것을 요한계시록의 서사 구조 속에서 다시 살펴보자. 초월 공간
인 하나님의 어전에서 시작한 요한계시록의 종말 환상 이야기는 일곱
인 장면에서 하늘과 땅으로 나뉘어 일곱 나팔과 일곱 대접까지 따로
진행되다가 예수 그리스도의 재림에서 다시 만난다. 땅에서부터 시작
된 합류는 내재와 초월이 하나를 이룬 새로운 초월 공간에 도달한다.
이로써 두 이야기의 만남이 완성된다.

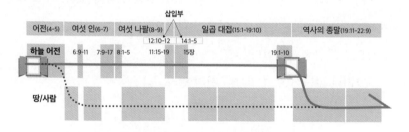

〈그림 44〉 두 이야기가 만나다(2): 하늘과 땅

3. 꼬리말(22:6-21)

요한계시록의 꼬리말은 부록 2(새 예루살렘)가 채 끝나지 않은 22:6에
서 시작된다. 둘 사이에서 겹쳐지는 요한계시록 22:6-9은 부록을 마
무리하는 동시에 요한계시록 전체의 꼬리말을 시작하는 기능을 모두

제2부 본문 해설

담당한다. 이것도 도브테일링의 일환이라 할 수 있다.

가. 머리말과 수미상관

꼬리말을 시작하는 22:6-9에서 부록 2(새 예루살렘)의 종결부에 해당하는 6a절과 8b-8절을 제외하면 다음 본문이 남는다.

> "주 곧 선지자들의 영의 하나님이 그의 종들에게 반드시 속히 되어질 일을 보이시려고 그의 천사를 보내셨도다. 보라! 내가 속히 오리니 이 두루마리의 예언의 말씀을 지키는 자는 복이 있으리라" 하더라. 이것들을 보고 들은 자는 나 요한이니(계 22:6b-8a).

이 내용을 요한계시록의 서문(1:1-3)과 비교해보자.

> 예수 그리스도의 계시라. 이는 하나님이 그에게 주사 반드시 속히 일어날 일들을 그 종들에게 보이시려고 그의 천사를 그 종 요한에게 보내어 알게 하신 것이라. 요한은 하나님의 말씀과 예수 그리스도의 증거 곧 자기가 본 것을 다 증언하였느니라. 이 예언의 말씀을 읽는 자와 듣는 자와 그 가운데에 기록한 것을 지키는 자는 복이 있나니 때가 가까움이라(계 1:1-3).

두 본문은 여러 어휘와 내용이 병행되며 수미상관을 이룬다. 정리하면 하나님께서 그의 천사를 요한에게 보내셨다는 것, 그 의도는 반드시 속히 일어날 일을 보이기 위함이라는 것, 요한계시록을 "예언의 말씀"으로 규정한 것, 그 말씀을 지키는 자가 복이 있다는 선언 등 중요한 내용이 병행된다.

이외에도 꼬리말은 독자들을 위한 몇 가지 권면을 제시하고 주님께서 오실 날이 가까움을 강조하면서 책을 마무리한다. 꼬리말에 담긴 권면은 대부분 본론에서 이미 언급된 말씀들의 반복이고 그 내용도 이해하기 어렵지 않으므로 따로 자세히 설명하지는 않겠다.

나. 마라나타

다만 20절에 언급된 "주 예수여, 오시옵소서!"라는 간구에 대해서만 간략하게 살펴본 후 요한계시록 본문 해설을 마무리하기로 하자.

아멘, 주 예수여, 오시옵소서!(Ἀμήν, ἔρχου κύριε Ἰησοῦ, 22:20)

많은 해석자는 이것이 초기교회의 예전 문구로 알려진 아람어 "마라나타"(מרנא תא)를 그리스어로 옮긴 것이라는 데 동의한다. 고린도전서 16:22과 초기 기독교 문헌인 디다케 10:6에서는 아람어 마라나타를 그리스어로 음역하여 사용하고 있다(Μαράνα θά).[3] 이 문구가 예전에서

---

3   본래 그리스어 본문들은 띄어쓰기를 하지 않았다. 그래서 마라나타를 "마라나 타"로 읽을 수도 있고, "마란 아타"로 읽을 수도 있다. "마란 아타"는 "우리 주님이 오셨습니다"라는 뜻의 평서문이고, "마라나 타"는 "우리 주님, 오시옵소서!"라는 뜻의 명령문

사용될 때는 오늘날의 예배에의 부름처럼 예수님을 예배의 자리로 초청하는 간구가 된다. 그러나 요한계시록에서 이것은 분명한 종말론적 함의를 가진다. 요한계시록의 문맥에서 이 간구는 "내가 진실로 속히 오리라"는 예수의 말씀에 대한 응답으로 사용되기 때문이다(22:20).

이것은 오늘날 요한계시록을 읽는 우리의 간구이기도 하다. 하나님이 계시지 않는 것처럼 보이는 시대, 하나님 아닌 다른 것들이 우리 주님 노릇을 하는 이 시대에 우리가 요한계시록을 읽는다는 것은 무엇을 의미하는가? 그것은 바로 우리의 진정한 주님은 하나님이시며 그분이 반드시 이 역사에 개입하셔서 그분의 주 되심을 친히 보여주실 것이라는 믿음을 확인하는 것이다. 요한계시록에서 "내가 속히 오리라"고 말씀하시는 주님 앞에 우리도 같은 간구로 응답한다.

아멘, 주 예수여, 오시옵소서!

또는 기원문이다. 요한계시록의 "주 예수여, 오시옵소서!"는 "마라나 타"로 떼어 읽은 경우에 해당한다.

나가는 말

지금까지 요한계시록의 숲과 나무를 함께 살펴보았다. 우리는 가장 먼저 요한계시록에 어떤 이야기가 담겨 있는지 찾아보았고, 줄거리와 서사 구조를 따라 요한계시록 본문을 차례대로 읽어가면서 그 이야기 세계를 함께 탐험했다. 그러면서 이야기에 어떤 메시지가 담겨 있는지도 생각해보았다. 또한 요한계시록은 로마의 멸망과 그에 이어지는 역사의 종말을 예고하는 책이라는 이해에 기초하여 이 책이 오늘날 우리에게 어떤 의미를 주는지 종합적으로 그리고 구체적으로 살펴보았다.

가. "두 이야기가 만나다"의 세 가지 함의

독자들은 이 과정을 통해 요한계시록이 한 편의 흥미진진한 이야기라는 것을 충분히 경험했으리라고 생각한다. 이야기는 이야기로서 읽으면서 이야기의 재미를 느낄 수 있어야 한다. 그래야 그 이야기가 전해주는 의미에 충분히 젖어 들 수 있다. 다시 말해 요한계시록의 이야기 세계에 푹 빠져봐야만 요한계시록의 맛과 은혜를 알 수 있고 요한계시록을 통해 주시는 하나님의 말씀을 들을 수 있다.

앞서 나는 "두 이야기가 만나다"라는 이 책의 제목이 지니고 있는 두 가지 함의를 제시했다. 다시 짚어보면 하나는 요한계시록의 중심 줄거리와 삽입부가 만나서 하나가 되는 것이고, 다른 하나는 하늘의 이야기와 땅의 이야기가 합류하는 것이다. 여기에 한 가지 함의를 더하면 바로 요한계시록의 이야기와 우리의 이야기가 만나서 하나의 더 큰 이야기이자 우리에게 더 가까운 이야기가 되는 것이다. 요한계시록의 이야기를 읽는 동안 우리는 소아시아 일곱 교회의 일원이 되어 그들의 고난과 갈등, 확신과 소망을 함께 경험하게 된다. 그런가 하면 요한계시록을 읽는 동안 이야기 속의 사건들이 오늘 우리의 이야기 속에 들어와 우리의 삶을 해석해주고 우리에게 하나님의 말씀을 전달하는 매개가 된다. 이처럼 우리의 요한계시록 읽기를 통해 이 책의 제목이 지닌 세 가지 함의가 모두 이루어질 때 비로소 우리가 요한계시록을 잘 읽었다 할 수 있다.

따라서 나는 이 책을 마무리하면서 독자들이 무엇보다도 요한계시록을 재미있는 이야기로 읽기를 간절히 바란다. 그럴 때에야 요한계시록이 기원후 1세기 소아시아의 성도들뿐만 아니라 오늘 우리에게도 진정한 계시의 말씀으로 다가오게 된다.

나. 이야기의 해석

요한계시록은 종말에 이르는 과정에서 일어날 일들을 비유와 상징을 통해 전달하는 이야기이다. 그러므로 비유를 해석하는 방법을 요한계시록의 해석에도 적용할 수 있으며, 그 해석 방법에는 여러 가지가 있다.

그중 하나는 이야기의 등장인물들과 사건들을 실제 인물들과 사건들에 일대일로 대응하는 것이다. 예를 들어 "탕자의 비유"(눅 15:11-32)는 세리와 죄인들을 영접하여 함께 음식을 드시는 예수를 보고 비난하는 바리새인들과 서기관들에게 예수께서 하신 말씀이다(눅 15:1-2). 이 이야기에서 아버지는 하나님 또는 예수님을, 작은아들은 세리와 죄인들을, 맏아들은 바리새인과 서기관들을 가리킨다. 이처럼 비유와 현실의 요소들이 일대일로 대응하는 것을 알레고리[1]라고 부른다.

그러나 모든 비유가 알레고리는 아니다. 예를 들어 "밤중에 찾아온 친구의 비유"(눅 11:5-8)를 생각해보자. 어떤 사람에게 친구가 밤늦게 찾아왔는데 내놓을 음식이 없자 그 밤중에 수고롭게도 또 다른 친구를 찾아가서 떡 세 덩이를 꾸어달라고 요청한다. 요청을 받은 다른 친구는 군소리 않고 일어나 빵을 꾸어준다.[2] 이 이야기에 등장하는 세

---

1 "알레고리"라는 말은 여러 가지 의미로 사용된다. 여기서 말하는 알레고리는 그중 하나일 뿐이다.
2 이 비유를 다른 방식으로 이해하고 있는 독자는 11:7을 잘 읽어보라. 그 구절은 그 친구가 거절할 리가 없다는 뜻이다.

명의 친구는 현실의 특정 인물들을 가리키는 것도 아니고, 그 밤에 일어난 일이 실제 역사에서 일어난 어떤 사건을 비유하는 것도 아니다. 이 비유는 단지 친구관계란 어떤 것인지를 보여줄 뿐이다. "친구란 모든 것을 공유하는 관계다." 예수께서는 이 한마디를 하시기 위해 제자들에게 재미있는 이야기를 들려주신 것이다.

복음서의 비유 중에는 알레고리가 많다. 이에 익숙한 많은 사람들은 요한계시록도 알레고리 비유와 같은 방식으로 해석해왔다. 세대주의자들은 종말 환상 이야기에 나오는 사건 하나하나가 종말에 일어날 실제 사건에 대응하며 앞으로 그 순서대로 일이 일어날 것이라고 주장한다. 요한계시록이 로마 제국의 멸망을 예고한다는 나의 강의를 들은 사람들 중에도 로마가 멸망할 때 실제로 그런 일들이 일어났느냐고 질문하는 이들이 종종 있었다.

그러나 예수님의 비유 전부가 알레고리는 아니며 이를 해석하기 위한 여러 다른 방법이 있듯이, 요한계시록도 알레고리가 아닌 다른 방식으로 읽어야 한다. 예수께서 "밤중에 찾아온 친구의 비유" 이야기를 통해 단순한 하나의 사실을 말씀하시듯이, 요한계시록도 긴 이야기를 통해 하나의 단순한 메시지를 전달한다. 그 메시지는 이것이다. "오직 하나님만이 주님이시다. 하나님께서 머지않은 미래에 인류 역사에 개입하셔서 그분의 주 되심을 친히 보여주실 것이다. 그러므로 하나님의 주 되심의 삶을 살라." 이 메시지를 더 간단히 줄이면 한마디로 "하나님의 주 되심"이다.

다. 세밀한 분별이 요청되는 시대

요한계시록이 저술되던 기원후 1세기에는 황제 숭배가 공공연히 이루어졌고 그리스도인들은 그에 저항하다 순교의 제물이 되기도 했다. 당시 그리스도인들의 눈에는 선과 악이 비교적 뚜렷해 보였다. 그리고 악을 거부하고 선을 선택한 대가도 비교적 분명했다. 그러나 오늘날은 다르다. 우리는 선과 악을 구별하기 힘든 시대를 살고 있다. 많은 그리스도인이 교회와 세상의 경계선을 선과 악의 경계선으로 잘못 알고 있다. 하지만 역설적으로 그리스도인들마저 교회와 다른 그리스도인들로 인해 신앙의 흔들림을 경험하는 것이 오늘의 현실이다. 이런 현실에서 어떻게 하나님이 주님 되시는 삶을 살 수 있을까? 소아시아 일곱 교회의 성도들과는 다른 이유로 인해 신앙을 지키기가 어려운 시대 가운데서 말이다.

이렇게 선악의 구별이 모호해진 현실에서 사람들은 종종 잘못된 선악 이분법을 적용해 "적"을 사탄으로 규정하고 싶은 유혹에 빠지곤 한다. 요한계시록은 그런 이분법의 도구로 오용되기 쉬운 책이다. 그렇기 때문에 요한계시록은 위험한 책이 될 수 있다. 하지만 이런 시대에 우리에게 요구되는 것은 단순한 이분법적 사고가 아닌 하나님의 뜻과 계획에 대한 세밀한 분별력이다.

요한계시록을 바로 읽으면 그런 분별력을 키울 수 있다. 요한계시록은 바벨론과 짐승과 사탄을 구별한다. 우리 눈에 보이는 것은 바벨론이지만 바벨론은 사탄이 아니다. 사탄은 배후에서 짐승을 통해 바벨론을 움직인다. 이처럼 우리의 분별력은 표면의 현실을 뚫고 더 심층으로 나아가야 한다. 이것이 그리스도인들에게 초월적 영성과 따뜻한 감성과 함께 예리한 지성이 요구되는 이유다. 요한의 천재적 탁월함이 담긴 요한계시록을 읽어내기 위해서도 말이다.

그러나 요한계시록은 지성만으로 읽을 수 있는 책은 아니다. 요한계시록의 이야기는 인간의 경험 세계 저 너머로부터 우리의 내재적 현실을 뚫고 들어오는 하나님의 초월적 시간에 관한 이야기이기 때문이다. 요한계시록이 보여주는 종말은 시간의 미래에 있지만, 요한계시록은 그 시간을 무작정 미래에 놓아두지 않고 그리스도인들이 그 시간을 앞당겨 살도록 요청한다.

종말을 앞당겨 살라는 말은 비록 우리가 옛 하늘과 옛 땅에 살고 있음에도 불구하고 오늘 여기서 새 하늘과 새 땅의 삶을 누리라는 뜻이다. 인간의 물리적 시간인 크로노스를 뚫고 들어오는 하나님의 초월적 시간 곧 카이로스를 경험하라는 것이다. 내재 속에서 초월을 경험하며 그렇게 새 예루살렘을 앞당겨 살라는 것이다. 단지 미래를 알려주는 것이 아니라 오늘 여기서 미래를 살라는 것이다. 그런 점에서 요한계시록은 "예언의 말씀"이다. 이 예언의 말씀을 읽는 자와 듣고 지키는 자들에게 복이 있으라!

두 이야기가 만나다
요한계시록 서사로 읽기

Copyright ⓒ 안용성 2020

1쇄 발행 2020년 11월 23일

지은이   안용성
펴낸이   김요한
펴낸곳   새물결플러스

편 집   왕희광 정인철 노재현 한바울 정혜인
          이형일 나유영 노동래 최호연
디자인   윤민주 황진주 박인미 이지윤
마케팅   박성민 이원혁
총 무   김명화 이성순
영 상   최정호 곽상원
아카데미   차상희

홈페이지 www.holywaveplus.com
이메일 hwpbooks@hwpbooks.com
출판등록 2008년 8월 21일 제2008-24호
주 소 (우) 04118 서울시 마포구 마포대로19길 33
전 화 02) 2652-3161
팩 스 02) 2652-3191

ISBN 979-11-6129-182-6 93230

책값은 뒤표지에 있습니다.

이 도서의 국립중앙도서관 출판예정도서목록(CIP)은 서지정보유통지원시스템
홈페이지(seoji.nl.go.kr)와 국가자료공동목록시스템(nl.go.kr/kolisnet)에
서 이용하실 수 있습니다. CIP2020047353